受験研究社

理解度診断テスト

数単元ごとに設けられたテストで，標準～発展レベルの問題で構成しています。

診断基準点は解答編に設けました。

A…よく理解できている

B…Aを目指して再チャレンジ

C…STEP1から復習しよう

思考力問題対策

実際の入試を想定して，資料やグラフから読み取った内容を分析する問題や自らの意見を説明する，ハイレベルかつ出題率の高い問題を中心に構成しています。

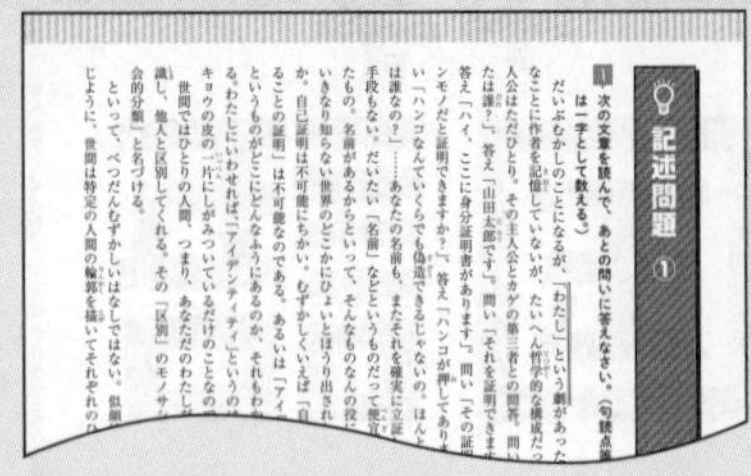

高校入試予想問題

問題中に配点を載せないなど，入試の構成を再現しています（配点は解答編にあります）。

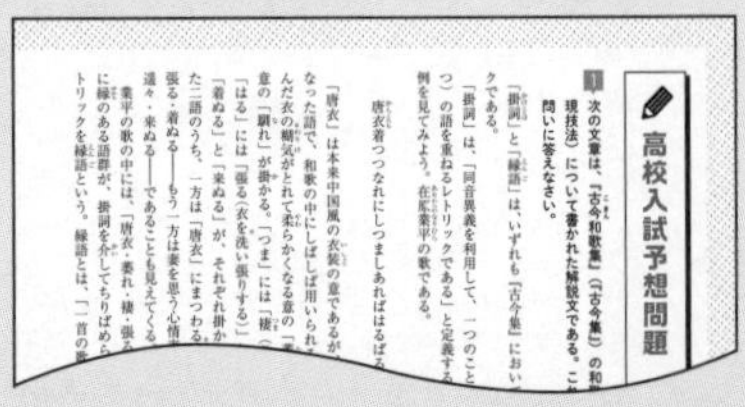

解答編

問題の考え方，解き方のコツがわかるように，くわしく丁寧な解説をつけました。読解問題の解答については，本文を再掲載し，視覚的に読解のポイントがわかるように工夫しています。

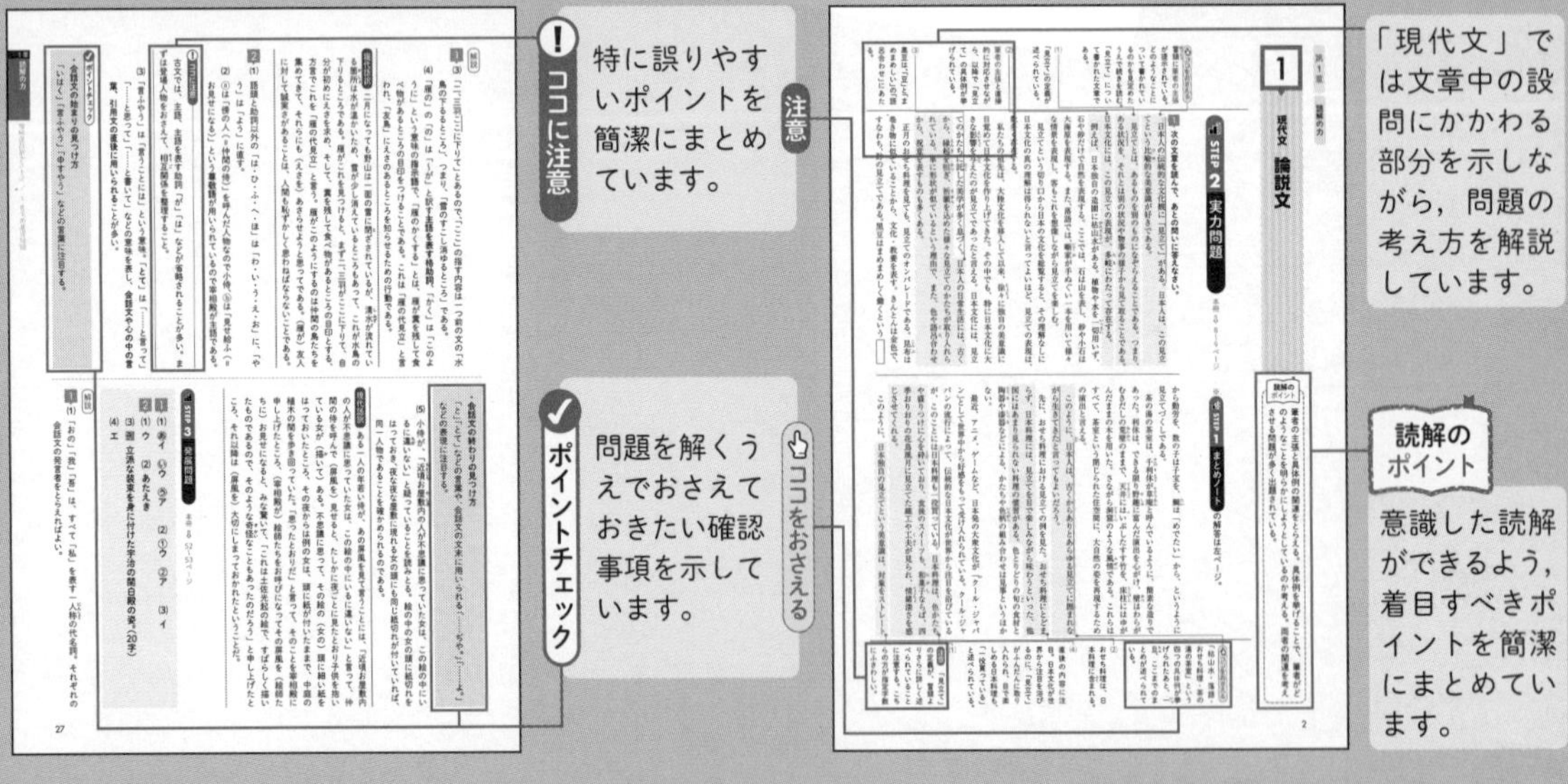

この本の特長と使い方

本書は，『中学 自由自在 国語』に準拠しています。
中学3年間の学習内容からさまざまなレベルの問題を精選し，
さらにそれらを段階的に収録した問題集です。

STEP 1 まとめノート

『自由自在』に準拠した“まとめノート”です。基本レベルの空所補充問題で，まずは各単元の学習内容を理解しましょう。

補足説明が必要な語句に対しては，簡潔な解説を入れました。

重要事項や実戦に役立つポイントを簡潔にまとめています。

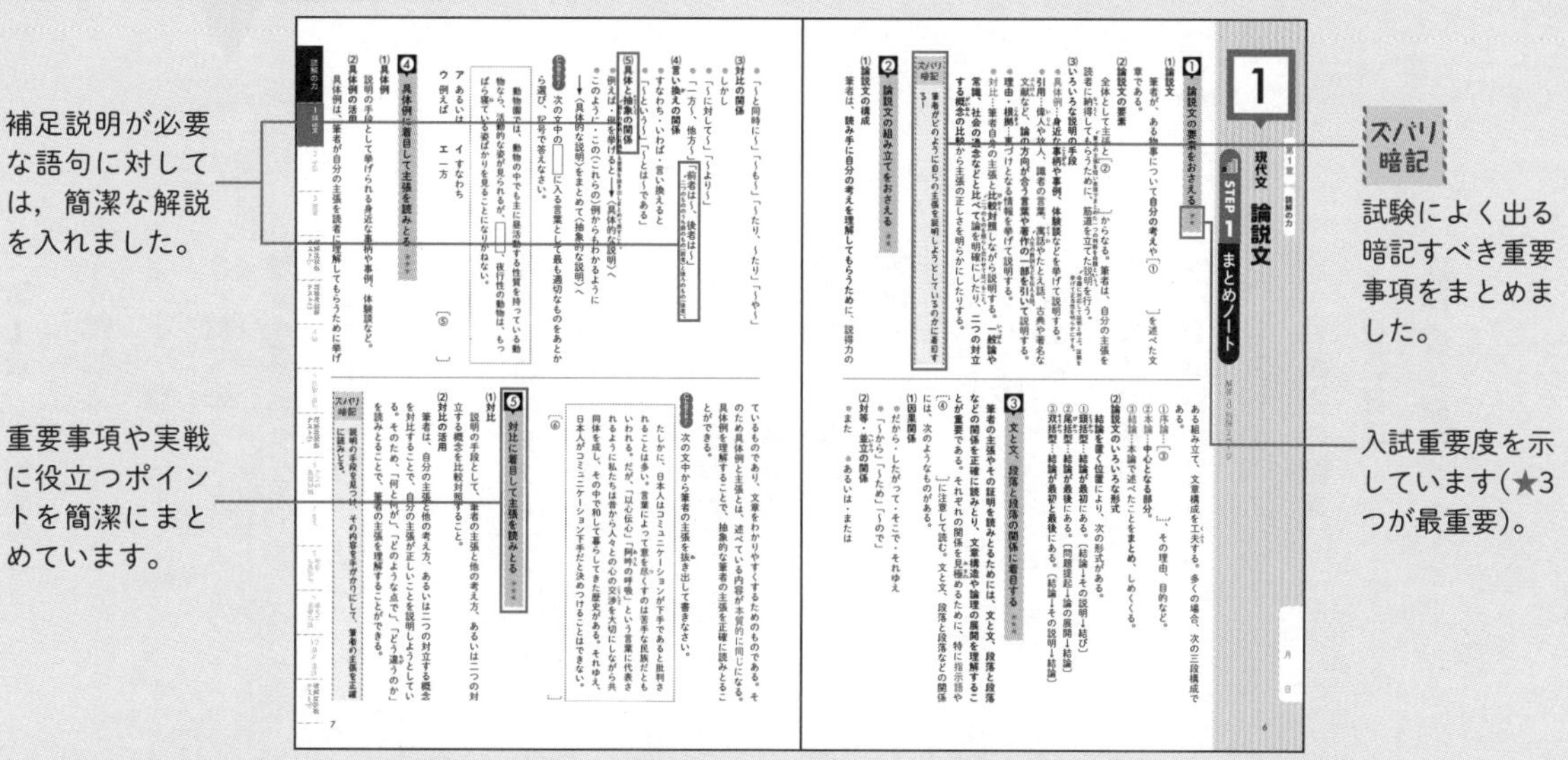

ズバリ暗記　試験によく出る暗記すべき重要事項をまとめました。

入試重要度を示しています(★3つが最重要)。

STEP 2 実力問題

基本～標準レベルの問題で構成しています。確実に解けるように実力をつけましょう。

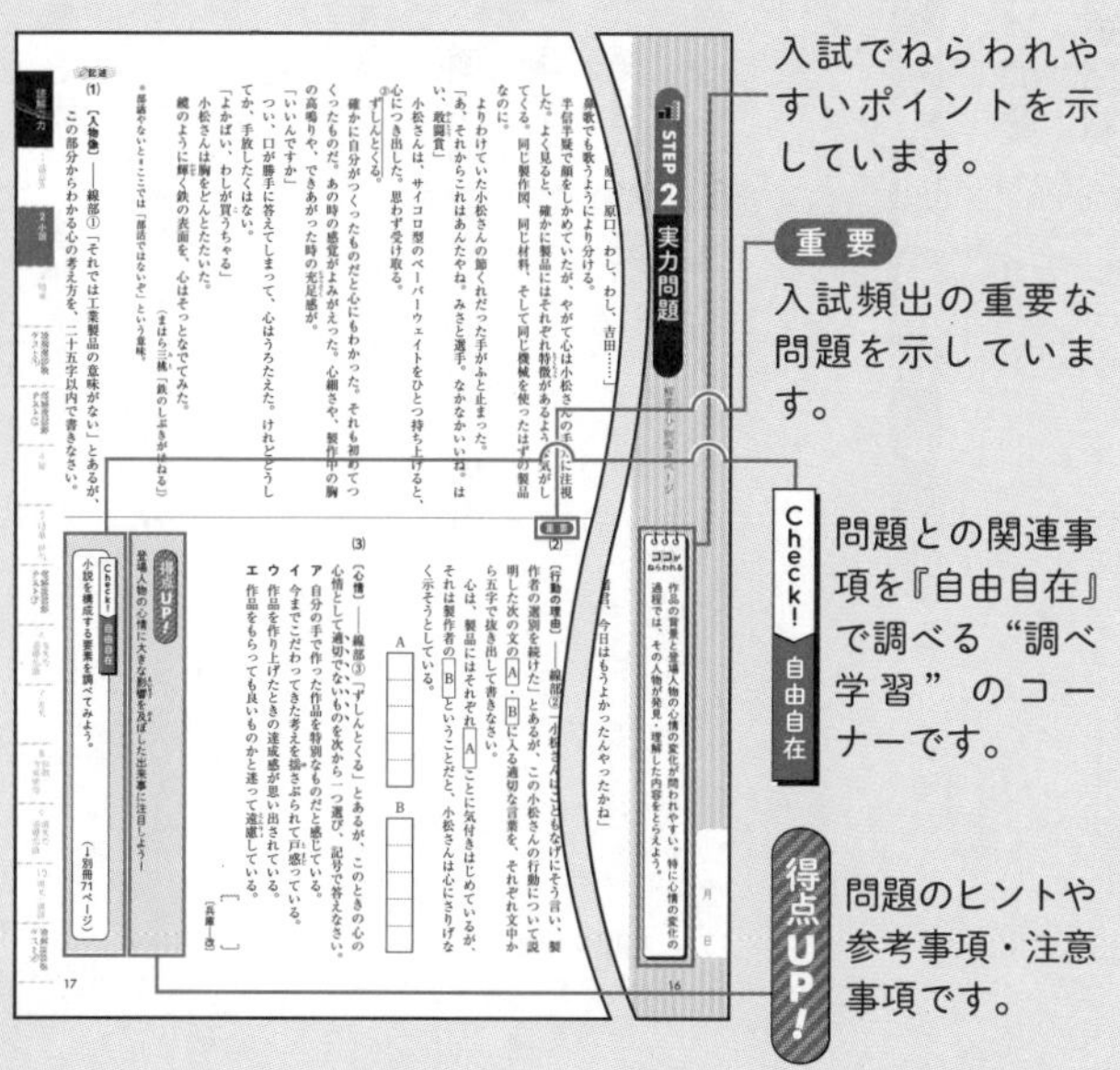

入試でねらわれやすいポイントを示しています。

重要　入試頻出の重要な問題を示しています。

Check! 自由自在　問題との関連事項を『自由自在』で調べる“調べ学習”のコーナーです。

得点UP!　問題のヒントや参考事項・注意事項です。

STEP 3 発展問題

標準～発展レベルの問題で構成しています。実際の入試問題を解いて実力をグッと高め，難問を解くための応用力をつけましょう。

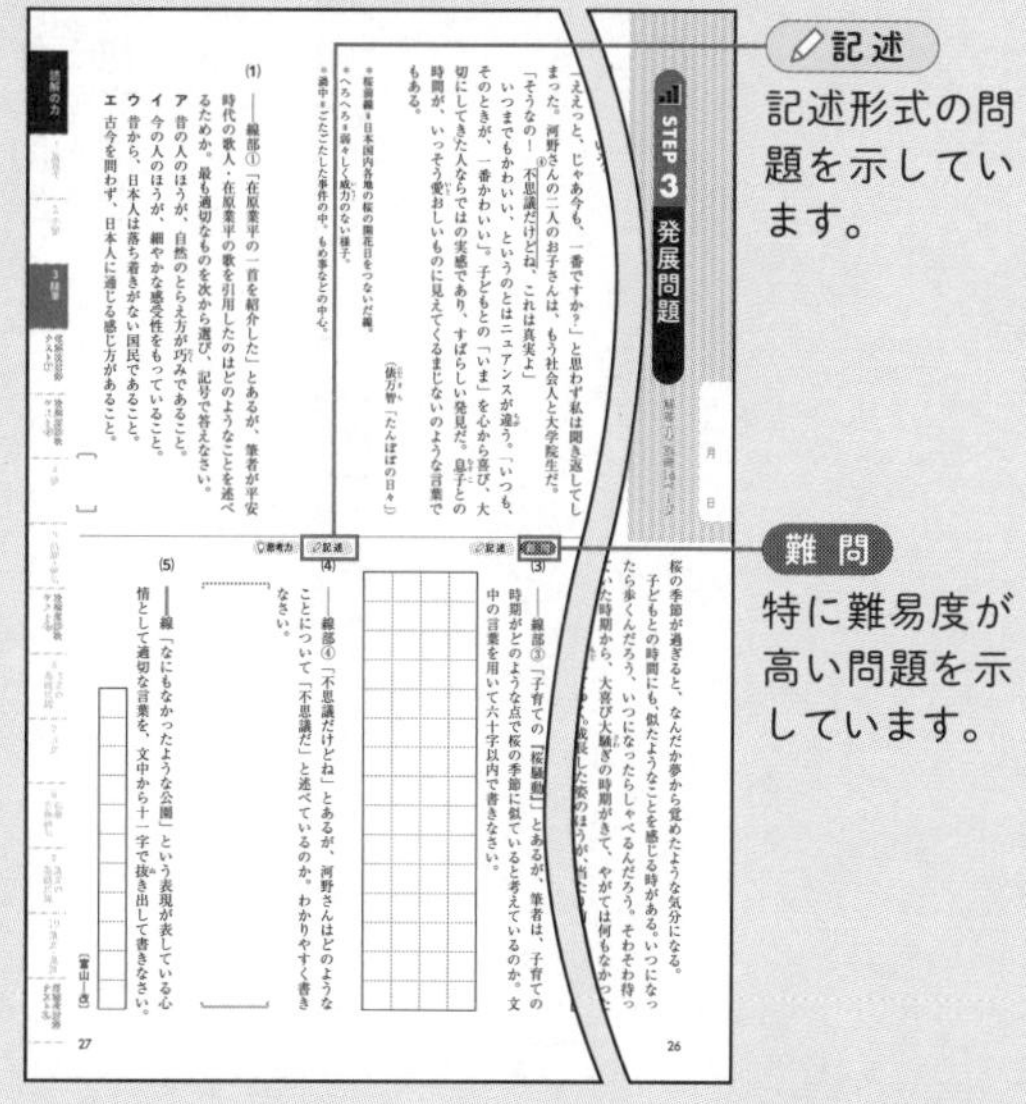

記述　記述形式の問題を示しています。

難問　特に難易度が高い問題を示しています。

本書に関する最新情報は，小社ホームページにある本書の「サポート情報」をご覧ください。（開設していない場合もございます。）

なお，この本の内容についての責任は小社にあり，内容に関するご質問は直接小社におよせください。

第1章 読解の力

1 現代文 論説文

STEP 1 まとめノート

解答⇩別冊2ページ

月　日

① 論説文の要素をおさえる ★★

(1) 論説文

筆者が、ある物事について**自分の考え**や［①　　　］を述べた文章である。

(2) 論説文の要素

全体として主張と［②　　　］からなる。筆者は、自分の主張を読者に納得してもらうために、筋道を立てた説明を行う。

↳（主張）筆者の主張を短い表現でまとめた一つの判断を命題という。

↳（説明）命題に対応して証明と呼ぶ。証拠を挙げて正当性を明らかにする。

(3) いろいろな説明の手段

- 具体例…**身近な事柄や事例、体験談**などを挙げて説明する。
- **引用**…偉人や故人、識者の言葉、寓話やたとえ話、古典や著名な文献など、**論の方向が合う言葉や著作の一部を引いて**説明する。
  ↳（寓話）人生の教訓などを伝える話。
- **理由・根拠**…裏づけとなる情報を挙げて説明する。
- 対比…筆者自身の主張と**比較対照**しながら説明する。**一般論や常識、社会の通念などと比べて**論を明確にしたり、**二つの対立する概念の比較**から主張の正しさを明らかにしたりする。
  ↳（比較対照）二つのものを照らし合わせて比べること。

ズバリ暗記 筆者がどのように自らの主張を説明しようとしているのかに着目する！

② 論説文の組み立てをおさえる ★★

(1) 論説文の構成

筆者は、**読み手に自分の考えを理解してもらうため**に、説得力のある組み立て、文章構成を工夫する。多くの場合、次の三段構成である。

①序論…［③　　　］、その理由、目的など。
②本論…**中心となる部分**。
③結論…本論で述べたことを**まとめ**、しめくくる。

(2) 論説文のいろいろな形式

結論を置く位置により、次の形式がある。

①**頭括型**…**結論が最初**にある。〔結論→その説明→結び〕
②**尾括型**…**結論が最後**にある。〔問題提起→論の展開→結論〕
③**双括型**…**結論が最初と最後**にある。〔結論→その説明→結論〕

③ 文と文、段落と段落の関係に着目する ★★★

筆者の主張やその証明を読みとるためには、文と文、段落と段落などの関係を正確に読みとり、文章構造や論理の展開を理解することが重要である。それぞれの関係を見極めるために、特に指示語や［④　　　］に注意して読む。文と文、段落と段落などの関係には、次のようなものがある。

(1) 因果関係

- だから・したがって・そこで・それゆえ
- 「～から」「～ため」「～ので」

(2) 対等・並立の関係

- また　● あるいは・または

- 「～と同時に～」「～も～」「～たり、～たり」「～や～」

(3)対比の関係

- しかし
- 「～に対して～」「～より～」
- 「一方～、他方～」「前者は～、後者は～」
  ↳二つのもののうち前のもの（前者）と後ろのもの（後者）。

(4)言い換えの関係

- すなわち・いわば・言い換えると
- 「～という～」「～とは～である」

(5)具体と抽象の関係
↳個々の事柄に共通する要素を抜き出しまとめて表すこと。

- 例えば・例を挙げると→〈具体的な説明〉へ
- このように・この（これらの）例からもわかるように
  →〈具体的な説明〉をまとめて〈抽象的な説明〉へ

Check! 次の文中の□に入る言葉として最も適切なものをあとから選び、記号で答えなさい。

> 動物園では、動物の中でも主に昼活動する性質を持っている動物なら、活動的な姿が見られるが、□、夜行性の動物は、もっぱら寝ている姿ばかりを見ることになりかねない。

ア あるいは　イ すなわち
ウ 例えば　エ 一方

［⑤　　　］

4 具体例に着目して主張を読みとる ★★★

(1)具体例

説明の手段として挙げられる身近な事柄や事例、体験談など。

(2)具体例の活用

具体例は、筆者が自分の主張を読者に理解してもらうために挙げているものであり、文章をわかりやすくするためのものである。そのため具体例と主張とは、述べている内容が**本質的に同じ**になる。具体例を理解することで、抽象的な筆者の主張を正確に読みとることができる。

Check! 次の文中から筆者の主張を抜き出して書きなさい。

> たしかに、日本人はコミュニケーションが下手であると批判されることは多い。言葉によって意を尽くすのは苦手な民族だともいわれる。だが、「以心伝心」「阿吽の呼吸」という言葉に代表されるように私たちは昔から人々との心の交渉を大切にしながら共同体を成し、その中で和して暮らしてきた歴史がある。それゆえ、日本人がコミュニケーション下手だと決めつけることはできない。

［⑥　　　］

5 対比に着目して主張を読みとる ★★★

(1)対比

説明の手段として、筆者の主張と他の考え方、あるいは二つの対立する概念を比較対照すること。

(2)対比の活用

筆者は、自分の主張と他の考え方、あるいは二つの対立する概念を対比することで、自分の主張が正しいことを説明しようとしている。そのため、「何と何が」、「どのような点で」、「どう違うのか」を読みとることで、筆者の主張を理解することができる。

ズバリ暗記　説明の手段を見つけ、その内容を手がかりにして、筆者の主張を正確に読みとる。

STEP 2 実力問題

解答⇩別冊2ページ

ココがねらわれる
具体例と筆者の主張との関連をとらえる。具体例を通して、筆者がどのようなことを説明しようとしているのかを読みとる。

月　日

1 **次の文章を読んで、あとの問いに答えなさい。**

①日本人の伝統的な文化観に「見立て」がある。日本人は、この見立てという比喩的な美意識が好きである。

見立てとは、あるものを別のものになぞらえることである。つまり、ある状況を、それとは別の状況や物事の様子から見て取ることである。

日本文化には、この見立ての表現が、多岐にわたって存在する。

例えば、日本独自の造園に枯山水がある。植物や水を一切用いず、石や砂だけで自然を表現する。ここでは、石は山を表し、砂や小石は大海原を表現する。また、落語では、噺家が手ぬぐい一本を用いて様々な情景を表現し、客もこれを想像しながら見立てを楽しむ。

見立てという切り口から日本の文化を総覧すると、その理解なしに日本文化の真の理解は得られないと言ってよいほど、見立ての表現は、数多く存在する。

私たちの祖先は、大陸文化を移入して以来、徐々に独自の美意識に目覚めて日本文化を作り上げてきた。その中でも、特に日本文化に大きな影響を与えたのが見立てであったと言える。日本文化には、見立てのかたちに託した美学が多く息づく。日本人の日常生活には、古くから、縁起を担ぎ、祈願を込めた様々な見立てのかたちが取り入れられている。単に形状が似ているという理由で、また、色や語呂合わせから、祝意を表すものも多くある。

正月のおせち料理を見ても、見立てのオンパレードである。昆布は巻き物に似ていることから、文化・教養を表す。きんとんは金色で、すなわち、財の見立てである。黒豆はまめまめしく働くという［　　］から勤労を、数の子は子宝を、鯛は「めでたい」から、というように見立てづくしである。

茶の湯の茶室は、千利休が*草庵と呼んでいるように、簡素な造りであった。利休は、できる限り野趣に富んだ演出を心がけ、壁はわらがむきだしの荒壁のままで、天井には*いぶしたすす竹を、床柱にはゆがんだままの木を用いた。さながら洞窟のような風情である。これらはすべて、茶室という閉じられた住空間に、大自然の姿を再現するための演出と言える。

このように、②日本人は、古くからありとあらゆる見立てに囲まれながら生きてきたと言ってもよいだろう。

先に、おせち料理における見立ての例を見た。おせち料理にとどまらず、日本料理には、見立てを目で楽しみながら味わうといった、他国にはあまり見られない料理の慣習がある。色とりどりの旬の食材と陶器や漆器などによる、かたちや色柄の組み合わせは見事というほかない。

最近、アニメ、ゲームなど、日本発の大衆文化が「*クール・ジャパン」として世界中から好感をもって受け入れられている。クール・ジャパンの流行によって、伝統的な日本文化が世界から注目を浴びているが、③このことには日本料理も一役買っている。日本料理は、色かたちや盛りつけに心を砕いており、食後のスイーツも、和菓子ならば、四季おりおりの花鳥風月に見立てた細工や工夫が見られ、情緒深さを感じさせてくれる。

このように、日本独自の見立てという美意識は、対象をストレートに風流とかきれいなどとは表現せず、別のものの様子をその対象に見立てることによって間接的に美を表現する高度な方法で表されてきた。この間接的な方法によって表されてきた見立てという美意識は、日本人がもっている粋という美意識につながっているのではないだろうか。

粋は、上品で優雅な感覚の上に、あでやかさとしゃれ心がとけ合って生まれた日本人の美意識であり、私たちの祖先は、生活の中に、常に粋を求め続けてきた。季節の花を生け、四季の花々の文様で飾られた衣装を身に付け、色やかたち、素材などを楽しむ食器で食事をする。自然の美を身の回りに再現して見立てを楽しむことに心を砕いて生活をしてきたのである。

今、見立ての粋という日本人の美意識は、現代ファッションやデザインなどに生かされ、魅力的なメイド・イン・ジャパンが生み出されている。現在、日本文化が世界から注目を浴びていることには、こうした日本人の美意識が深く関与しているのではないだろうか。

（三井秀樹「かたちの日本美　和のデザイン学」）

＊草庵＝わら、かやなどで屋根をふいた小さな家。
＊いぶしたすす竹＝煙を当ててすすで黒くした竹。
＊クール・ジャパン＝海外で評価されている日本文化を指す言葉。クールは、格好がよい、すばらしい、などの意味。

重要
(1) 〔主題〕——線部①「日本人の伝統的な文化観に『見立て』がある」とあるが、「見立て」について次のように説明したとき、□に入る適切な言葉を、文中から五十五字でさがし、はじめと終わりの五字を抜き出して書きなさい。

見立てとは、情景や季節の風物などを□という、日本人の好む比喩的な美意識である。

はじめ［　　　　　］　終わり［　　　　　］

重要
(2) 〔具体例〕——線部②「日本人は、古くからありとあらゆる見立てに囲まれながら生きてきた」とあるが、「見立て」について詳しく説明されている具体例を文中から四つ、それぞれ抜き出して書きなさい。

〔　　〕〔　　〕〔　　〕〔　　〕

(3) 〔空欄補充〕文中の□に入る適切な言葉を、文中から五字で抜き出して書きなさい。

［　　　　　］

(4) 〔具体例と主張〕——線部③「日本料理も一役買っている」とあるが、その理由について述べたものとして最も適切なものを次から選び、記号で答えなさい。

ア　料理の味わいがとても洗練されていると絶賛を浴びたから。
イ　目で楽しみながら味わうことが魅力的だと評価されたから。
ウ　アニメやゲームと同様、模範的な文化であるとされたから。
エ　世界中の人々が、独自の味つけの工夫に関心を持ったから。

〔　　〕

〔愛媛—改〕

得点UP!
具体例と主張とを関連づけて考える習慣を身につけよう。

STEP 3 発展問題

解答⇩別冊4ページ

月　日

1 次の文章を読んで、あとの問いに答えなさい。

君はこう考えたことはないか？

世界中の人がみんな同じ言葉で話せたらいいのにな。私も外国でなかなか自分の言うことが通じないときなど、外国語が恨めしく思うときがある。でも、世界には無数の言葉があった方がいいと思いなおす。なぜなら、言葉が同じなら、誰もが同じようなことしか考えられなくなるからだ。自分と似たことを言ったり、やったりする奴が世界に何万人もいたら、自分なんてこの世にいなくたって済むではないか。人と違う言葉を話す……それ自体が価値を生むのだ。

たとえば、日本語の「幸せ」に当たる言葉は、英語ではハッピーといい、ロシア語ではスチャースチエという。しかし、その単語を発音しても、幸せの*ニュアンスは伝わらない。ハッピーはどこか快楽と結びつく感じがし、スチャースチエは神に願いをかなえられた感じがあり、幸せは慎ましく、ほのぼのした願いといった感がある。このズレこそがコミュニケーションの楽しみである。▲

私は外国語を話すのが好きだ。たとえば、ケニアのサバンナでマサイの人にアサンテ・サーナと言えば、カリブーと返事が返ってくる。ありがとう、どういたしまして、という意味だ。あるいは、フィンランドのラップランドで、ハウスカ・トゥトゥストゥアと言えば、*サーミは喜んで君を家に迎え入れてくれるだろう。それはお会いできて嬉しいです、という意味になる。初めは君の耳に全く無意味な音の連なりとしか聞こえない外国語も、実際に使ってみると、相手に通じるばかりか、特定の反応を示してくれる。

英語を流暢に話す人も、フランス語が得意な人も、最初は恐る恐る使ってみて、少しずつ慣れてゆくものなのだ。言葉が違えば、考え方も違う。人は外国語を学ぶたびに、新たなものの考え方や、ものの見方をも学ぶ。外国語学習の第一歩は、子どものようになって、その言葉で使われている文字や音に慣れることから始まる。それは二度三度と子どもに戻るレッスンになる。そして、気づいてみれば、君は複数のものの考え方やものの見方を身につけている。

今、君が使っている日本語には、明治時代や江戸時代には想像もできなかったほどたくさんの外来語が入り込んでいる。英語のままのもの、フランス語やイタリア語から入ったもの、さらにはロシア語やドイツ語から紛れ込んできたものなど数え切れないほどある。君がよく口ずさむ歌も英語だらけだ。いざ、君が一切の外来語を使わずに、話をしようとしても、ほとんど不可能だろう。なぜ、こうなってしまったのか？　一つには、南蛮貿易の時代とは比べ物にならないくらい大量の情報と物とが絶え間なく交錯しているからだ。日本が外国との貿易関係なしには存在できないのと同じように、①日本語も外国語との結びつきなしにはあり得ないのだ。

しかし、ここで注意しなければならないのは、日本語の中に英語がたくさん入っていることと、私たちが英語を流暢に話すこととは全く別のことだということだ。日本語の文法は相変わらずで、英語の単語や短い言い回しがそのまま、テニヲハで接着されているだけだからだ。日本語はちょうど、輸入品をたくさん取り揃えているデパートのようになっている。

②ザビエルや黒船が日本に来た頃と較べたら、日本語はあらゆることを表現できるようになったかもしれない。しかし、使える言葉がありすぎて、案外、自分の頭を使って考える機会が失われているかもしれ

ない。自由とか神経といった言葉は、江戸時代にはなかった。たとえば、自由という言葉を使わずに、それが意味することを表現してみろと言われたら、かなり苦労するだろう。

日本語は最初からそんなに便利な言葉だったわけではない。君の先祖たちがさまざまな体験、試行錯誤、誤解、対決を通じて、少しずつこしらえてきたものだ。その恩恵を忘れてはならない。*シェイクスピアの『ロミオとジュリエット』を読めるのも、吹き替えにしろ、字幕スーパーにしろ、ハリウッドの映画を見て、感動したり、首を傾げたりできるのは、先祖たちが日本語の改良に努めたからだ。君の爺さん、婆さん、曾爺さん、曾婆さんたちも、今君が使っている日本語を作ってきたのだ。君も名前くらいは聞いたことはあるだろう、樋口一葉、森鷗外、夏目漱石、芥川龍之介、谷崎潤一郎くらいは。彼らもまた、日本語を使って、世界と戦い、世界に通用する生き方、考え方を編み出してきたのだ。

日本語には、単に喜怒哀楽を表現する以外にもさまざまな利用法があることを忘れてはならない。

私自身も日本文学の末端で、日本語と日々格闘している者だ。私の小説は必ずしも、読みやすいものではないけれども、それは③言葉が持っている二重、三重の意味作用にこだわるからだ。

たとえば、タイムマシンという言葉。その意味は六歳の子どもも、ドラえもんなどを通じて知っている。思い通りに過去や未来に旅ができる一種の乗り物だが、私は全く違うタイプのタイムマシンを考えたことがある。それはベニヤ板でできていて、見た目は犬小屋にそっくりだ。とてもゆっくり時空を越えて行くタイムマシンで、二十年後の未来へゆくのに二十年もかかる。それじゃ、タイムマシンに乗らなくてもいいじゃないか、と君は思うかもしれない。普通に二十年間暮らしていても、二十年後の未来に行くことができるのだから。けれども、そのタイムマシンに乗っていると、昼と夜が逆転したり、一分が一時間に感じられたり、一週間が一日に感じられたり、時間の感覚が狂う。また、暗闇で外界と遮断されているうちに、自分の過去をじっくり回想することもできるので、過去へ旅するのも容易だ。このタイプのタイムマシンは誰でも作ることができる。タイムマシンの*定義を、「時間の感覚を狂わせる機械」という風に変えてしまえば。

小説家は言葉をこんな風に用いる商売でもあるので、時に言葉の魔術師だとか、詐欺師などと呼ばれもする。しかし、世の中にはもっと巧妙に人を欺く人々がいる。判りやすく、聞いていて気待ちのいい言葉には嘘があると言っても過言ではない。君たちは下手に言葉に騙されないよう、自らを訓練しなければならない。その訓練の手伝いに、小説が少しでも役立てばいい、と私は思っている。そして、きょうはどの言葉の定義を変えてやろうかと考えている。

現在、日本語は、中国や韓国、東南アジアの国々やオーストラリア、アメリカなどでも多くの人々に学ばれている言葉だ。今後も、私たちは日本語をあとから学ぶ人たちと出会う機会が増えるだろう。私たちは、彼らに言葉を教える立場になる。教える立場になってみて、君は初めて、日本語はどういう言葉なのかを知ることになるだろう。外国人が頭を悩ませる日本語のテニヲハや敬語や主語の省略について、改めて考える機会を持つことになるだろう。そのとき、君は、外国語との比較で日本語をとらえ直すことができる。

その意味では、古典の勉強もまた、日本語を外国語のように扱うところがある。『源氏物語』や『平家物語』を読むとき、敬語の規則や動詞の活用を学んだ覚えがあるけれども、なかなか面倒だった。しかし、昔の日本人がどのように日本語を使っていたかを知るためには、文法の学習だけでは足りない。生活上の流儀や趣味、恋の作法、自然との関係、その他多くのことを言葉の向こうに読み取らなければならない。④それは外国語の学習も同じだ。

日本語はとても影響力のある言語になった。日本語がどこでも通じるようになれば、便利だと思うかもしれないが、外国語を学ぶ動機がますます希薄になるとしたら、それは日本語自体も貧しくする結果になってしまう。

（島田雅彦「いまを生きるための教室　死を想え　国語・外国語」）

＊ニュアンス＝言葉の微妙な意味合い。
＊サーミ＝ラップランド地方に住む民族。
＊シェイクスピア＝イギリスの詩人・劇作家（一五六四～一六一六）。『ロミオとジュリエット』はその代表的戯曲。
＊定義＝言葉でものの意味や内容を限定して説明したもの。

(1) ――線部①「日本語も外国語との結びつきなしにはあり得ない」とあるが、その説明として最も適切なものを次から選び、記号で答えなさい。

ア 日本語がずっと昔から外来の漢字を使っているように、外来語の流入は近年になって始まったわけではないため、今さら日本語から外来語を排除することは考えられなくなっている。

イ 世界中で情報と物の交錯が絶え間なく進行し、国や言葉の境界があいまいになってきたため、日本語と外国語も文法の変化を伴って融合することが当然の成り行きになっている。

ウ 他の国々と大量の情報や物の行き来が盛んな時代になって、外国語が大量に日本語の中に流入しているため、外来語を用いない日本語の表現は考えられなくなっている。

エ さまざまな分野で国際化が進む中で、日本も必要な情報や物の多くを海外に依存せざるを得ない状況にあるため、これからの日本人には外国語の習得が必要不可欠になっている。

［　　］

(2) ――線部②「ザビエルや黒船が日本に来た頃と較べたら、日本語はあらゆることを表現できるようになった」とあるが、その説明として最も適切なものを次から選び、記号で答えなさい。

ア 明治時代以降の日本語を改良していく歴史において、先祖があらゆる外来語をそれ以前からある日本の言葉に置き換えて表現してきたことにより、日本語の表現能力が飛躍的に向上した。

イ 多くの外国語を日本語の中に取り込んだり、それまでの日本になかったものや考え方を表現できるようにしたりした先祖たちのおかげで、より多様な日本語の表現ができるようになった。

ウ 古来日本が言葉を使わなくても心が通じ合う文化を持っていたために、日本語は表現力が乏しかったが、流入した外来語を活用して現在のような高い表現能力を持つ言葉に生まれ変わった。

エ 先祖たちが苦労して改良した日本語を、文学者が文学作品という形にして世界と戦えるように示してくれたおかげで、日本語は世界を代表するすぐれた表現ができる言葉になった。

［　　］

(3) ――線部③「言葉が持っている二重、三重の意味作用」とあるが、その説明として最も適切なものを次から選び、記号で答えなさい。

ア 誰もが知っている意味だけでなく、新たに意味を与えることで表現の可能性が広がること。

イ 誰でも言葉の定義は変えられるので、どんなに言葉を選んでも複数の解釈が生じること。

ウ 小説家によって古い言葉をもとに次々と新しい表現が生み出されて言葉が豊かになること。

エ 言葉で世界と戦うことで世界に通用する考え方を身につけ、多様な場面で活用できること。

〔　　〕

(4) ――線部④「それは外国語の学習も同じだ」とあるが、筆者がそのように考える理由を説明したものとして最も適切なものを次から選び、記号で答えなさい。

ア 言葉の本質をとらえ流暢に使いこなすためには、十分な文法の学習とともに、絶えず教える立場に立って言葉を繰り返し考えるという経験が重要だから。

イ 言葉を習得するためには、まず文法を学習したうえで古典の本質を知り、現在の言葉との比較において言葉をとらえ直そうとすることが近道だから。

ウ 言葉がそれぞれの国でどのように使われているかを知るためには、文法の学習以上にその言葉を使っている人々の生活様式をまねするしか方法がないから。

エ 言葉を身につけるためには、文法の学習だけでなく、その言葉を使っている人々の生活や習慣などその言葉のさまざまな背景を理解する必要があるから。

〔　　〕

記述　難問

(5) 文章のはじめから▲までの内容を要約しなさい。ただし、次の①・②の条件を満たし、全体で四十字以上五十字以内の一文で書くこと。

①世界中の人が同じ言葉を話すことに対する筆者の考えとその根拠に触れること。

②文末は句点（。）で終え、これも字数に含めること。

思考力

(6) 国語の授業の中で、生徒たちがいくつかのグループをつくり、この文章の内容について話し合った。次のア～エは、あるグループでそのときに出された意見の一部である。これらの中から、筆者が文中で述べている内容に合わないものを一つ選び、記号で答えなさい。

ア「これまで覚えてきた英語の単語も、そのまま日本語に置き換えられるものだと思っていたけれど、生活習慣や考え方も違うのだから私たちの感覚とは微妙なズレもあるんだね。」

イ「日常でも英語はたくさん使っているけれど、だからといって英語を上手に話せないのは、実際の英会話に必要な単語や言い回しがまだ日本語の中に定着してないからだったんだね。」

ウ「小説を読むっていうことは、小説家が作品の言葉の中に込めた意味をつかむことを通して、私たちが日常生活の中で人の言葉が本当か嘘かを判断することにも役立つんだね。」

エ「日本語がたくさんの外来語を取り入れてきた背景には、先人がそれだけたくさんの新しい考え方を吸収して日本語を便利にしてきた歴史があるということも言えそうだね。」

〔　　〕

〔神奈川〕

2 現代文 小説

STEP 1 まとめノート

解答⇩別冊9ページ

月　日

① 背景・場面をおさえる ★★★

(1)背景

主人公たちが生きている**時代**や**社会の環境**に着目する。特に、現代とは時代が異なる文章には、注意が必要である。主人公たちの生きる**社会に生じている問題**や**社会の価値観**（↳思想・考え方。）は、登場人物の心情が変化したり、登場人物が行動を起こしたりするときの要因にもなるため、重要である。

(2)場面

作品の中に描かれている場所や時（季節、年、月、日、時刻など）、物語が展開する舞台、主人公たちを取り巻く風景。

② 登場人物の情報に注目する ★★★

(1)人物像

年齢や性別、身体的な特徴、職業、所属している部活動などの情報、生きている時代、生い立ち、家庭環境といった**境遇**、さらには**性格**や**考え方**など、文中に描かれた登場人物の［①　　　］は、心情や行動の理由を考えるうえで、重要な手がかりになる。

(2)人間関係

登場人物が互いにどのような関係にあるのかを読みとる。同じ出来事に対しても、その人物が人間関係の中で**どのような立場に置かれているかによって**、感じ方、考え方は違ってくる。

ズバリ暗記 作品の背景や人物像をおさえることで、より正確に心情が読みとれるようになる！

③ 心情の変化をつかむ ★★★

(1)出来事

入試問題では、**ある［②　　　］をきっかけにして変化する登場人物の心情**を読みとらせる問題が多く出題される。登場人物の**心情に大きな影響を与える出来事**に注目する。

(2)心情の変化

出来事によって、登場人物の心情がどのように変化したのかをとらえる。出来事、心情の変化を通して描かれる**登場人物の気づき、成長**に注目する。

④ 心情描写に注目する ★★★

(1)直接的な心情描写

心情を**直接的**に表している表現。

- 心情語…「うれしい」「楽しい」「くやしい」「悲しい」など、登場人物の［③　　　］を表す言葉。
- 文末表現…「**～と思った。**」「**～と感じた。**」「**～気がした。**」などの文末表現（文の終わりの表現。）の前には、出来事に対して登場人物がどのように感じたり、思ったりしたかという内容を表す言葉がある。

● **会話文・心の中の言葉**…登場人物が「　」で直接話している言葉や、心の中で発している言葉（（）や——などをつけられる言葉。）に注目する。

Check! 次の文中から、「ぼく」の心情を直接表す心情語を抜き出して書きなさい。

> 父の大切に育てていた鉢植えを壊してしまったということを、ぼくはどうしても言い出すことができなかった。そのうしろめたさから、ぼくは父と目を合わせることさえできず、夕食が終わるまでずっと、うつむいたままだった。

［④　　　　］

(2) 間接的な心情描写

心情を間接的に表している表現。

● **行動・表情**…登場人物の［⑤　　　］や［⑥　　　］に注目し、そこに表れている心情をとらえる。同じような行動や表情であっても、**人物によって読みとれる心情は異なる**ため注意が必要である。

Check! 次の文中の「ぼく」の心情として最も適切なものをあとから選び、記号で答えなさい。

> 試合終了のホイッスルが鳴った。あと一点。たったの一点が届かなかった。ぼくは空を仰ぎ、こぶしをぎゅっと握りしめた。

ア 不安　　イ 喜び
ウ 悔しさ　エ あきらめ　［⑦　　］

● **情景描写**…空模様（天気、空の様子。）や風景、聞こえてくる音などに注目する。登場人物の心情や、これから起こる出来事、人間関係などが、**情景描写によって暗示されている**場合がある。

● **象徴**…登場人物の視点に立ったとき、**特別に思い入れのあるもの**や、文中でさりげなく**何度も描かれているもの**が、登場人物の**人生や価値観を象徴している**場合がある。（象徴：形のあるものに置き換える。）

Check! 次の文中から、「ぼく」の心情が読みとれる情景描写を抜き出して書きなさい。

> 「ごめんな」とカズヤは言って、照れくさそうにそっぽを向いた。「ぼくの方こそ、ごめん」ぼくも素直に言葉が出てきた。雨はすっかり上がり、きれいな夕やけ空が広がっていた。

［⑧　　　　］

ズバリ暗記 人物の言葉・行動・表情や場面の情景描写と、心情を結びつけて考える。

5 主題をとらえる ★★★

(1) 主題

作者が、作品全体を通して読者に訴えようとしていること。

(2) 主題の読みとり

出来事や、それに応じた心情の変化を通して、**登場人物の生き方や考え方がどのように描かれているのか**に注目する。それが、作者が読者に気づいてほしい、考えてほしいと訴えている内容である。

ズバリ暗記 登場人物の生き方や考え方の中に、作品の主題がある！

STEP 2 実力問題

解答⇒別冊8ページ

ココがねらわれる
作品の背景と登場人物の心情の変化が問われやすい。特に心情の変化の過程では、その人物が発見・理解した内容をとらえよう。

1 次の文章を読んで、あとの問いに答えなさい。

三郷心は工業高校の一年生で、コンピューター研究部〈コン研〉に所属している。ある日、ものづくり研究部〈もの研〉の顧問に頼まれ、文化祭の販売品の製作を手伝うことになった。製作にはものづくり研究部一年生の吉田と亀井、二年生の原口、技術指導をする熟練工の小松さんがあたっていた。文化祭を翌日に控え、完成した販売品の大きさのちがいが気になった心が、そのことを原口に指摘する場面である。

最初から疑問だったのだ。マシニングセンタは、コンピューター制御の切削機械だ。コンピューターにデータを入力して作動させると、自動的に同じ形に切削していく。今回つくったペーパーウェイトだって、もっと大量生産に適したデザインにして、マシニングセンタにかければ時間も労力も半分以下ですんだだろう。どうしてそれをしないで、少人数でてんてこ舞いして助っ人まで頼んだのか、心にはさっぱり理解ができない。

「そんなことしたら、〈もの研〉の意味がないやろ」

あきれたような原口の声が言った。

「あのね。〈もの研〉は、〈コン研〉とちがってコンピューター任せの*部活やないと。人の技術を追求するための部活なんっちゃ」

「コンピューター任せって……」

悪意の混じったような発言に、心はむっと顔を上げた。

「削り方、磨き方にだってそれぞれの個性が出るやろう」

「だから①それでは工業製品の意味がないです」

声を荒らげかけた時、気の抜けるような声がした。

「おー諸君、今日はもうよかったんやったかね」

小松さんだ。

「うん。あとは明日の準備だけやけん、おれらでやれるわ。小松さん、長いことありがと。小松さんがおってくれたおかげでほんとたすかった」

原口は満面の笑みを小松さんに向けて言った。心に対するあてこすりみたいな笑顔だ。

嫌味全開。ほんとに感じが悪い。

心は舌打ちをかみ殺したが、

「いやいや、なんの」

原口に愛想よく言われて、小松さんは上機嫌で作品を手に取り始める。

「お、これは原口、これは亀ちゃんやな。それからこれはわしや。うーんいい仕事してますなあ。あと、こっちのまだまだは吉田」

自分の子を眺めるような目つきだ。

心はぴくりと眉を寄せた。

製作者がわかるのか。

確かに自分の目から見ても、ひとつひとつちがうのはわかったから、小松さんくらいの職人なら製作者もわかるものかもしれない。けれどこうも簡単に言いあてられるものだろうか。

「そんなことわかるんですか」

「そりゃ、見りゃわかるわ」

不思議に思ってきくと、②小松さんはこともなげにそう言い、製作者

月　日

の選別を続けた。

「亀ちゃん、原口、原口、わし、わし、吉田……」

鼻歌でも歌うようにより分ける。

半信半疑で顔をしかめていたが、やがて心は小松さんの手元に注視した。よく見ると、確かに製品にはそれぞれ特徴があるような気がしてくる。同じ製作図、同じ材料、そして同じ機械を使ったはずの製品なのに。

よりわけていた小松さんの節くれだった手がふと止まった。

「あ、それからこれはあんたやね。みさと選手。なかなかいいね。はい、敢闘賞」

小松さんは、サイコロ型のペーパーウェイトをひとつ持ち上げると、心につき出した。思わず受け取る。

③ずしんとくる。

確かに自分がつくったものだと心にもわかった。それも初めてつくったものだ。あの時の感覚がよみがえった。心細さや、製作中の胸の高鳴りや、できあがった時の充足感が。

「いいんですか」

つい、口が勝手に答えてしまって、心はうろたえた。けれどどうしてか、手放したくはない。

「よかばい、わしが買うちゃる」

小松さんは胸をどんとたたいた。

鏡のように輝く鉄の表面を、心はそっとなでてみた。

（まはら三桃「鉄のしぶきがはねる」）

＊部活やないと＝ここでは「部活ではないぞ」という意味。

記述

(1) 〔人物像〕——線部①「それでは工業製品の意味がない」とあるが、この部分からわかる心の考え方を、二十五字以内で書きなさい。

重要

(2) 〔行動の理由〕——線部②「小松さんはこともなげにそう言い、製作者の選別を続けた」とあるが、この小松さんの行動について説明した次の文の A・B に入る適切な言葉を、それぞれ文中から五字で抜き出して書きなさい。

心は、製品にはそれぞれ A ことに気付きはじめているが、それは製作者の B ということだと、小松さんは心にさりげなく示そうとしている。

A

B

(3) 〔心情〕——線部③「ずしんとくる」とあるが、このときの心の心情として適切でないものを次から一つ選び、記号で答えなさい。

ア 自分の手で作った作品を特別なものだと感じている。

イ 今までこだわってきた考えを揺さぶられて戸惑っている。

ウ 作品を作り上げたときの達成感が思い出されている。

エ 作品をもらっても良いものかと迷って遠慮している。

〔　　〕

〔兵庫—改〕

得点UP!

登場人物の心情に大きな影響を及ぼした出来事に注目しよう！

Check! 自由自在

小説を構成する要素を調べてみよう。

（→別冊71ページ）

月　日

STEP 3 発展問題

解答⇩別冊10ページ

1 次の文章を読んで、あとの問いに答えなさい。

明治二十八（一八九五）年の夏、気象学者の野中到は正確な天気予報を行うために、富士山頂で越冬して気象を観測しようという熱意を抱き、山頂に観測小屋を建てた。その妻の千代子は、一人で観測するという夫を支えるため、家族や到の先輩である和田先生など周囲の反対を押し切って、自分も富士山頂へと同行した。

「身体がだるいだろう。顔の浮腫が引けないうちは、さっぱりとはしないものだ。しかし、もうそろそろ浮腫がなくなってもいいころだがな。」

到は云った。やはり、千代子には、空気が稀薄な富士山に長く滞在することは無理なのかもしれない。

「私の顔もいくらかむくんでいるようですけれど、あなただってふだんとは違いますわ。」

千代子は、彼女の身の廻り品を入れてある箱の中からⓐ手鏡を出して、到の顔の前にさし出した。髯の中で眼ばかり輝いている到の顔と千代子の顔が並んで映った。

「ね、あなただって、いくらかむくんでいるでしょう。気圧のせいだわ。」

そうかなと云う到に、そうですよと納得させるとすぐ千代子は、ずっと前から考えていたことを云った。

「私に観測をさせて下さいませんか。」

「お前に？　なぜお前が観測をやる必要があるのだ。」

「そのわけは、これですわ……。」

千代子は、にこっとすると、ⓑ一度手元に戻した鏡を、もう一度到の顔の前にさし出して、鏡の中の、落ちくぼんだ到の眼のあたりをゆびさして云った。

「寝不足よ。こんなことをしていると、あなたは一冬越さないうちに死んでしまいます。だから、あなたのかわりに、私が昼間のうちだけでも観測をいたします。あなたは夜の観測があるのだから昼は寝ていなければいけませんわ。そのうち馴れたら、私が夜の観測をいたしますから。」

しかし、到は、なにをばかなことをという顔で

「お前が来てくれて、雑用を引き受けてくれるし、ほんとうに眠いときは、お前が起してくれるので、安心して、眠れるようになった。これ以上お前に手伝って貰うことはない。だいいち、お前に観測ができるものか。」

「私が女だからですか。」

千代子はそのとき、きつい眼で到を見た。そういう眼つきをされたことのない到は、あきらかに、それが、自分を非難している千代子の眼ざしだとわかるだけに、そのあとの＊継穂のしようがなくなって、ストーブの上にかけてある薬罐の湯をコップについで飲んだ。味のまったくないまずい湯であった。

「あなたに、ぜひお見せしたいものがあるわ。」

千代子は、ふところから、洋紙を何枚か重ねて折って作った、自製のノートを出して、開いて見せた。そこに細かい気象観測値が記入してあった。

「これはいま観測したばかりの数値ですわ。あなたが観測した数値と比較して見ていただけませんか。」

到は千代子の観測記録と彼女の顔とを見較べた。さっき彼が定時の気象観測をしたあと、風力計（現在の風速計）の具合を見に外へ出て

いた間に観測した記録だなと思った。到が観測するときに千代子がその後をついて廻っていることはよくあった。彼が野帳に記入するのを覗きこんでいることもあった。しかし、一度も、観測方法を教えてくれと云ったことはなかった。その千代子が、どうやって観測をしたのであろうか。千代子の自製の野帳には、数回の観測記録が、その年月日、観測時刻と共に書きこんであった。

①到は、彼女がどうやって観測法を覚えたかを知るまえに、まずその観測値が正しいかどうかを確かめようと思った。彼は、彼女が観測した値と彼の観測値とを比較した。ほとんど同じ値を示していた。気温に〇・一度の差があったが、それは読取り誤差の範囲であった。

到が驚いたことには、気圧がちゃんと観測してあった。風向、風速、気温の観測はそうむずかしいことではないが、気圧の観測は、誰にでも容易にできるというものではなかった。見よう見真似で、象牙の針と水銀面を合わせて、水銀柱の高さを読み取ることは、まあまあできるとしても、測定した値に器差補正、温度補正、重力補正を加えるなどということは、気圧というのがどういうものであるか、その物理的意味をひととおり知っていなければできないことであった。

「千代子、お前は気象観測の仕方を誰に教わったのだ。」

到は、そう云って、ちらっと頭の中に博多のことを思い浮べた。千代子が九州の実家に帰っている間にどこかの測候所にでも行って、気象観測のやり方を教わって来たのかとも思った。

②「あなたから教わったのですわ。」

千代子はそう云って、おかしそうに声を立てて笑った。到は更にわからないという顔をした。

「観測の仕方はあなたの後をついて廻っている間に覚えたのですけれど、気象観測に関する専門知識は、あなたが、和田先生から戴いた気象観測という本を何度か読みました。」

千代子はちょっと恥かしそうな顔をした。夫の知らない間に夫の本を盗み読みしたことをとがめないでくれと云いたそうな顔だった。

「何度も読んだんだって？」

「はい、東京にいる間にも読んだし、御殿場にいる間にも読みました。温度計の示度を読み取る場合は眼と水銀柱又はアルコール柱の頂とを結ぶ線が、温度計のガラス面に直角でなければならないなどというところも読んだし、気圧計の補正がなぜ必要なのかも読んで覚えました。でも、実際、あなたの観測するところを見なかったら、私ひとりで観測することはできなかったと思います。」

到はあきれた。千代子が勝気で怜悧であることは知っていたが、③こうまで、先の先を読んでいたのだと思うと、いまさら、観測をやってはならないとも云えなくなった。④自分の身体が、急に力持ちになった千代子の手によって高いところにふわりと持ち上げられたような気持だった。

「あきれたやつだよ、お前は。そういうわけなら疲れたときは交替して貰うことにするか。その前に、ひととおりは器械類の説明をしておこう。」

到は千代子を、野中観測所の観測員にすることに決めると、妻にではなく、所長が観測所員に説明するような言葉づかいで、ひととおり観測のやり方と、気象器械について説明して廻った。

千代子は、熱心に見て廻り、質問もした。ときには到が辟易するような問題を出して彼を閉口させた。

到は千代子が彼の助手として申し分がないと分ったときに、肩の重荷が一つおりたような気がした。二時間置きの観測はつらかった。それも、いざというときには千代子に替って貰えると考えただけで気が楽になった。それでも到はなお二日ばかりは、千代子に見習い観測をさせて、その翌日の昼間、到は朝十時の観測が終ってから、観測を千代子にまかせて、六時間あまりぐっすり眠った。眼を覚ましたときはもう日没に近い時刻であった。戸を開けて外に出ると、⑤真赤な夕陽が山の向うに沈むところだった。濃紫色の影となった山並みの手前にできた雲海は、夕陽をうけてバラ色に染まり、富士山頂へつながる光の軸を中心に輝いていた。そこで見る夕陽は水平線に沈む太陽のように大きくは見えなかったが、なんと美しい色をした太陽だろうと思った。そして、静かな、なんと雄大な落日の景観であろうかと思った。彼は千代子を呼んで、外套を着て出て来た千代子と肩を並べて、しばらくはその景色に見入ったままだった。

（新田次郎「芙蓉の人」）

＊継穂＝とぎれた話をつなぐきっかけ。　＊野帳＝野外での記録用ノート。
＊器差＝測定器が実際に示す値と本来示すべき値の差。
＊御殿場＝静岡県北東部の地名。富士山のふもと。　＊博多＝福岡県の地名。
＊辟易＝勢いに押されてたじろぐこと。　＊怜悧＝頭の働きが鋭いこと。

記述

(1) ══線部ⓐ「手鏡を出して、到の顔の前にさし出した」、══線部ⓑ「一度手元に戻した鏡を、もう一度到の顔の前にさし出して」とあるが、千代子がこのようにした理由を、五十字以上六十字以内で書きなさい。

(2) ――線部①「到は、彼女がどうやって観測法を覚えたかを知るまえに、まずその観測値が正しいかどうかを確かめようと思った」とあるが、この表現から読みとれる到の性格が最もよく表れている箇所を、これよりあとの文中から一文でさがし、はじめの五字を抜き出して書きなさい。

(3) ――線部②「千代子はそう云って、おかしそうに声を立てて笑った」とあるが、千代子が「おかしそうに声を立てて笑った」ときの心情として最も適切なものを次から選び、記号で答えなさい。

ア 夫から教えてもらったといっても直接教わったわけではなく、夫の本を読んだり観測の仕方を見たりして、独学で身に付けたことを得意に思っている。
イ 夫が自分のいない時に他の測候所で気象観測を教わって来たことを知らずに、夫だけから学んでいたと思っていることをほほえましく思っている。
ウ 夫の本を目の前で読んだり観測の仕方を夫の後について見たりしているのに、夫が鈍感でちっとも気が付いていないことを滑稽に思っている。
エ 夫が自分以外のだれかから気象観測の仕方を学んできたのだと思い込み、夫自身が間接的に教えていたのに気付いていないことを愉快に思っている。

〔　　〕

難問　思考力

(4) ――線部③「こうまで、先の先を読んでいたのだ」とあるが、千代子の行動が「先を読んでいた」と言える理由として最も適切なものを次から選び、記号で答えなさい。

ア 夫の反対を考えてすぐに手伝う意志を告げず、正確な観測を行うために本で情報を得るだけではなく、入念な準備をした上で話す機会をうかがっていたから。

イ 夫の書いた本を盗み読みしたことを打ち明けるとしかられるだろうと予期し、充分に観測ができるようになってから話そうと、ひそかに練習をしていたから。

ウ 夫が元気なうちは観測の手伝いを申し出ても断られてしまうだろうと予測し、夫が疲れ切ってしまうまで待ってから提案しようとして、様子を見ていたから。

エ 夫に手伝いを申し出ても女性には無理だと断られてしまうだろうと推測し、充分に練習を積んだ上で、女性でも観測できることを示そうと準備をしていたから。

〔　　〕

記述　難問

(5) ——線部④「自分の身体が、急に力持ちになった千代子の手によって高いところにふわりと持ち上げられたような気持だった」とあるが、この表現は到のどのような心情をたとえているか。六十字以内で書きなさい。

思考力

(6) ——線部⑤「真赤な夕陽」が沈むときの情景描写について述べたものとして適切なものを次から二つ選び、記号で答えなさい。

ア 心強い助手を得られたことで、到が気象観測士として偉大な成功を確信する様子がうかがえる。

イ 根気と体力のいる気象観測を一人で背負う辛さから解放された到の安心した気分が感じられる。

ウ 女性の助けを借りるのは悔しいが、一人でできる限界まで頑張ろうと決意する到の胸中が察せられる。

エ これからは観測が円滑に進むであろうため、和田先生にも顔向けができるという安堵感が伝わってくる。

オ 聡明な妻の力強い手助けによって夫婦の絆がいっそう深まる様子が投影されている。

〔　・　〕

思考力

(7) この文章の表現の特色として最も適切なものを次から選び、記号で答えなさい。

ア 到と千代子のささやかな心情の交わりや心の揺れを描くとともに、人間の小さな感情とは関係のない大自然の雄大な情景を描き対比している。

イ 到と千代子の行動がそれぞれ描かれているが、心理的な描写は到の心の中に限られており、到の目から見た一人称による描き方になっている。

ウ 科学的な用語や説明を多く用いるとともに、会話を多用して到と千代子のやりとりを生き生きと描くことで、状況が分かりやすく説明されている。

エ 到と千代子の心情については描写が少なく読みとりにくくなっているが、気象観測については科学的な用語を多く用いて分かりやすく描いている。

〔　　〕

〔都立戸山高―改〕

3 現代文 随筆

第1章 読解の力

STEP 1 まとめノート

解答⇒別冊15ページ

① 随筆の要素をおさえる ★★★

(1) 随筆

筆者自身の体験をつづった**ノンフィクション**（事実を記した文章。）であり、その体験から、**筆者が感じたこと**、**考えたこと**を書き表した文章である。エッセイ・随想とも呼ばれる。

(2) 随筆の要素

随筆は、大きく分けると体験と感想からなっている。小説の場面のように過去の［①　　］をつづっている部分と、**その体験から感じたこと**、**考えたこと**を書き表した［②　　］の部分とがある。

次の文章の中から、「ぼく」の感想にあたる部分を抜き出して書きなさい。

> 小学生の頃のことである。ぼくはふとした拍子に、父の大切に育てていた鉢植えをひっくり返してダメにしてしまったことがあった。ところが、小学生のぼくは、父に叱られることがこわくて、何も言い出すことができなかった。いつ鉢植えの話題が出るかとびくびくしながら一週間が過ぎた頃、ぼくは父に呼ばれた。父は、ぼくが鉢植えを壊してしまったことについては、何も叱ったりはしなかった。ただ、失敗を隠して、謝ることができなかったことについてだけは、「それは、人として恥ずべきことだ」と静かに一言、ぼくを叱った。生きるうえで大切なことを学んだ、苦い思い出である。

［③　　］

② 筆者自身について理解する ★★★

(1) 筆者の情報

随筆では、筆者自身の体験や感想がつづられているので、職業・生き方・境遇など、**筆者の人柄や立場などの情報**を読みとることが必要である。

(2) 筆者の視点

筆者の情報を手がかりにして、**筆者独自のものの見方・考え方・感じ方**に注意する。

(3) 筆者が作品を書いた背景

筆者がその文章を書くに至った［④　　］**や、きっかけとなった事柄**が書かれている場合は、そこに着目する。

(4) 筆者にとっての象徴

筆者にとって、**過去の体験の象徴**（シンボル。形のないものに形を与えること。）となっているものが描かれている場合は、そこに着目する。

③ 随筆の構成をおさえる ★★

(1) 体験→感想

● 文章構成が比較的はっきりしており、体験と感想の読み分けがしやすい。感想自体に筆者の最も伝えたい内容が明示されている場合が多い。

月　日

(2) 体験＋感想①
体験＋感想②
体験＋感想③…

● 体験をつづっていく中で、感想を時おり小刻みに述べる構成。複数の体験を比較したり、共通点を考えたりしながら読むことが必要になる。

(3) 感想→体験

● 最初に述べたいことを明示、予告してから、それにまつわる体験談を語り始める構成。

ズバリ暗記 随筆は、筆者自身の体験と感想から構成されている！ 文章の構成をおさえながら読むことが必要。

4 複数の体験や感想をおさえる ★★

(1) 複数の体験

筆者が随筆の中で複数の体験を紹介しているときは、それらの体験を比較したり（比べること。）、共通点を考えたり（どちらにもあてはまる点。）しながら読むようにする。

(2) 複数の感想

● **いつ**…子供時代の感想なのか、大人になった「今」から振り返って考えた内容なのかなど、**時間の流れ**に気をつけながら読む。

● **感じ方・とらえ方の変化**…子供時代の感じ方や考え方、物事のとらえ方は、**年月の経過によって変化する**場合が多い。

5 主題をとらえる ★★★

(1) 主題

筆者が自分自身の体験をつづることによって読者に最も伝えたい内容を、［⑤　　］という。

(2) 主題のとらえ方

筆者が自分自身の体験から感じたこと、考えたことに着目する。ものの見方の変化や、感じ方や考え方の変化、あるいは、**筆者が子供の頃には気がつかなかったが、年齢を重ね、文章をつづっている「今」なら気がつくようになったこと**などは、主題となっている場合が多い。「今」の筆者の思いは、**さりげない表現の中に込めて表されることも多い**ので、**「今」の筆者の視点で書かれている部分は、特に注意して読むようにする。**

ズバリ暗記 筆者自身の体験に対する感想から、主題を読みとる！ 現在の筆者の立場から述べられていることに着目。

Check! 次の文章の中から、筆者が、大人になった今、感じていることを抜き出して書きなさい。

> 私の故郷には何故か子供たちの間に古くから伝わる行事が存在した。村の子供らが寄り集まって〈ふき摘み〉をするのである。土の匂いの漂う春の山々を駆けめぐって、新鮮でおいしそうなふきを籠に山盛り摘む。男の子も女の子も村の公民館で山の収穫をどっさり床に投げ出し、掌で握れる束にする。日が沈むころ、行商人となって村を練り歩く。売れたらみんなでわいわい大はしゃぎ。両親にも胸をそらして自慢した。ふきのお代で夏のお祭りに店を出したり、お地蔵様の供物を買ったりした。
>
> あの子供だけの伝統は、今でも受け継がれているという。村社会の子供たちの知恵にはっとさせられるのである。

［⑥　　　　　　　　　　］

STEP 2 実力問題

解答⇨別冊14ページ

ココがねらわれる　筆者の体験と感想、および主題が問われる。特に感想と主題に関する問題が多いので、これらをしっかりととらえる練習を積もう。

月　日

1 **次の文章には、「私」が五歳くらいの頃、母と弟と共に風呂屋に行き、膝に抱いた見知らぬ赤ん坊に浴衣を汚されてからあとのことが書かれている。この文章を読んで、あとの問いに答えなさい。**

ⓐ▼母は私の汚れた着物を持って、

「すぐに迎えに来るから、ここで待っていなさい。」

と、弟を連れて行った。夏のことで、浴衣一枚しか着ていなかったから、その一枚を持って帰られると、着るものがなかった。裸で帰るわけにもいかず、私は家人の迎えを待っていた。だが、わが家からはなかなか迎えに来てはくれない。私は子供だったから、待てなかったのかも知れない。短い時間が長く思われたのかも知れない。私は裸でいつまでもその場にいるのが不安になった。私はついに帰ることにした。帰るといっても着るものはない。真っ裸で帰るわけにはいかない。と、どうしたことか、母は私の着物だけを持って、私の*三尺帯を置いて行ったことに気づいた。私はその三尺帯を肩から斜めに体に巻きつけた。か細い子供の体である。幅広い三尺帯である。ゆったりと膝のあたりまで巻きつけることが出来た。あの時の、*橙色のちりめんの帯の感触は今も私は覚えている。多分その姿は、珍妙であったにちがいない。風呂屋にいる人たちが笑っているのを子供心に感じながら、私はまだ明るい夕方の街に出た。▲銭湯のすぐそばで、半裸の男が道路に水を撒いていた。男は驚いて、二メートルほどの長い柄の柄杓を持ったまま、まじまじと私の姿をみつめた。私は広い道路の真ん中を、悠々と歩いて帰って行った。恥ずかしい気がした。が、一方、裸ではないのだという気持ちがあって、誇らしい思いもあったような気がする。つまり、三尺帯を巻きつけるとは、われながら名案と言いたいところだったのだろう。

家まで、あと*半丁という所まで来た時、風呂敷包みを抱えて、私を迎えに来た姉に出会った。姉は私の奇妙な姿を見て、

「まあ！」

と、実に何ともいえない優しい笑顔を見せた。そして、ふだんより何倍も優しい語調で私を慰め、太い柳の木の下で、ぐるぐる巻きの帯を取り、風呂敷の中の浴衣を着せてくれた。私はこの時、初めて姉の姉らしさに触れたのである。私がようやく、自分以外の人間を意識する年齢になっていたからであろうか。①きょうだい愛をたっぷりと私は浴衣と共に着たのであった。

その後、この姉らしさはたびたび感ずるようになった。それは必ずしも「優しさ」となって現れるとは限らなかった。これはその翌年くらいの頃のことであったろうか。夏休みで、近郊に住む従姉妹たちが、私の家にしばらく来ていた。彼女たちの住む家のそばには、*滔々たる*灌漑溝があって、従姉妹たちは水泳が巧みであった。が、私の家に来ては、そう手近な所に水遊びをする場所はない。一キロほど離れた辺りに*忠別川が流れていた。そこにみんなで行ったわけだが、私には生まれて初めての遠距離であった。帰り道、私は水遊びと太陽の暑さで疲れていた。歩き方がおぼつかなかったのだろう。姉と同じ齢の従姉が、いきなり私に背を向けて屈み、

「さ、綾ちゃん、おんぶしてあげる。」

と言ってくれた。やれうれしやと、私はためらわずに従姉の肩に手をかけた。途端に姉の百合子の声が飛んだ。

「恵美ちゃん、おんぶしないで！　癖になるから。」

＊毅然とした声だった。いつもの優しい姉の声ではなかった。私はひどくきまりの悪い思いで、今かけた手を従姉の肩からはなした。

「そうかい。」

従姉も立ち上がった。私は、

「おんぶしないで！　癖になるから。」

と言った言葉を、その時実によく納得がいって受け入れた。私は疲れてはいたが、歩けば歩くことが出来た。疲れてはいたが、誰かに背負って欲しいと思うほどではなかった。だから私が従姉に背負われようとしたことは甘えであった。私は子供なりに、姉の言った「癖になる」という言葉を、誤りなく受け取ったように思う。自分はもうだいぶ大きくなったのだ。いつまでも人におんぶしてもらってはならないのだ、という自覚があの時与えられたような気がする。その後私は、誰かがおんぶしてあげようと言っても、「癖になるから」と、姉の言葉をそっくり使って、断るようになった。私にとって、裸に三尺帯を巻きつけて歩いた時よりも、姉にこの言葉を言われた時のほうが恥ずかしかった。そして、②優しい姉にもまして、この時のきびしい姉に、姉らしさを感じたのだった。

（三浦綾子「草のうた」）

＊三尺帯＝長さ約百十四センチメートルの子供用の帯。
＊ちりめん＝表面に細かなしわのある織物。
＊滔々＝水がさかんに流れる様子。　＊半丁＝約五十メートル。
＊忠別川＝北海道にある川の名。　＊灌漑溝＝田畑に水を引き入れるための水路。
＊毅然＝意志が強く動じないさま。

---

(1) 〔感想〕文中のⓐ▼ ▲で示した部分には、大人になった筆者が、周囲から見たそのときの自分の様子を想像して表現した一文がある。その表現として最も適切な一文をさがし、はじめの五字を抜き出して書きなさい。

重要　記述
(2) 〔主題〕——線部①「きょうだい愛をたっぷりと私は浴衣と共に着た」とは、どういうことをたとえているか。二十字以内で書きなさい。

重要
(3) 〔感想と主題〕——線部②「優しい姉にもまして、この時のきびしい姉に、姉らしさを感じた」とあるが、その理由として最も適切なものを次から選び、記号で答えなさい。

ア 姉のきびしい発言は、一緒に遊んでいた従姉妹たちを圧倒するほど強いもので、以前にもまして姉らしさを感じたから。

イ 人間として成長するために必要なことをきっぱりと教えてくれた姉から大きな愛情を感じ、素直に尊敬できたから。

ウ きびしい姉の発言は、「私」にとって心から納得のいくもので、この日以降、姉という理想像が心に刻まれたから。

エ 自分以外の人間を意識することが、浴衣を届けてもらったときよりも、もっとできるようになっていたから。　〔　　〕

〔静岡—改〕

得点UP！
複数の体験は、共通点や相違点を考えながら読もう！

STEP 3 発展問題

解答⇩別冊16ページ

月　日

1 次の文章を読んで、あとの問いに答えなさい。

さくらさくら
さくら咲き初め咲き終り
なにもなかったような公園

デンマークの高校生に、短歌の話をしたことがある。学校の教室だったが、きちんと椅子に座ってではなく、生徒たちは思い思いのスタイルだった。床で膝を抱えていたり、机の上にぴょんと腰掛けて足を組んでいたり。それだけで私にはカルチャーショックだったが、みな熱心に話を聞いてくれて、結果、何の問題もなかった。

古典の短歌は古めかしく見えても、そこに詠まれた心情は、今に通じるものがある……その例として「世の中にたえて桜のなかりせば春の心はのどけからまし（この世に桜というものがなかったなら、春の心はどんなにのどかなことだろう）」という①在原業平の一首を紹介した。日本人は今でも、桜の季節が近づくとそわそわし、咲いたら咲いたで高揚し、散ればまた気がぬけたようになる。まさに、この花のために、のどかではない春を過ごしている。

だが、彼の地の高校生たちは、②ぽかんとしていた。なぜ大の大人が、花ごときにそんなに振り回されるのか、という顔をしている。補足のために「*桜前線」のことを話すと、ゲラゲラ笑い出す始末。「花が咲きそうかどうかがニュースになるなんて」というわけだ。

考えてみれば、ずいぶん呑気な話かもしれない。しかし春の私たちは、呑気というよりやはり、桜に心乱されているというのが実感だ。桜の季節が過ぎると、なんだか夢から覚めたような気分になる。

子どもとの時間にも、似たようなことを感じる時がある。いつになったら歩くんだろう、いつになったらしゃべるんだろう。そわそわ待っていた時期から、大喜び大騒ぎの時期がきて、やがては何もなかったように日常に戻ってゆく。成長した姿のほうが、当たり前になるからだ。

小学生になる、中学生になる、そういう節目節目にも、きっと同じような「桜騒動」があるのだろうなと思う。そんな時間を重ねながら、若木だった子どもも、いつしか大木になってゆくのだろう。

逆光に桜花びら流れつつ感傷のうちにも木は育ちゆく

③子育ての「桜騒動」には、嬉しいこと楽しいことばかりではなく、辛いこと大変なことも多い。私はまだ経験していないけれど、子どもの受験などは、その典型かもしれない。

夜中に何度も起こされ、寝不足で*へろへろになっていた時期。どうしてもオムツでないと、ウンチができなかった時期。何を言っても「イヤイヤ」ばかりの反抗期……。*渦中にいるときは、振り回されるばかりで「いつまでもこの状態が続くのだろうか」と悲観的になってしまう。心に余裕がなくて、先が見えない不安でいっぱいだ。けれど「明けない夜はない」。過ぎてみると「そんなこともあったっけなあ」という感じ。感傷に浸るまもなく、目の前には、さらに成長を続ける子どもがいる。

大変な時期には、つい「あの頃はラクだったなあ」とか「早く大きくなってほしいなあ」とか、過去や未来に目がいきがちだ。けれどそういうとき、必ず思い出される言葉がある。

母親としても歌人としても大先輩の河野裕子さんと、子どもについて話していたとき、河野さんが、まろやかな微笑みをたたえつつ、自信に満ちてこう言われた。

「子どもはね、いつも、そのときが一番かわいいの」

赤ちゃんだったあのときも、一年生になったそのときも、もちろんかわいかったけれど、とにかく子どもというのは「いま」が一番かわいいのだという。

「ええっと、じゃあ今も、一番ですか？」と思わず私は聞き返してしまった。河野さんの二人のお子さんは、もう社会人と大学院生だ。

「そうなの！ ④不思議だけどね、これは真実よ」

いつまでもかわいい、というのとはニュアンスが違う。「いつも、そのときが、一番かわいい」。子どもとの「いま」を心から喜び、大切にしてきた人ならではの実感であり、すばらしい発見だ。息子との時間が、いっそう愛おしいものに見えてくるまじないのような言葉でもある。


（俵万智「たんぽぽの日々」）

＊桜前線＝日本国内各地の桜の開花日をつないだ線。
＊へろへろ＝弱々しく威力のない様子。
＊渦中＝ごたごたした事件の中。もめ事などの中心。

(1) ——線部①「在原業平の一首を紹介した」とあるが、筆者が平安時代の歌人・在原業平の歌を引用したのはどのようなことを述べるためか。最も適切なものを次から選び、記号で答えなさい。

ア 昔の人のほうが、自然のとらえ方が巧みであること。
イ 今の人のほうが、細やかな感受性をもっていること。
ウ 昔から、日本人は落ち着きがない国民であること。
エ 古今を問わず、日本人に通じる感じ方があること。

［　　］

記述

(2) ——線部②「ぽかんとしていた」とあるが、デンマークの学生たちがこのような反応を示した理由を、「心を乱される」という言葉を用いて「…から。」の形で三十字以内で書きなさい。

難問　記述

(3) ——線部③「子育ての『桜騒動』」とあるが、筆者は、子育ての時期がどのような点で桜の季節に似ていると考えているのか。文中の言葉を用いて六十字以内で書きなさい。

記述　思考力

(4) ——線部④「不思議だけどね」とあるが、河野さんはどのようなことについて「不思議だ」と述べているのか。わかりやすく書きなさい。

(5) ＝＝線部「なにもなかったような公園」という表現が表している心情として適切な言葉を、文中から十一字で抜き出して書きなさい。

〔富山―改〕

読解の力
1 論説文
2 小説
3 随筆
理解度診断テスト①
理解度診断テスト②
4 詩
5 短歌・俳句
理解度診断テスト③
6 古文の基礎知識
7 古文
8 和歌・古典俳句
9 漢文の基礎知識
10 漢文・漢詩
理解度診断テスト④

理解度診断テスト①

本書の出題範囲 6〜13ページ
解答⇩別冊18ページ

時間 30分

得点 /100点

理解度診断 A B C

月　日

1 次の文章を読んで、あとの問いに答えなさい。

かつては「必要は発明の母」であった。技術は物質的な欲望から出発したのは事実だが、[A]という精神の飢えが[B]という物質的生産へと導いたことを忘れてはならない。精神が物質をコントロールしていたのだ。しかし、現代は「[C]は[D]の母」となった。発明品を改良して新たな機能を付加することにより、人々に必要であったと錯覚させ、消費を加速したのである。必要と発明の関係が逆転し、物質が精神を先導するようになったと言える。でも、それでは真の*イノベーションはあり得ない。精神的欲望は時間を区切らないが、物質的欲望は短期の目標で進む。現代科学を底の浅いものにしているのは、物質的欲望を第一義としてきたためだろう。現代科学は物質的欲望に*翻弄されていると言えるかもしれない。大量生産・大量消費・大量廃棄こそが現代社会を構築している基本構造であり、買い換え・使い捨てが奨励されている。そして、科学や技術をそれに動員することこそが至上命令になっている。（中略）

確かに、科学は物質的基盤がなければ進歩しない。実験の技術開発があればこそ仮説が実証され、それを基礎にして新たな知見が得られていくからだ。あるいは、実験によって思いがけない新現象が発見され、それによって科学の世界が大きく広がったこともある。しかしながら、あくまで科学を推進しているのは好奇心や想像力、つまり創造への意欲であり、精神的欲望がその出発点なのである。それが萎えてしまえば科学は立ち枯れてしまい、技術的改良のみのつまらない内容になってしまうだろう。（中略）

もう一つ、物質的欲望の*昂進は必然的に偽物の横行を招くことになる。全く異なった物質であるにもかかわらず、見かけ上似たものが多いから*真贋の区別がつきにくい。そこにだまそうとする人間の作為が入る。物質的欲望に目がくらんだ者を相手にするのだから、ごく単純な操作で本物と思わせることができる。それを暴くためには科学的な検証が不可欠だが、手が込んでいると一般の人々には簡単に見破ることができないから、結局体よくだまされてしまうのである。もっとも昨今は、安ければ偽物でもいい、どうせ本物と見分けがつかないのだから、というわけで偽物も大手を振ってまかり通るようになっている。こうして本物と偽物が堂々と共存するようになり、人々もこだわらなくなった。科学的真実に対する態度にも①<u>それ</u>が現れるようになっていると言えば、それは*うがちすぎだろうか。科学であろうと非科学であろうと、おもしろければそれでいいと。

偽物を作る手口を最初に科学的に暴いたのは*アルキメデスであった。ヒエロン王から、完成した王冠を前にして、その王冠を作製するために細工師に与えた金すべてを使ったのか、鉛や銀を混ぜて金との差額を*瞞着したのか、それを明らかにするよう命じられたのだ。科学の出発点は疑いを抱くことであり、ヒエロン王は見える部分について形式が整えられていることは知りつつ、見えない部分についても真実を知りたいと追求する、明敏な頭脳の持ち主であったことがわかる。その命令では、王冠を壊してはならないとの条件がついていた。腕力ではなく頭脳の力を使え、というわけだ。これもヒエロン王の明敏さを表している。王冠の重さは与えた金と同じであり、見かけ上は区別がつかない。壊すこともできない。うまい方策が見つからず、悩んだアルキメデスは公衆浴場に行って湯船に体を浸し、そこでインスピレーションを得た。水中に沈んだ体積と同じ量だけの水があふれることだ。この当たり前と思っている事実が大きなヒントとなった。重さは同じであっても、金だけでできた王冠が排除する水の量は少なく、鉛や銀を混ぜれば体積が大きくなり、水は多くあふれることになる。これに気づいてアルキメデスは見事に細工師の詐術を見破ることができたのだった。

科学とは、疑いを抱くことから始まり、厳しい条件を克服して、真実を見抜く行為である。現代人は時間が加速されているせいか、この手続きを踏むことを省略するようになってしまった。物質的欲望に駆られているから、一足飛びに結論を得ることを望むのである。科学の時代であるにもかかわらず、アルキメデスの時代と比べて、②むしろ科学とは縁遠くなったと言うべきなのだろうか。

（池内了「科学と人間の不協和音」）

*イノベーション＝ここでは、技術革新のこと。　*翻弄＝もてあそぶこと。
*昂進＝高ぶって進むこと。　*真贋＝本物と偽物。
*うがちすぎ＝必要以上に推測すること。
*アルキメデス＝古代ギリシアの数学者・物理学者。　*瞞着＝ごまかすこと。
*インスピレーション＝ひらめき。　*詐術＝人をだます策。

(1) [A]と[D]、[B]と[C]にはそれぞれ同じ言葉が入る。最も適切な言葉を、第一段落の文中からそれぞれ二字で抜き出して書きなさい。（各15点）

A・D［　　］　B・C［　　］

(2) ——線部①「それ」が指している内容として最も適切なものを次から選び、記号で答えなさい。（20点）

ア 値段が安ければ偽物でもよいという考えを押し通すこと。
イ 本物と区別がつかないほど巧妙な偽物を作って人をだますこと。
ウ 偽物がまるで本物のように存在していても気にしないこと。
エ 物質的な欲望にとらわれていることに気づいていないこと。

［　　］

記述　難問

(3) ——線部②「むしろ科学とは縁遠くなった」とあるが、その理由を、「手続き」「物質的欲望」という二つの言葉を用いて、「現代人は、……から。」という形になるように、六十字以上七十字以内で書きなさい。ただし、二つの言葉はどのような順序で用いてもかまわない。（30点）

現代人は、

思考力

(4) 筆者はこの文章で、科学が進歩するために必要なものを二つ挙げている。その内容として最も適切なものを次から選び、記号で答えなさい。（20点）

ア 物質的欲望と実験の技術
イ 物質的基盤と創造への意欲
ウ 技術的改良と真贋の区別
エ 明敏さとインスピレーション

［　　］［　　］

〔愛知―改〕

理解度診断テスト ②

本書の出題範囲 14〜27ページ　解答⇩別冊20ページ

時間 45分　得点 /100点　理解度診断 A B C　月　日

1 **次の文章は、昭和四十年代を舞台としているため、物価が現代とは異なっている。この文章を読んで、あとの問いに答えなさい。**

ある夜、私は中国料理店に、数人の連れと一緒に卓を囲んでいた。現在、東京は世界で一番旨い中国料理を食べることのできる場所だ、という話である。才能のある中国人の料理人が故国では腕をふるいようがないので、東京へ集ってきているという話だ。

私たちが卓を囲んでいたのは、そういう料理人のいる店の一つで、いわゆる高級料理店である。したがって、［　※　］。卓の上には、鱶の鰭の料理の皿が運ばれていた。メニューには、終りにちかい頁に、中華ソバや焼飯の項目もあるが、やはりこの種の店で、ラーメンやチャーハンだけを注文するのは場違いといえよう。

鱶の鰭の煮込みが上出来で、私は熱心に食べていたのだが、ふと気付くと大学生が一人、隣の卓に坐ったところだった。学生服に折鞄を持ち、無帽である。身なりはみすぼらしくはないが、富裕な家庭の子弟ではないことが分かる。贅沢をして、五目ソバでも食べようと考えて、この店の扉を押したことが分かる。

①「困ったことになったぞ」

と、私はおもった。

二十年ほど昔、私自身が学生の頃、②こういう立場に追いこまれたことがあったような気持ちになった。記憶を探ったが見つからない、しかしその気持ちだけは鮮明である。

椅子に坐った青年の横顔が見える。

やや気取った手つきでメニューを開いた。間もなく、横顔が緊張してゆくのが分かった。メニューには、料理の金額が記入してある。ところどころ「時価」と書いた項目もある。金のないとき、「時価」という文字を見るのは厭なものだ。私の体験では、それは、途方もなく高価、という替りの文字としてしか、目に映ってこない。

青年の指が、メニューの頁をめくった。③頬から顎にかけて並んでいるにきびの痕が、目立つ。彼は自分の置かれた事態を察したようだ。同じ頁を眺めているその時間が、ひどく長く感じられた。

もしも私が彼だったら、どうする。椅子から立上がり、

「勘違いをして入ってしまったから、帰る」

と言い残して、戸口に向かおう。財布に金が乏しいのは、恥ずべきことではない。場違いの場所で、なんとか辻褄を合わせようとするほうが醜態になる。しかし、そうと分かっても、私が彼だとして、そのように闊達に振舞えるだろうか。振舞いにくい年頃といえる。

それが出来ないとすれば……。彼の手にあるメニューを、あと二枚ほど繰れば、中華ソバの項目が出てくる。なるべく廉いソバだけ注文しても、拒否することは店の側としてはできない。

しかし、彼はメニューを閉じて、白いテーブルクロスの上に置いた。

「馬鹿」

と、私はおもった。刺戟的気分になっているのが分かる。あらためて、彼のにきびの痕に視線を当ててみる。④残酷な興味も動いているのに気付いた。

彼は、女給仕を呼んだ。

「何か、麺類はありませんか」

⑤よろしい、その調子で頑張りたまえ、と私はおもう。その言い方に気取りがあるのが気にかかるが、そのくらいはやむをえまい。女給仕は背をかがめて、［A］。メニューの上に指を当て、そのままの姿勢で顔を彼の方に向けて何か言っている。その恰好から、親身の感じが漂った。

一区切りついたと私はおもい、自分の料理の皿に戻った。

白い陶器の碗に入ったソバを食べ終り、青年は折鞄を提げて、出口に向った。その鞄は、それまで彼の椅子の傍の床の上に置いてあった。

出入り口の横に、勘定場があり、レジスターのうしろに少女が坐っている。

白い細長い紙片と一緒に、*小額紙幣が二枚、少女の前に置かれた。⑥じつに素早く、置かれた。少女が紙片を調べ、何か彼に話している。彼は頷いて、［B］。

勘定場と私の卓との間には、かなりの距離があるのに、青年の様子を仔細に眺めている自分に、ふと嫌悪の気持ちが動いた。しかし、私の中にある記憶が私を刺戟しつづけ、眼が彼から離れない。

その記憶……。そのとき、私は雑誌記者をしていた。原稿の催促のために、*国電に一時間ほど乗って、近県の町で降りた。降りたその場で帰りの切符を買ったのは、どういうつもりだったのか、思い出せないが、虫が知らせたということかもしれない。

用件を済ませ、駅前の喫茶店に入って、コーヒーを飲んだ。はげしい空腹を覚えたので、ケーキを注文した。酒に興味をもっていた時期で、喫茶店でケーキを食べるのは、何年ぶりのことだった。

食べ終ったとき、ふと厭な気持ちがした。ポケットの金をかぞえると、五円足りない。残っている金の額は、いつも頭に入っているはずなのに、五円足りないのである。どこかで計算違いがあったようだ。はじめての町で、なじみのない喫茶店である。

勘定場へ行き、事情を話した。レジスターのうしろにいる少女は、［C］。咎める眼ではない。呆れたような、事情がよく嚥み込めないような眼である。⑦五円硬貨一つのために、そして甘ったるいケーキのために、こういう情況になったことが私を腹立たしくさせ、やがて気持ちが滅入りこんだ。

……そのときから十五年後の現在、勘定場の前に立った彼は、ポケットを探っている。

やがて、何枚かの硬貨を摑んだ手が少女の前に置かれ、彼は無事にその店を出た。少女は近くに立っている同僚と眼を見合わせ、笑い顔になり、ゆっくり［D］。

少女の気持ちは、青年に味方している。しかし、その心の片隅には、高級料理店の一員という立場から出てくる優越感に似たものがある。「間違って飛び込んできて、手数がかかって仕方がないわ」という心持ちが含まれている……。そういうことを感じさせる少女の素振りだった。そして、⑧その少女に、私の気持ちも似ていたかもしれない、とおもった。「あの青年の食べたソバは旨かったろうか」

あとになって、時折、私はそういうことを考えてみる。旨いものでも、旨いと感じる心の余裕がなかったのではあるまいか、という意味である。

しかし、他人の心は計りがたい。あの青年は、私が観察して判断したとは全く違った心の動き方をしていたかもしれないのだ。

（吉行淳之介「食卓の光景」）

*小額紙幣＝額面金額の小さい紙幣。当時は百円紙幣があった。

*国電＝日本国有鉄道の略称「国鉄」の電車のこと。国鉄は、現在のJRにあたる。

(1) 文中の※には、これ以降に起こる出来事に関わる重要な表現が入る。最も適切なものを次から選び、記号で答えなさい。(8点)

ア 店はとても広い
イ たいそうににぎやかだ
ウ 勘定も高い
エ 料理の味も確かにおいしい

〔　　〕

重要
(2) 文中のA～Dに入る表現として適切なものをそれぞれ次から選び、記号で答えなさい。(各5点)

ア ポケットを探りはじめた
イ 黙(だま)って私の顔を見ている
ウ 卓の上のメニューを開いた
エ 胸を撫(な)でおろす手つきをしてみせた

A〔　　〕 B〔　　〕 C〔　　〕 D〔　　〕

記述 難問
(3) ――線部①「困ったことになったぞ」とあるが、どのような点が「困ったこと」なのか。五十字以内で書きなさい。(10点)

(4) ――線部②「こういう立場に追いこまれたことがあった」とあるが、そのときの記憶について、具体的に記されている部分をさがし、はじめと終わりの五字を抜き出して書きなさい。(完答8点)

□□□□□～□□□□□

思考力
(5) ――線部③「頬から顎にかけて並んでいるにきびの痕が、目立つ。」という一文のもつ効果の説明として適切なものを次からすべて選び、記号で答えなさい。(完答8点)

ア 青年のもつ若さを視覚的に強調している。
イ 青年と過去の「私」の重なりを暗示している。
ウ 青年が抱(かか)えている大きな悩みを象徴(しょうちょう)している。
エ 「私」が青年に注目していることを明示している。

〔　　〕

記述 難問
(6) ――線部④「残酷な興味も動いているのに気付いた」とあるが、「残酷な興味」とは、誰(だれ)のどのような心情か。四十字以内で書きなさい。(10点)

(7) ——線部⑤「よろしい、その調子で頑張りたまえ」とあるが、このときの「私」の心情を説明したものとして最も適切なものを次から選び、記号で答えなさい。（8点）

ア 人生の先輩として若い青年に指導した気になり、満足している。
イ 場の雰囲気をわきまえない青年の未熟さに、内心失望している。
ウ 青年の立場を理解していただけに、感情移入が深くなっている。
エ 傍観者として、青年に店と交渉する度胸が欲しいと思っている。

［　　］

(8) ——線部⑥「じつに素早く、置かれた」とあるが、なぜ青年はこのような行動をとったと「私」は考えているのか。最も適切なものを次から選び、記号で答えなさい。（8点）

ア 他の客の目にとまらないようにしたかったから。
イ 自分を馬鹿にした店員たちを見返したかったから。
ウ 自分の行動を注視していた「私」に反発したから。
エ この困った情況から急いで脱出したかったから。

［　　］

思考力

(9) ——線部⑦「五円硬貨一つのために、そして甘ったるいケーキのために、こういう情況になった」という表現について述べた内容として最も適切なものを次から選び、記号で答えなさい。（10点）

ア 金もないのに、うっかり高価な食べ物を注文した自分の軽率さが、青年の情況と重なることを示している。
イ わずかな金額、おいしくもない食べ物のせいで困った情況に陥った自分のうかつさを責める気持ちが表れている。
ウ 自分が恥をかくことになった原因を一つ一つ確認しながら、未練がましく言い訳しようとする心情が読み取れる。
エ たった一つの硬貨や好きでもないケーキが、自分を苦しめた原因だったのだと驚きあきれる様子が描かれている。

［　　］

記述　難問

(10) ——線部⑧「その少女に、私の気持ちも似ていたかもしれない」とあるが、どのような点で似ていたのか。五十字以内で書きなさい。（10点）

〔筑波大附高—改〕

4 詩・短歌・俳句 詩

STEP 1 まとめノート

解答 ⇩ 別冊24ページ

1 詩の分類を覚える ★★

(1) 形式上の分類

- 定型詩…音数に一定のきまりがある詩。
- 自由詩…音数に一定のきまりがない詩。
- 散文詩…短い語句ですぐに改行せず、普通の文章（散文）のように文を続けて書いた詩。（↳行分け、行替え。）

(2) 内容上の分類

- 叙情詩…作者の心情（感動）を中心にうたった詩。
- 叙景詩…自然の風景などを写生的・客観的にありのままに描写した詩。自然の風景が描写されている場合でも、作者の心情が中心に描かれている場合は叙情詩に分類されるので注意する。
- 叙事詩…歴史上の事件や人物を中心にうたった詩。

(3) 用語上の分類

- 文語詩…昔に使われていた古い言葉（文語）で書かれた詩。
- 口語詩…現代に使われている言葉（口語）で書かれた詩。

ズバリ暗記 入試に出題される現代詩のほとんどは、口語自由詩である。

2 詩の読み方をおさえる ★★

(1) 詩の題材

詩の中で「何が」描かれているのかに着目する。

(2) 作者の視点

詩の中で**題材がどのように描かれているか**に着目し、題材に対する作者の［①　　］をおさえる。また、作者の描く対象・関心をもつ部分は、詩の流れの中で移り変わることもある。こうした**視点の移動**にも注意する。

(3) 情景のイメージ

詩に描かれている［②　　］を、色や形など、生き生きとしたイメージを思い浮かべながら、ていねいに読む。また、**それらのイメージから、作者のどのような心情が読みとれるか**を考える。

(4) たとえ

比喩や**擬人法**をはじめとした［③　　］に注意して読む。

(5) 主題

詩の題名や情景描写、たとえなどに着目して、詩の［④　　］をとらえる。**詩の中の具体的な素材を通して、別の抽象的な物事について表現している**場合も多いため注意する。

例 花・木・虫→生命／山登り・マラソン・旅→人生

(6) 鑑賞文の活用

鑑賞文とともに詩が出題された場合は、**鑑賞文の解釈に沿って詩を読み、問題を解く**ようにする。（↳作品の見方、味わい方を表した文。）

3 詩の表現技法をおさえる ★★★

(1) 比喩

あるものを他のものにたとえる表現技法。

●**直喩（明喩）法**…**比喩であることを直接明らかに示し**、たとえる方法。**「まるで（あたかも・さながら）〜ようだ（みたいだ・ごとし）」**などを用いる。

例 ・まるでお城のような家。
・春の桜はさながら一枚の絵のようだ。

●**隠喩（暗喩）法**…**比喩であることを示さず、たとえるものと直接結びつける**方法。**「まるで（あたかも・さながら）〜ようだ（みたいだ・ごとし）」**などの表現を**用いない**。

例 八つ手の白い花も消え
公孫樹の木も箒になつた
（高村光太郎「冬が来た」）

●**擬人法**…**人間以外のものを人間にたとえる**方法。

例 ・天井にある節目が、ぼくをにらんでいる。
・草花がうとうと眠っている。

●声喩（オノマトペ）…**擬声語・擬態語**

①**擬声語**…**声や音**に似せた言葉。

例 ドンドンと太鼓の音が鳴り響く。

②**擬態語**…**態度や状態**に似せた言葉。

例 あめんぼが水の上をすいすい泳ぐ。

(2)強調・変化

読者の印象を強めたり、変化をもたせて注意を引きつけたりする表現技法。

●**反復（繰り返し）法**…同じ語句を何度も繰り返す方法。**読者の印象を強めたり、リズム感を生み出したり**する。

例 さわさわと
さわさわと
風が
木々を揺らしている

●**倒置法**…**通常とは語順を逆にする**ことで強調したり、印象づけたりする方法。（主語と述語の順、修飾語と被修飾語の順など。）

例 ・何と心地よいのだろう／春の風は
・遥かかなたの星座が見える／僕の心には

●**対句法**…**よく似た表現・対の表現**を用いることで対照的に表現する方法。同じ音数の語句を並べ、リズム感を生む。

例 ・赤いリンゴは父さんが／青いリンゴは母さんが
・鳥は舞い／蝶は踊る

●**省略法**…言葉を省略することで、**言外の陰影・余韻**などを**読者に感じとらせようとする**表現技法。（陰影：深みやおもむき。）

例 ぼくははっきり聞いたのだ／
枝々に水を吸い上げる音まで、はっきりと〔聞いたのだ〕

●**体言止め**…**行の終わりを体言で止める**ことで**強調したり、余韻を残したりする**方法。（体言：名詞。）

例 のしのし樹を這うカブトムシ／一本の太い角

(3)その他の表現技法

●**呼びかけ**…作品中の題材や読者に呼びかける方法。呼びかけた対象に**親しみ**を込めたり、注意をうながしたりする。

例 おうい／ぼくの麦わら帽子よ

●**押韻**…語句や行のはじめか終わりに、**同一音や類似音を並べ、詩にリズムをつける。**

①頭韻…語句や行のはじめの音をそろえる。
②脚韻…語句や行の終わりの音をそろえる。

Check! 次の文に見られる表現技法を書きなさい。

春の風がほほを優しくなでる。 〔⑤　　〕

解答⇩別冊24ページ

ココがねらわれる
作品に描かれている情景を想像しながら詩を味わおう。表現技法の名称を問う問題や、比喩表現の解釈の問題が頻出する。

月　日

1 次の詩と鑑賞文を読んで、あとの問いに答えなさい。

アンモナイト　　小野浩

ネパールのバザールで買った黒い石
そっと輪ゴムをはずすと
カリリッ
合わさった石は二つにわれた

二億年も前に生きていた貝がそこにあった
太古の海の香りがする
貝はぼくをみているようだ

石に耳を
海の底をはう砂の音も
①高いヒマラヤと深い海をつなぐ
てのひらのアンモナイト

〔鑑賞文〕この詩は、ネパールの市場で買ったアンモナイトの化石への思いを描いた作品である。[A]という音をきっかけとして、アンモナイトが生きていた時代へと作者の想像は広がり、今と昔の時間を結びつける。作者のてのひらに載っている化石となったアンモナイトは、かつて命を持ち、太古の深い海の底で生きていた。そのことから、作者は[B]が周囲に漂っているように感じる。そして、いつの間にか②空想の世界に入り込み、目の前の化石が生き返り、自分と向き合っているかのように感じている様子が大変印象的である。

＊ネパール＝インドの北に接する国。ヒマラヤ山脈中央部南斜面に位置する。

(1)〔鑑賞文と詩の対照〕鑑賞文中の[A]・[B]に入る適切な言葉を、それぞれ詩の中から五字以内でさがし、抜き出して書きなさい。

A

B

記述

(2)〔詩の内容理解〕――線部①「高いヒマラヤと深い海をつなぐ」とあるが、これを次のように説明したとき、[　]に入る適切な言葉を、十五字以内で書きなさい。

化石に耳を当てると砂の音がして、かつて[　]ことが想起された。

重要

(3)〔鑑賞文と詩の対照〕――線部②「空想の世界に入り込み、目の前の化石が生き返り、自分と向き合っているかのように感じている様子」とあるが、詩の中ではどのように表現されているか。適切な言葉を一行でさがし、はじめの二字を抜き出して書きなさい。

〔兵庫―改〕

2 次の詩を読んで、あとの問いに答えなさい。

人に　　高村光太郎

遊びぢやない
暇つぶしぢやない
あなたが私に会ひに来る
――画もかかず、[A]も読まず、
仕事もせず――
そして二日でも、三日でも
笑ひ、戯れ、飛びはね、又抱き
さんざ時間をちぢめ
数日を一瞬に果す

ああ、けれども
それは遊びぢやない
暇つぶしぢやない
充ちあふれた我等の余儀ない命で
ある
生である
力である
浪費に過ぎ過多に走るものの様に
見える
八月の自然の豊富さを
あの山の奥に花さき朽ちる草草や
①声を発する日の光や
無限に動く雲のむれや
ありあまる雷霆や
雨や水や
緑や赤や青や黄や
世界にふき出る勢力を
無駄づかひと何うして言へよう
あなたは私に躍り
私はあなたにうたひ
刻刻の生を一ぱいに歩むのだ
本を抛つ刹那の私と
本を開く刹那の私と
私の量は同じだ
②空疎な精励と
空疎な遊惰とを
私に関して聯想してはいけない
愛する心のはちきれた時
あなたは[B]
③すべてを棄て、すべてをのり超え
すべてをふみにじり
又嬉嬉として

(1) 〔詩の内容理解〕[A]・[B]に入る言葉を詩の中からさがし、Aは一字、Bは七字で抜き出して書きなさい。

A □
B □□□□□□□

重要 (2) 〔表現技法〕――線部①・③にみられる表現技法をそれぞれ次から選び、記号で答えなさい。

ア 擬人法　イ 体言止め
ウ 押韻　エ 省略法

①〔　　〕　③〔　　〕

(3) 〔詩の内容理解〕――線部②「空疎な精励と／空疎な遊惰とを／私に関して聯想してはいけない」理由を説明した次の文の□にあてはまる言葉を詩の中から十四字でさがし、はじめと終わりの五字を抜き出して書きなさい。

「精励」も「遊惰」も□であるから。

□□□□□ ～ □□□□□

(4) 〔詩の内容理解〕この詩の説明として最も適切なものを次から選び、記号で答えなさい。

ア するべきことなどすべて放棄して恋人との時間で人生をいっぱいにするべきだと訴えている。
イ 愛する人と充実した時間を過ごすことで仕事に嬉々として取り組めるのだと訴えている。
ウ 自然の豊富な生命力と同じように情熱的で激しく躍動する男女の生命力の在りようを訴えている。
エ 学問にはげむべきなのに空疎な恋愛で時間を浪費して自暴自棄に陥っていることを訴えている。

〔　　〕

〔法政大高―改〕

解答⇩別冊24ページ

月　日

1 **次の詩と解説文を読んで、あとの問いに答えなさい。**

生命は

生命は
自分自身だけでは完結できないように
つくられているらしい
花も
めしべとおしべが揃っているだけでは
不充分で
虫や風が訪れて
めしべとおしべを仲立ちする
生命は
その中に欠如を抱き
それを他者から満たしてもらうのだ

世界は多分
他者の総和
しかし
互いに
欠如を満たすなどとは
知りもせず
知らされもせず
ばらまかれている者同士
無関心でいられる間柄
ときに
うとましく思うことさえも許されている間柄
そのように
世界がゆるやかに構成されているのは
なぜ？

花が咲いている
すぐ近くまで
虻の姿をした他者が
光をまとって飛んできている

私も　あるとき
誰かのための虻だったろう

あなたも　あるとき
私のための風だったかもしれない

〔解説文〕　生命というものは、①自己に同意し、自己の思い通りに振る舞っている末には、ついに衰滅してしまうような性質のものなのではないでしょうか。その安易な自己完結を破る力として、ことさら、他者を介入させるのが、生命の世界の維持原理なのではないかと思われます。
もしも、このような生命観が見当違いでないとすれば、生命体はすべてその内部に、それ自身だけでは完結できない「欠如」を抱いており、その欠如を「他者」によって埋めるよう、自己を運命づけている、ということができそうです。

他者なしでは完結することのできない生命、そして、おたがいがおたがいにとって必要な他者である関係、これは、もしかしたら生命の世界の基本構造なのではないか――これが私の帰結だったのです。

いうまでもなくこの構造は人間をふくんでいます。つまり私も、あるとき、ある人にとっての虻や蜂や風であり、ある人の幸・不幸の結実を知らずに助けたり、また私の見知らぬ誰かが、私の結実を助けてくれる虻や蜂や風なのです。

この「他者同士」の関係は、おたがいがおたがいのための虻や風であることを意識しない関係です。ここがいいのです。他者にたいして、一々、礼を言わなくてもいい。恩に着せたり、また、恩に着せられたりということがありません。

②世界をこのように作った配慮は、実に巧妙で粋なものだと私はつくづく思います。ひとつの生命が、自分だけで完結できるなどと万が一にも自惚れないよう、すべてのものに欠如を与え、欠如の充足を他者に委ねた自然の＊摂理の妙を思わないわけにはいきません。私は今日、どこかの誰かが実るための虻だったかなと想像することは、楽しいことだと思うのですが、どうでしょうか。

（吉野弘「詩の楽しみ」）

＊摂理＝自然界を支配している道理、法則。

(1) ――線部①「自己に同意し、自己の思い通りに振る舞っている末には、ついに衰滅してしまう」とあるが、これとほぼ同じ意味が簡潔に表現されている部分を、解説文の中から七字でさがし、抜き出して書きなさい。

記述

(2) ――線部②「このように作った」とあるが、どのように作ったと筆者は考えているか。「…作った。」に続く形で、詩の中の言葉を用いて三十字以内で書きなさい。

作った。

難問

(3) 詩の中の……線部「誰かのための虻」の役割を筆者はどのように述べているか。解説文の中から「すること。」に続く形で二十字以内でさがし、抜き出して書きなさい。

すること。

思考力

(4) この詩について説明したものとして最も適切なものを次から選び、記号で答えなさい。

ア 常識に反する内容を断定的に書くことで、巧妙で神秘的な生命の世界を賞賛しようとしている。

イ 多くの事例を提示することで、自分自身で完結する生命への非難をわかりやすく表現している。

ウ 読み手に疑問を投げかけるかたちで、世界のゆるやかなしくみへの感嘆の気持ちを表している。

エ 科学的な事実をもとにして、互いに無関心な生命の世界のあり方に対し強く警告を発している。

〔滋賀〕〔　　〕

5 詩・短歌・俳句 短歌・俳句

STEP 1 まとめノート

解答⇩別冊25ページ

月　日

① 短歌 ★★

(1) 短歌

短歌とは**五・七・五・七・七の音数で成り立つ**歌のこと。足して三十一音になることから、「みそひともじ(三十一文字)」とも呼ばれる。
↳音の数。文字数ではない。

(2) 短歌の形式

短歌は、[①　　　]の**三十一の音数**で成り立つ。

(3) 短歌の数え方

短歌は**一首**(しゅ)、**二首**、……と数える。

(4) 句ごとの呼び方

五・七・五・七・七のそれぞれの句は、上から、**初句・二句・三句・四句・結句(五句)**と呼ぶ。また、初句・二句・三句をまとめて**上の句**(かみ)、四句・結句をまとめて**下の句**(しも)と呼ぶ。

(5) 字余り・字足らず

短歌は三十一音が基本だが、音数が多かったり少なかったりする例外もある。あえて音数を増やしたり減らしたりすることによって、リズムに変化をもたらすことができ、強調したり余韻(よいん)を残したりする効果がある。

- **字余り**…**音数が三十一音を超える**(こ)もの。
- **字足らず**…**音数が三十一音に不足する**もの。

(6) 句切れ

短歌において、意味の上で切れる部分を[②　　　]という。切れる位置によって、次のように名称(めいしょう)が変わる。

初句　二句　三句 → 上の句
くれなゐの／A 二尺のびたる／B 薔薇(ばら)の芽の／C
四句　結句(五句) → 下の句
針やはらかに／D 春雨(はるさめ)の降る　正岡子規(まさおかしき)
区切れなし

A…**初句切れ**　B…**二句切れ**　C…**三句切れ**　D…**四句切れ**
A～Dのいずれでも切れない…**句切れなし**

(7) 短歌の表現技法

短歌も詩と同様に、さまざまな表現技法が用いられる。

- **比喩**(ひゆ)…**あるものを他のものにたとえる**表現技法。
  - ①**直喩法**…比喩であることを直接明らかに示し、たとえる方法。
  - ②**隠喩法**(いんゆ)…比喩であることを明らかにせず、たとえるものと直接結びつける方法。
  - ③**擬人法**(ぎじん)…人間以外のものを人間にたとえる方法。
- **倒置法**(とうち)…通常とは語順を逆にして印象を強める表現技法。
- **体言止め**…終わりを体言で止めることで強調したり、余韻を残したりする表現技法。
- **対句法**(ついく)…よく似た表現・対の表現を用いることで対照的に表現する方法。

Check! 次の短歌に用いられている表現技法を書きなさい。

石がけに　子ども七人　こしかけて
ふぐをつりをり　夕焼け小焼け
北原白秋(きたはらはくしゅう)

[③　　　]

② 俳句 ★★

(1)俳句

俳句とは、**五・七・五の音数で成り立つ定型詩**のこと。

（定型詩…きまった音数の詩。）

(2)俳句の形式

俳句は、［④　　　　］の十七の音数で成り立つ。

(3)俳句の数え方

俳句は一句、二句、……と数える。

(4)句ごとの呼び方

五・七・五のそれぞれの句は、上から、**初句(上五)・二句(中七)・結句(下五)**と呼ぶ。

(5)字余り・字足らず

俳句は十七音が基本だが、短歌と同様に音数が多かったり少なかったりする例外もある。

- **字余り…音数が十七音を超える**もの。
- **字足らず…音数が十七音に不足する**もの。

(6)句切れ

短歌同様、意味の切れる部分を［⑤　　　　］という。切れる位置によって、次のように名称が変わる。

初句	二句	結句	作者	
菜の花や／	月は東に	日は西に	与謝蕪村	→**初句切れ**
金剛の	露ひとつぶや／	石の上	川端茅舎	→**二句切れ**
万緑の	中や／吾子の歯	生え初むる	中村草田男	→**中間切れ**
赤蜻蛉	筑波に雲も	なかりけり	正岡子規	→**句切れなし**

(7)切れ字

俳句では「や・かな・けり・ぞ」などの［⑥　　　　］のあるところが句切れになる。切れ字は、強調するところをはっきりさせる目的でも使われ、切れ字を含む句には、**作者の感動の中心がある**。

(8)季語

俳句には**季節を表す言葉**である［⑦　　　　］を詠み込むきまりがある。季語は「**歳時記**」に季節ごとに分類されている。

（歳時記…季語の使い方、例となる句をのせた本。）

- 季語の例

春 立春・春一番・雪解け・残雪・山笑う・潮干狩り・雛祭り・卒業・入学・燕・桜・梅・椿・土筆・菜の花・チューリップ・すみれ・鶯・蛙・雀の子・畑打ち・八十八夜・遠足・余寒・蝶・流氷・しゃぼん玉・白魚・つつじ・たんぽぽ

夏 五月雨・万緑・若葉・新緑・田植・夕焼け・虹・雷・蚊帳・蚊・うちわ・こがね虫・浴衣・風鈴・冷房・ラジオ体操・キャンプ・カブトムシ・蟬・花火・プール・幽霊・高校野球・向日葵・かき氷・冷やし中華・ホトトギス・麦の秋・夕立・蠅・金魚・さくらんぼ・五月晴れ・トマト・紫陽花・入道雲・ラムネ

秋 朝顔・天の川・名月・すすき・残暑・天高し・案山子・稲刈り・紅葉狩り・運動会・コオロギ・鈴虫・トンボ・ばった・猪・鹿・啄木鳥・コスモス・鰯・秋刀魚・柿・栗・りんご・野分・稲妻・三日月・墓参り・レモン・きりぎりす・新米・萩

冬 雪・初雪・炭・小春日・枯野・木枯らし・落葉・節分・山眠る・スキー・スケート・こたつ・クリスマス・大晦日・七五三・白鳥・寒雀・山茶花・牡蠣・大根・ニンジン・鰤・三寒四温・氷・狐・熊・おでん・マフラー・ポインセチア・なわとび・水仙

新年 元日・去年・初春・初空・門松・書初・雑煮・鏡餅・初鶯・初天神・成人の日・福寿草・若葉・伊勢海老・七草がゆ

(9)俳句の表現技法

俳句も短歌と同様に、さまざまな表現技法が用いられる。

解答 ⇩ 別冊25ページ

ココがねらわれる 短歌・俳句それぞれの形式・表現技法についての基本的な知識を学び、鑑賞する力を養おう。俳句の季語と季節も問われやすい。

月　日

1 次のA～Fの俳句を読んで、あとの問いに答えなさい。

A　木がらしや目刺にのこる海のいろ　芥川龍之介
B　くろがねの秋の風鈴鳴りにけり　飯田蛇笏
C　元旦や暗き空より風が吹く　青木月斗
D　萩の風何か急かるゝ何ならむ　水原秋櫻子
E　未来より滝を吹き割る風来たる　夏石番矢
F　夏嵐机上の白紙飛び尽す　正岡子規

＊目刺＝イワシなどの魚を塩水に漬けたのち、竹串で数匹ずつ刺しつらねて干した食品。
＊くろがね＝鉄の古い呼び名。　＊萩＝植物の名。

重要 (1) 〔俳句の技法〕つぶやくような自分自身への問いかけを描くことで、作者の内面にある、漠然としたあせりを詠んでいる俳句はどれか。A～Fの中から一つ選び、記号で答えなさい。〔　　〕

(2) 〔俳句の技法〕冷たく乾いた風の吹きすさぶ様子を切れ字を用いて強調する一方で、眼前の小さなものが連想させる豊かな色彩のイメージを表現している俳句はどれか。A～Fの中から一つ選び、記号で答えなさい。〔　　〕

(3) 〔俳句の鑑賞〕次の文章は、A～Fの中のある俳句の鑑賞文である。この鑑賞文を読んで、あとの①、②の問いに答えなさい。

> この句で作者は、垂直に流れ落ちる水に向かっていく力強い風の様子を、「 Ⅰ 」という言葉で表現している。想像される水の姿が大きければ大きいほど、それを「 Ⅰ 」ために必要な風力は増すことになり、句のイメージはいっそう Ⅱ なものとなる。
> また、作者は、この風を、 Ⅲ ととらえている。勢いよく現在の世界にやって来た、未来からの風として描くことによって、未来の世界の力強さや明るさを意識させる句となっている。

① Ⅰ に入る適切な言葉を、その俳句の中から四字でさがし、抜き出して書きなさい。□□□□

② Ⅱ・Ⅲ に入る言葉の組み合わせとして最も適切なものを次から選び、記号で答えなさい。

ア　Ⅱ 繊細　Ⅲ 自然の偉大な力を実感させるもの
イ　Ⅱ 広大　Ⅲ 過去の記憶をよみがえらせるもの
ウ　Ⅱ 壮大　Ⅲ 本来の時の流れから解放されたもの
エ　Ⅱ 科学的　Ⅲ 現在の世界の苦しさを和らげるもの
オ　Ⅱ 感動的　Ⅲ 多くの人間から長く親しまれたもの

〔　　〕〔福島〕

2 次の文章を読んで、あとの問いに答えなさい。なお、本文中に引用された短歌のあとには《　》で現代語訳を補ってある。

残像における自然とこころのアナロジーは、「なごり」の観念にその原型をみとめることができる。いまは「名残」と書き習わしているが、「な」のもとは波の意と解されており、波の去ったあとに残る徴、変化が世界に残した残像である。もとは自然現象だが、そこから展開して、*隠喩的にこころにも適用される。

A　夕されば君きまさむと待ちし夜のなごりぞ今も寝ねかてにする
《「夕方になるとあなたがいらっしゃる」と待っていた夜の名残なのだ。今もなかなか寝られないのは。》
（「万葉集」）

B　花さそふなごりを雲に吹きとめてしばしはにほへ春の山風
《[①]の花を散らした名残の花びらを雲のうちに吹きとめて、もうしばらくあたりを彩っておくれ、春の風よ。》
（藤原雅経）

雅経は、[②]万葉歌の場合、世界の名残が心ににじんでいる。恋人あるいは夫を待っていた夜のなごりとは、部屋に残った気配であろう。しかし、その夜、恋人は現れなかったのであるから、残っているのはつまるところ「待つ心」にほかならない。そこで、このなごりは、詠み手の肉体に残った想いを指す面を濃厚にしている。言わば、（ものの）「かげ」と（こころに残る）「おもかげ」を併せた両義性が、「なごり」にはある。

（佐々木健一「日本的感性」）

*隠喩＝比喩であることを示す語を用いずたとえる表現技法。

重要
(1) 〔表現技法〕A・Bの短歌に用いられている表現技法をそれぞれ次から選び、記号で答えなさい（同じ記号は二度使えません）。

ア 掛詞　イ 倒置法　ウ 枕詞　エ 体言止め

A〔　　〕　B〔　　〕

(2) 〔短歌の知識〕[①]に入る花の名前として最も適切なものを次から選び、記号で答えなさい。

ア 桜　イ 朝顔　ウ 萩　エ 水仙

〔　　〕

(3) 〔内容理解〕[②]に入る内容として最も適切なものを次から選び、記号で答えなさい。

ア 散る花を惜しみ、そのなごりをもとめる心持ちをうたっている。
イ 散る花に心動かされ、春の風がうらめしい心持ちをうたっている。
ウ 散る花を悲しみ、春の風に慰められる心持ちをうたっている。
エ 散る花に歓喜し、そのなごりを吹き飛ばす心持ちをうたっている。

〔　　〕

(4) 〔内容理解〕――線部「詠み手の肉体に残った想い」とあるが、Aの短歌から「想い」にあたる部分を九字で抜き出して書きなさい。

〔都立墨田川高―改〕

STEP 3 発展問題

月　日

解答⇩別冊25ページ

1 次の短歌と鑑賞文を読んで、あとの問いに答えなさい。

いつしかに春の名残となりにけり昆布干場のたんぽぽの花

北原白秋

〔鑑賞文〕

これは「なりにけり」という詠嘆深い言葉で三句を強調し、一呼吸おいてからじつにユニークな場面に、素朴な野の花たんぽぽを登場させています。*上句のごく一般的な春の詠嘆の声が、個性的な*斬新な場面へと展開され、他に類のなかったたんぽぽの表情を生み出し、たんぽぽの可憐さに新しい一面を加えているのに感動がわきます。イメージが鮮明で、景そのものが*抒情の力を含みもっている［A］があって、はじめて*温雅な［B］の詠嘆の心が生きているのです。

このように、イメージと心、物事と心を対応させて短い定型の中で*豊饒感を増幅しようとする方法は、万葉以来行われてきた普遍的な方法ですが、「五・七・五・七・七」の定型に言葉をどのように配分するかはまことに楽しい工夫だといえましょう。まんなかの三句で切るという方法は、いわば二つのことがほぼ等分の力で言えることなので、三句切れの歌は現代でも最も多いうたい方といえそうです。

（馬場あき子「短歌その形と心」）

＊上句＝短歌で、前半五・七・五の三句のこと。また、後半七・七の二句を下句という。
＊斬新＝今までにないほど、目新しいさま。　＊抒情＝自分の感情を表現すること。
＊温雅＝穏やかで上品なこと。　＊豊饒＝豊かで多いこと。

難問 (1) 短歌中の――線部「いつしかに春の名残となりにけり」の意味として最も適切なものを次から選び、記号で答えなさい。

ア いつの間にか春は余韻だけ残し、去って行ったのだなあ。
イ 気がつかないうちにずいぶん春めいてきたものだなあ。
ウ いよいよ真夏になり、気候が蒸し暑くなっているなあ。
エ いともあっけなく春は過ぎ去ってしまったのだなあ。

〔　　〕

(2) 短歌に用いられている表現技法として最も適切なものを次から選び、記号で答えなさい。

ア 擬態語　イ 対句　ウ 係り結び　エ 体言止め

〔　　〕

(3) 鑑賞文中の［A］と［B］には、ア「上句」、イ「下句」のどちらかの言葉が入る。それぞれ適切な言葉を選び、記号で答えなさい。

A〔　　〕　B〔　　〕

(4) 鑑賞文の内容として適切でないものを次から選び、記号で答えなさい。

ア 「なりにけり」という言葉によって、深い感動を表現している。
イ たんぽぽの可憐さをうたうことは、万葉以来の普遍的な方法だ。
ウ 上句と下句がほぼ同じ強さで伝わることで、表現に豊かさが増す。
エ イメージと心を対応させる方法は、現代でも多く用いられている。

〔　　〕

〔茨城―改〕

2 次の文章を読んで、あとの問いに答えなさい。

自然を観察するばあい数をかぞえるような見かたをすると風趣が消えてしまう。①蕪村の有名な句、

②牡丹散て打かさなりぬ二三片

この句の二三片を、もし正確に三片と数をかぞえていっていたら、おそらく句にはなりにくいだろう。数はあげているが、二つ三つとかぞえてたしかめたのではなく、牡丹の大きな花びらがはらりと散ってかさなった状景をよんでいるのだ。この句から目に浮かぶのは、音もなくはらりと散る牡丹の花びらを焦点として、その周辺をソフトフォーカスにつつみこんでいる気分である。数を計算する目で見たのでは、この雰囲気はつかめない。このばあいはどうしても二三片とアイマイないいかたをすることが必要不可欠な条件なのである。

つまり九時三十五分にお会いしましょうといったような精神のありかたとはちがう次元によって成り立っている。人間にはいろいろの感じかた考えかたがあって、領域がちがえば表現のしかたもまたちがうのがあたりまえなのだ。

時刻を指定するのに二、三時にあいましょうといったのでは通用しないが、蕪村の句のばあいでは「二三片」でなければおさまらない。数としてはアイマイだが、表現としては正確なのだ。（中略）

蕪村は牡丹の花びらの散る状態、はらりとおちて、すでに落ち散っていた花びらのうえにかさなったというその状態に焦点をあわせて見ている。二片の花びらのうえに三片めがおちたと数をかぞえているのではないから「二三片」といっているので、このいいかたでないと牡丹の花とその周辺とが濃淡をもった絵として浮かんでこないのである。

幾時にどこそこで会いましょうというのと幾時ごろ会いましょうというのとでは指向の選択の段階ですでにちがっていたといっていいだろう。私のいいたいのは、そういう選択が無意識におこなわれることに注意して欲しいことなのだ。さもないと何かかんじんのことを忘れていることになりそうな気がするのである。

（戸井田道三「忘れの構造」）

(1) ――線部①「蕪村」とは、江戸時代の俳人与謝蕪村のことである。蕪村の句を次から選び、記号で答えなさい。

ア 夏草や兵どもが夢の跡
イ 菜の花や月は東に日は西に
ウ 閑かさや岩にしみ入る蟬の声
エ 古池や蛙飛びこむ水の音
オ 五月雨をあつめて早し最上川

［　　］

(2) ――線部②「牡丹散て打かさなりぬ二三片」での季語を答えなさい。また、用いられている表現技法を次から選び、記号で答えなさい。

ア 体言止め　イ 比喩　ウ 対句　エ 係り結び

季語［　　］　表現技法［　　］

(3) 次のA～Cについて、本文の内容と合うものは○、合わないものは×で答えなさい。

A 蕪村の「牡丹散て」の句に見えるような芸術的な表現においては、数を計算する目で見る見方もまた必要不可欠な条件なのである。

B 「牡丹散て」の句の「二三片」というアイマイないいかたは、その大きな花びらの散り落ちてかさなった状景を的確に表現している。

C 我々は実際の生活において、数学的な見方と芸術的な認識との選択を無意識に行っているということに注意すべきなのである。

A［　　］　B［　　］　C［　　］

〔國學院高―改〕

理解度診断テスト ③

本書の出題範囲 34～45ページ　解答⇩別冊26ページ

時間 30分　得点　/100点　理解度診断 A B C　月　日

1 次の詩を読んで、あとの問いに答えなさい。

大空への思慕（しぼ）　福田正夫（ふくだまさお）

空をさしている大樹、
のびよ、その枝、その幹のごとく。

わが胸の奥（おく）にも、
大空への思慕がうめきながら、
①生の呼吸を忙（いそが）しくする。

ああ、光の消え行くような夕暗（ゆうやみ）に、
②わが心の中の大樹はひっそりと立つ、
しずかにしずかにのびて行く、
わが正しき生命の影（かげ）を地上に長く曳（ひ）いて。

(1) ――線部①「生の呼吸を忙しくする」とあるが、これが表している様子として最も適切なものを次から選び、記号で答えなさい。（20点）

ア 不本意な現状にいらだちを抑（おさ）え切れない様子。
イ わき上がる思いに息苦しささえも感じる様子。
ウ 大きな不安を抱（かか）えて胸が張り裂（さ）けそうな様子。
エ 精神を集中させるために深呼吸している様子。

［　　］

記述　難問

(2) ――線部②「心の中の大樹」とあるが、これがどのようなものを表しているかを次のように説明したとき、□に入る適切な言葉を、二十字以上三十字以内で書きなさい。（20点）

「心の中の大樹」を取り巻く環境（かんきょう）は、「光の消え行くような夕暗」ではあるが、「大樹」は、かすかな光を受けて「ひっそりと立」ち、「正しき生命の影を」静かに地上にのばしている、と描（えが）かれている。このことから、「心の中の大樹」は、□意志を表している。

［解答欄］

(3) この詩の表現について説明したものとして最も適切なものを次から選び、記号で答えなさい。（15点）

ア 第一連の実景が第二、第三連のイメージに重ねられ、第三連で心の中の風景が印象的に表現されている。
イ 第一連から第三連へ変化する心情が、呼びかけや感動詞、倒置（とうち）法を用いながら直接的に表現されている。
ウ 句点によって各連が完結し、それぞれ独立したイメージにより描かれた情景が幻想（げんそう）的に表現されている。
エ 連を追うごとに行数が増え、情景のイメージが次第に鮮明（せんめい）になり、第三連では写実的に表現されている。

［　　］

〔岩手〕

2 次の短歌と鑑賞文を読んで、あとの問いに答えなさい。

母と焼くパンのにおいの香ばしき真夏真昼の記憶閉ざさん　俵万智

〔鑑賞文〕

例えば中学生の夏休み。まだ時間が永遠に輝きつづけているように思えた午後。母親と一緒にパンを焼いた記憶。今も匂う、その香り。胸を焦がすような懐かしさ。

しかし、今はその懐かしさに引き止められてはならない。今はその①記憶を封印しなければならない。

捨てるとは言わない。捨てるにも捨てようがない。だから「閉ざす」。「閉ざす」とは、封じ込めるとは、実は永遠に保存することなのかも知れない。しかしたとえそうであっても、もう決してそれへ視線を向けるまい。

今は、懐かしいその記憶を振り切って、その先への一歩、②人生の新しい段階への一歩を踏み出すべきとき——。

新しい段階が何であるか。それは読者の想像に任されています。ただ、それが何であれ、［A］とは決して両立しないような、新しい経験へ向かっての一歩。

それをいま踏み出さなければ、自分は生きる意味を失うだろう。

今こそ、［B］のとき——。

後半の七七、まず初めの七でアクセントのある〈マ〉音が二度つづけて繰り返され、後の七の冒頭、切り立った〈キ〉音で始まる「記憶」という言葉がそれを受け、更に「閉ざさん」と、〈ン〉の音で強く言い切る。

その鋭いリズムは、作者が自分に誓う決意の強さ、鋭さです。

（柴田翔「詩への道しるべ」）

(1) 鑑賞文中の［A］に入る適切な言葉を次から選び、記号で答えなさい。（15点）

ア 母親と共有した時間への甘美な懐かしさ
イ 社会から大人として認められるうれしさ
ウ 母親と過ごす時間が残り少なくなる焦燥
エ 社会へ旅立つまで努力を続けてきた誇り

【　】

思考力

(2) ——線部①「記憶を封印」、——線部②「人生の新しい段階への一歩」とあるが、記憶を封印して新しい一歩を踏み出そうとしている作者の心情をふまえて、鑑賞文中の［B］に入る適切な言葉を、鑑賞文中から二字で抜き出して書きなさい。（15点）

【　　】

(3) この短歌で、作者の心情が最も強く込められている部分はどこか。最も適切なものを次から選び、記号で答えなさい。（15点）

ア 母と焼く
イ パンのにおいの
ウ 香ばしき
エ 記憶閉ざさん

【　】

〔三重〕

6 古典 古文の基礎知識

STEP 1 まとめノート

解答⇩別冊26ページ

❶ 歴史的仮名遣い ★★★

(1) 文語

古文とは、江戸時代までに書かれた文章で、当時の書き言葉である[①　　]で書かれている。

↳江戸時代：一六〇三〜一八六七年。
↳当時の書き言葉：現代の言葉は「口語」という。

(2) 歴史的仮名遣い

古文は[②　　]で書かれており、現代仮名遣いとは発音・表記が異なる。

● 語頭と助詞以外の「は・ひ・ふ・へ・ほ」は「わ・い・う・え・お」と読む。

例 いはく→いわく　いとほし→[③　　]

● ワ行の「ゐ・ゑ・を」は「い・え・お」と読む。

例 まゐる→まいる

● 「ぢ・づ」は「じ・ず」と読む。

例 いづれ→いずれ

● 「くわ・ぐわ」は「か・が」と読む。

例 くわかく(過客)→[④　　]

● 「ア段の音＋ふ(う)」は「オ段の音＋う」と読む。
「イ段の音＋ふ(う)」は「イ段の音＋ゅう」と読む。
「エ段の音＋ふ(う)」は「イ段の音＋ょう」と読む。

例 やうやう→[⑤　　]　けふ(今日)→きょう
うれしう→うれしゅう

Check! 次の文の——線部⑥〜⑧を現代仮名遣いに直して、すべて平仮名で書きなさい。

> むかし、水無瀬に⑥通ひたまひし惟喬の親王、例の狩しに⑦おはします供に、馬の頭なるおきな⑧仕うまつれり。（「伊勢物語」）

[⑥　　]

[⑦　　]

[⑧　　]

❷ 重要古語 ★★★

(1) 古文特有語

かつては使われていたが、現在は使われていない言葉を古文特有語という。

古語	意味	古語	意味
いと	たいそう	いみじ	はなはだしい
うし	つらい	げに	本当に
さらなり	言うまでもない	つとめて	早朝
つゆ	少しも(〜ない)	わろし	[⑨　　]

月　日

(2) 古今異義語

● 現在も使われているが、意味が異なる言葉を古今異義語という。

古語	意味	古語	意味
あさまし	意外なことに驚く	おぼゆ	思われる・似る
としごろ	数年来・長年	やがて	〔⑩　〕

● 古今異義語には、現代語と同じ意味と、異なる意味の両方をもつ言葉もある。

古語	現代語と同じ意味	現代語と異なる意味
あはれなり	気の毒だ	しみじみとした趣がある
うつくし	美しい・きれいだ	〔⑪　〕
めでたし	めでたい・喜ばしい	すばらしい・愛すべきだ
をかし	こっけいだ・おもしろい	趣がある・風流だ

3 係り結び ★★★

(1) 係り結び

文中に係助詞「ぞ」「なむ」「や」「か」「こそ」が用いられているとき、文末を特定の活用形で結ぶことを〔⑫　〕という。

(2) 係助詞と活用形

「ぞ」「なむ」「や」「か」は**連体形**、「こそ」は**已然形**で結ぶ。

Check! 次の文中から係り結びが用いられている箇所を二つさがし、係助詞と活用が変化した部分を順に抜き出して書きなさい。

> そも、参りたる人ごとに山へのぼりしは、何事かありけん、ゆかしかりしかど、「神へ参るこそ本意なれ」と思ひて、山までは見ず。（「徒然草」）

係助詞〔⑬　〕　活用が変化した部分〔⑭　〕

係助詞〔⑮　〕　活用が変化した部分〔⑯　〕

ズバリ暗記 係り結びは、「ぞ」「なむ」「や」「か」「こそ」の五つの係助詞と結びの言葉に注目する！

4 古典の知識 ★★★

(1) 陰暦

● 昔の暦は**陰暦**だったため、現在とは約一か月のずれがある。
（現代の暦は「太陽暦」という。）

例 「五月雨」…現在の六月頃に降る雨で、梅雨のこと。（「さみだれ」と読む。）

● 月の異名

月	異名	月	異名	月	異名
一月	睦月（むつき）	五月	皐月（さつき）	九月	長月（ながつき）
二月	如月（きさらぎ）	六月	水無月（みなづき）	十月	神無月（かんなづき・かみなづき）
三月	弥生（やよひ）	七月	文月（ふづき・ふみづき）	十一月	霜月（しもつき）
四月	卯月（うづき）	八月	葉月（はづき）	十二月	師走（しはす）

(2) 十二支

● 昔は〔⑰　〕を用いて、**時刻や方位**を表していた。

例 子の刻は夜中の零時、午の刻は昼の十二時。

子	鼠（ねずみ）
丑（うし）	牛
寅（とら）	虎（とら）
卯（う）	兎（うさぎ）
辰（たつ）	竜（りゅう）
巳（み）	蛇（へび）
午	馬
未（ひつじ）	羊
申（さる）	猿（さる）
酉（とり）	鶏（にわとり）
戌（いぬ）	犬
亥（ゐ）	猪（いのしし）

STEP 2 実力問題

解答⇩別冊26ページ

ココがねらわれる
歴史的仮名遣(かなづか)いを現代仮名遣いに直す問題は出題されやすいので、確実に得点できるよう、完璧(かんぺき)にマスターしておこう！

1 次の文章を読んで、あとの問いに答えなさい。

①二月にいたりても〔なっても〕野山一面の雪の中に、清水ながれは水気(すいき)あたたかなる〔清水が流れている箇所は水が温かい〕②ゆゑ、雪のすこし消ゆるところもあり、〔消えているところもあって〕これ水鳥の下(お)るるところなり。雁(がん)これを見れば、まづ二、三羽③ここに下りて、己(おのれ)まづあさり、〔自分がはじめにえさを求め〕さて、〔そして〕糞(ふん)をのこして食あるところのしるしとす、俚言(りげん)に〔方言で〕これを「雁の代見立(しろみたて)」といふ。④雁のかくするは友鳥(ともどり)を集(つど)ひきたりて、かれにもあさらせんとてなり。朋友(ともだち)にまことある事、人も恥(は)づべき事なり。〔雁が友人に対して誠実さがあることは、人間も恥ずかしく思わねばならないことである〕

（「北越雪譜(ほくえつせっぷ)」）

(1) 〔古典の知識〕――線部①の陰暦(いんれき)「二月」の異名の読み方として最も適切なものを次から選び、記号で答えなさい。　〔　　〕

ア しわす　イ やよい　ウ きさらぎ
エ かんなづき　オ さつき

(2) 〔仮名遣い〕――線部②「ゆゑ」を現代仮名遣いで書いたものとして最も適切なものを次から選び、記号で答えなさい。　〔　　〕

ア ゆい　イ ゆえ　ウ ゆひ
エ ゆへ　オ ゆわ

(3) 〔指示語〕――線部③「ここ」とは、この場合どこのことか。最も適切なものを次から選び、記号で答えなさい。　〔　　〕

ア 二月の野山
イ 一面の雪の中
ウ 水をあたためる場所
エ 雪が少し消えているところ
オ 人が罠(わな)をしかけた近く

(4) 〔内容の理解〕――線部④「雁のかくする」とあるが、雁は何のためにそれをするのか。最も適切なものを次から選び、記号で答えなさい。　〔　　〕

ア 「雁」が糞を残して、「友鳥」にえさがないことを教えるため。
イ 「雁」が糞を残して、「友鳥」にえさのあるところを教えるため。
ウ 「雁」が糞を残して、「友鳥」に人間がいないことを教えるため。
エ 「雁」が糞を残して、「友鳥」に人間のいるところを教えるため。
オ 「雁」が糞を残して、「友鳥」に一緒(いっしょ)に旅立つことを教えるため。

重要
(5) 〔主題〕本文の題名として最も適切なものを次から選び、記号で答えなさい。　〔　　〕

ア 雁の安穏(あんのん)　イ 雁の羞恥(しゅうち)　ウ 雁の得意
エ 雁の悲哀(ひあい)　オ 雁の友情

〔高田高〕

月　日

2 次の文章を読んで、あとの問いに答えなさい。

宰相殿の家では、夜になると庭に正体のわからない女が姿を現すことがたび重なっていた。

ある一人の小侍（年若い侍が）、＊かの屏風を見て言ふやう①、「このころ御内（お屋敷内）の人のあやしみあひける女は、この絵の内にこそあるなれ」とて、傍（仲間の侍）の人を呼びⓐて見するに、げにも（たしかに）夜な夜な見しごとく（見たとおり）子抱きたる女あり。②あやしがりて、③その絵の頭に細き紙を張りて置きければ、その夜よりは先の（例の）女、頭に紙の付きたるままにて、壺前栽の内に遊びゐたりける（中庭の植木の間を歩き回っていた）。「さればよ（思ったとおりだ）」とて、そのよし（そのことを）宰相殿に申しければ、絵師どもを召して（お呼びになって）かの屏風を見せ給ふⓑに、みなみな驚きて、「これは＊土佐の光起が筆にて（土佐光起の絵で）、めでたく（すばらしく）書きなせしものなれば、さる奇異の事もありしならん（そのような奇怪なこともあったのだろう）」と申しければ、それより深く秘蔵し置かれけるとぞ（大切にしまっておかれたということだ）。

（「落栗物語」）

＊かの屏風＝この家で長く使われずに保管されていた古い屏風。
＊土佐の光起＝江戸時代の高名な画家。

(1) 〔仮名遣い〕＝＝線部「言ふやう」を現代仮名遣いに直して書きなさい。ただし、漢字はそのままでかまわない。

〔　　　〕

重要
(2) 〔動作主〕……線部ⓐ「呼び」・ⓑ「見せ給ふ」の主語をそれぞれ次から選び、記号で答えなさい。

ア 小侍　イ 子抱きたる女
ウ 宰相殿　エ 絵師ども

ⓐ〔　　　〕　ⓑ〔　　　〕

(3) 〔会話文〕――線部①「このころ」から始まる「小侍」の言葉はどこまでか。終わりの三字を抜き出して書きなさい。

□□□

(4) 〔語意〕――線部②「あやしがりて」の意味として最も適切なものを次から選び、記号で答えなさい。

ア 気の毒に思って　イ 不思議に思って
ウ 不快に思って　エ 厄介に思って

〔　　　〕

重要　記述
(5) 〔心情の理解〕――線部③「絵の頭に細き紙を張りて置きけれ」とあるが、このような行動をとった目的について説明した次の文の□に入る内容を、二十字以内の現代語で書きなさい。

絵の女が、□ため。

〔長崎〕

得点UP!
会話文の終わりは、「と」「とて」などの引用を表す言葉に注目しよう！

Check! 自由自在
「あやしがる」という古今異義語の意味を調べよう。また、他にも古今異義語の例を二つ挙げてみよう。
（→別冊71ページ）

解答⇩別冊27ページ

月　日

1 次の文章を読んで、あとの問いに答えなさい。

今は昔、*唐に*荘子といふ人ありけり。家いみじう貧しくて、今日の食物絶えぬ。隣に監河侯といふ人ありけり。それがもとへ、今日食ふべき*料の*粟を乞ふ。

河侯が曰く、「今五日ありておはせよ。千両の金を得んとす。それを奉らん。いかでか①やんごとなき人に、今日②参るばかりの粟をば奉らん。返す(あ)おのが恥なるべし」といへば、荘子の曰く、「昨日道をまかりしに、跡に呼ばふ声あり。顧みれば人なし。ただ*車の輪跡のくぼみたる所にたまりたる少水に、鮒一つふためく。何ぞの鮒にかあらんと思ひて、寄りて見れば、少しばかりの水に、いみじう大なる鮒あり。『何ぞの鮒ぞ』と問へば、鮒の曰く、『我は*河伯神の使に、江湖へ行くなり。それが飛びそこなひて、この溝に落ち入りたるなり。喉乾き死なんとす。(い)我を助けよと思ひて、呼びつるなり』といふ。答へて曰く、『(う)吾今二三日ありて、江湖といふ所に遊しに行かんとす。そこにもて行きて放さん』といふに、魚の曰く、『③更にそれ迄え待つまじ。ただ今日*一提ばかりの水をもて、喉をうるへよ』といひしかば、さてなん助けし。鮒のいひし事、我が身に知りぬ。更に今日の命、物食はずは生くべからず。後の千の金更に益なし」とぞいひける。それより、「後の千金」といふ事*名誉せり。

（「宇治拾遺物語」）

*唐＝中国。　*荘子＝中国戦国時代の思想家。　*料＝ため、分。
*粟＝玄米。　*車＝馬車。　*河伯神＝河の神。
*一提ばかり＝おけ一杯ほど。　*名誉せり＝評判になった。

(1) ══線部(あ)「おの」・(い)「我」・(う)「吾」は、文中では誰のことか。最も適切なものを次からそれぞれ選び、記号で答えなさい。

ア 荘子　**イ** 監河侯
ウ 鮒　**エ** 河伯神

(あ)［　　］(い)［　　］(う)［　　］

(2) ──線部①「やんごとなき人」・②「参る」の文中での意味として最も適切なものを次からそれぞれ選び、記号で答えなさい。

①やんごとなき人
ア 病気をしたことのない人　**イ** 仕事をやめた人
ウ 尊く立派な人　**エ** 気心の知れた人
［　　］

②参る
ア 召し上がる　**イ** 降参なさる
ウ お持ち帰りになる　**エ** お買い上げになる
［　　］

難問

(3) ──線部③「更にそれ迄え待つまじ」の説明として最も適切なものを次から選び、記号で答えなさい。

ア 江湖からおけ一杯の水は持って来られるはずがない。
イ 江湖に行くまでの間二、三日も生命がもつはずがない。
ウ この鮒は大きすぎて江湖まで持って行けるはずがない。
エ 使いが間に合わないと水に放してもらえるはずがない。
［　　］

〔市川高―改〕

2 次の文章を読んで、あとの問いに答えなさい。

昔、孔子に、一人有つて来帰す。孔子、問うていはく、「汝、何を以てか来つて我に帰する。」かの俗いはく、「君子参内の時、これを①見しに、顒々として威勢あり。よつて、これに帰す。」孔子、弟子をして、乗り物・装束・金銀・財物等を取り出だして、これを②あたへき。「汝、我に帰するにあらず。」

また、宇治の関白殿、ある時、鼎殿に到つて、火をたくところを③見る。鼎殿見ていはく、「何者ぞ、左右なく御所の鼎殿へ入るは。」といつて、追ひ出されて後、さきの悪き衣服を脱ぎ改めて、顒々として取り装束して出で給ふ。時に、さきの鼎殿、④はるかに見て、恐れ入つて逃げぬ。時に、殿下、装束を竿に掛けられて、拝せられけり。人、これを問ふ。答へていはく、「我、人に貴びらるるも、我が徳にあらず。ただ、この装束の故なり。」

⑤愚かなる者の人を貴ぶこと、かくのごとし。

（「正法眼蔵随聞記」）

＊来帰す＝弟子入りするためにやって来た。
＊俗＝世間並みの普通の人。
＊君子参内の時＝孔子が王宮に参上する時。
＊顒々として＝おごそかな様子で。
＊宇治の関白殿＝藤原頼通。平安時代の貴族。
＊鼎殿＝湯を沸かす所。また、そこに勤める役人。
＊左右なく＝断りなしに。
＊取り装束して＝装束を身に付けて。

(1) ――線部①「見し」・③「見る」の主語にあたる人物の組み合わせとして最も適切なものを次から選び、記号で答えなさい。

ア ①孔子　③宇治の関白殿
イ ①孔子　③鼎殿
ウ ①かの俗　③宇治の関白殿
エ ①かの俗　③鼎殿

〔　　〕

(2) ――線部②「あたへき」を現代仮名遣いに直して、すべて平仮名で書きなさい。

〔　　〕

記述　難問

(3) ――線部④「はるかに見て、恐れ入つて逃げぬ」とあるが、「鼎殿」は何を見て逃げたのか。二十字以内の現代語で書きなさい。

(4) ――線部⑤「愚かなる者」とは、どういう人物か。最も適切なものを次から選び、記号で答えなさい。

ア 道徳的な行いかどうかより、周囲の評価を重んじる人物。
イ 他者から尊敬されようとして、うわべを飾り立てる人物。
ウ 権威ある者に取り入ることで、利益を得ようとする人物。
エ 人格ではなく、外見的な要素によって人を判断する人物。

〔　　〕

〔栃木〕

7 古典 古文

STEP 1 まとめノート

解答⇒別冊29ページ

月　日

① 古文の読解 ★★★

(1) 語句の省略

古文は、主語・述語・助詞などの［①　　　］が多いので、言葉を補って読む必要がある。特に、動作の主体に気をつけよう。

(2) 会話文

会話文が含まれる文章では、誰の言葉であるかに注意しよう。

- 「〜と」「〜とて」…引用を表す格助詞。「〜と(言って)」という意味で、会話文の直後に用いられる。
  ↳「言ふやう〜」「言ひけるには〜」などの直後から会話文が始まる場合も多い。
- 「や」「か」…疑問を表す係助詞。「〜か」という意味。
  ↳反語を表す場合、「やは」「かは」の形になることが多い。

次の文章を読んで、あとの問いに答えなさい。

今は昔、紫式部、上東門院に歌読優の者にて候ふに、大斎院より春つ方、つれづれに候ふに、さりぬべき物語や候ふとたづね申させ給ければ、御草子ども取り出ださせ給て、「いづれをか参らすべき」など、選り出でさせ給に……

（古本説話集）

上東門院：一条天皇の中宮彰子　歌読優：優れている　春つ方：春ごろに　さりぬべき：読むのにちょうどよい　いづれをか参らす：どれを差し上げたら　べき：よいだろうか

(1) ――線部の主語を文中から抜き出して書きなさい。［②　　　］

(2) 「　」のついていない会話文を、文中から抜き出して書きなさい。［③　　　］

② 助動詞 ★★

(1) 主要な助動詞

文語には、口語とは異なる助動詞が多い。主要な助動詞の意味や訳し方を知っておくと、古文を読む際に非常に役に立つ。

助動詞	意味・訳し方
き	過去(〜た)
けり	過去(〜た)・詠嘆(〜だなあ)
ず	打ち消し(〜［④　　　］)
じ・まじ	打ち消し推量(〜ないだろう) 打ち消し意志(〜ないつもりだ・〜まい)
たり・り	完了(〜た)・存続(〜ている)
つ・ぬ	完了(〜た)・強め(きっと〜)
なり	断定(〜である)・存在(〜にある・〜にいる)
べし	推量(〜［⑤　　　］)・意志(〜よう) 当然(〜べきだ)・可能(〜ことができる)
む	推量(〜だろう)・意志(〜よう)

ズバリ暗記　現代文と同じく、古文でも文末の助動詞が文の意味の決め手になるので、最後までしっかり読むこと!

③ 敬語 ★★★

(1)敬語

古文では、多くの敬語が用いられる。敬語の有無や、その種類によって、**登場人物の関係**や、**動作の**〔⑥　　〕をとらえることができる。
↳尊敬語が使われている人物は、身分が高いと考えられる。

(2)敬語の種類

古文で用いられる敬語には、尊敬語・〔⑦　　〕・丁寧語の三種類がある。

- 尊敬語…動作を行う人を敬う。
- 謙譲語…自分がへりくだることで、相手を高める。
- 丁寧語…聞き手や読み手に敬意を表して、丁寧に言う。

(3)主要な敬語

種類	語句	主な意味	語句	主な意味
尊敬語	給ふ	お〜になる	のたまふ	おっしゃる
	おはす	いらっしゃる	思す	〔⑧　　〕
	聞こしめす	〔⑨　　〕	賜はす	お与えになる
	御覧ず	ご覧になる	あそばす	〜なさる
謙譲語	申す	〔⑩　　〕	奉る	お〜申し上げる
	参る	参上する	まかる	退出する
	承る	お聞きする	仕うまつる	お仕えする
丁寧語	候ふ	〜ございます	侍り	〜ございます

例 のたまひしに違はましかばと……。
（おっしゃったものと違っていてはと……。）

情けなうも討ちたてまつるものかな。
（非情にもお討ち申し上げたものだよ。）

月見ありくことはべりしに……。
（月を見て歩くことがございましたが……。）

(4)尊敬の意味を表す助動詞

「お〜になる」「〜なさる」という尊敬の意味を表す〔⑪　　〕もある。

- る・らる
↳「る・らる」は、受け身・可能・自発の意味を表すこともある。
- す・さす・しむ
↳「す・さす・しむ」は、使役の意味を表すこともある。

例 こはいかにおほせらるる事ぞ。
（これはどのようにおっしゃられる事か。）

Check! 次の文の══線部ⓐ〜ⓔから尊敬語ではないものを選び、記号で答えなさい。

（宣耀殿の女御は）内へ参りⓐたまふⓑとて、御車に奉りたまひけれⓒば、わが御身は乗りたまひけれど、御髪のすそは、母屋の柱のもとにぞおはしけるⓔ。（「大鏡」）
（内へ：宮中へ　御車に奉り：お車にお乗り　母屋：寝殿の中央の間）

〔⑫　　〕

ズバリ暗記　「給ふ」は他の動詞のあとに続いた「〜給ふ」の形で、「お〜になる」「〜なさる」という尊敬の意味を表す。

解答 ⇩ 別冊29ページ

1 **次の文章を読んで、あとの問いに答えなさい。**

人毎（ごと）に失*あれども、我（わ）が失は忘れ、人の失は見ゆるにや（見えるのであろうか）。我が面の疵*（きず）は見えず、人の疵の見ゆるが如（ごと）し（見えるようなものである）。鏡を見て我が失を照らすべし（映して見るべきだ）。あるは（あるいは）俗書*、あるは仏経*等を鏡（かが）み（手本とし、賢人を）、知識を①とぶらひ、よき友に近付きて、習ひ学ぶべし。「上智（ち）は教へられず、下愚（ぐ）は移らず。」（すぐれた賢者は教えられることなく、愚かな者は変わりようがない）と云（い）ひて、生まれ付きてよき人は、人の教へを待たず、自ら*（おのづか）仁義*を守る。いたつて（非常に）愚なるは、いかに教ふれども随（したが）はず（愚かな者は、どんなに教えても従わない）。中なる人は、縁*（えん）に<u>あひて</u>（あ）悪しくもなり、良くもなる。②<u>かからん人</u>（このような）は、よき友を求め、善縁に近付くべし。経*に曰（いは）く、「善人と伴（とも）ふは、雨露（あまつゆ）の中を行くに、自ら衣の濡（ぬ）るるが如し。」と。

（「沙石集（しゃせきしゅう）」）

＊失＝欠点。　＊疵＝傷。　＊俗書＝仏典以外の書物。　＊仏経＝仏典。
＊自ら＝ひとりでに。　＊仁義＝人として行うべき正しいこと。
＊縁＝巡（めぐ）り合わせ。　＊経＝古代の聖人が書いた書物。

(1) 〔仮名遣い〕――線部「あひて」を現代仮名遣（かなづか）いに直して、すべて平仮名で書きなさい。
［　　　］

(2) 〔語意〕――線部①「とぶらひ」の意味として最も適切なものを次から選び、記号で答えなさい。

ア 避（さ）け　イ 従え
ウ 訪ね　エ 用い

［　　　］

(3) 〔内容の理解〕――線部②「かからん人」とは、どの人のことか。文中から抜（ぬ）き出して書きなさい。

［　　　］

重要

(4) 〔主題〕本文の内容に合うものとして最も適切なものを次から選び、記号で答えなさい。

ア 友人を頼（たよ）らずに、自分で考えて行動するようにしていると、多くの人から信頼（しんらい）されるものだ。
イ よい友人からさまざまなことを学んだり、影響（えいきょう）を受けたりすることで、自分の欠点は改まっていくものだ。
ウ 友人にもさまざまな人がいるが、仁義を守れば、どんな人とも親しくつきあうことができるようになるものだ。
エ よい友人が自分を支えてくれるおかげで、困難な状況（じょうきょう）にあっても心配や不安を感じることなく生きていけるものだ。

［　　　］

〔群馬〕

ココがねらわれる

入試では、主語を問う問題や、登場人物の行動の理由を問う問題、文章の内容に合うものを選ぶ問題などが出題されやすい。

月　日

2 次の文章を読んで、あとの問いに答えなさい。

＊備後守（びんごのかみ）致忠（むねただ）、＊閑院（かんゐん）を買ひて家と為（な）す。泉石の風流を施（ほどこ）さんと欲（おも）ふに〔池と庭石で趣深い庭を造ろうと思うが〕、いまだ立石（たていし）〔庭石にする石〕を得ること①能（あた）はず〔できないでいた〕。すなはち金（こがね）一両をもつて〔一両という大金で〕石一つを買へり〔買った〕。件（くだん）の事洛中（らくちゅう）に風聞す〔そのことが都中にうわさとなった〕。②件の事をもつて業（なりはひ）と為す〔職業とする〕者、この事を伝へ聞き、争つて奇巌怪石（きがんかいせき）を運載（うんさい）し〔車に載せて運び〕、もつてその家に到（いた）りて売らんとす〔売ろうとした〕。ここに致忠答へて云（い）はく、「③今は買はじ」と云々（うんぬん）〔ということである〕。石を売る人すなはち門前に抛（なげう）つと云々〔投げ捨てたということである〕。しかる後〔その後〕、その風流有るものを撰（えら）んで④立つ〔立てた〕。
（「江談抄（ごうだんしょう）」）

＊備後守＝備後の国（今の広島県東部）の長官。
＊閑院＝邸宅の名前。

(1) 〔仮名遣い〕――線部①「能はず」を現代仮名遣いに直して書きなさい。ただし、漢字はそのままでかまわない。
〔　　〕

(2) 記述 重要 〔内容の理解〕――線部②「件の事をもつて……売らんとす」について、石を売る商人がこのような行動をとった理由を説明した次の文の A・B に入る内容を書きなさい。ただし、Aは、「この事」の指す内容を三十字以内の現代語で書き、Bは、入るものとして最も適切なものをあとから選び、記号で答えなさい。

石を売る商人が、［ A ］を伝え聞き、それならば［ B ］と考えたから。

ア 見事な石を持っていることを自慢（じまん）したい
イ 見る目のない致忠には粗悪（そあく）な石で十分だ
ウ 不思議な石に備わる霊力（れいりょく）をぜひ見せたい
エ 珍（めずら）しい形の石は高い値段で売れるだろう

A
B〔　　〕

(3) 〔解釈〕――線部③「今は買はじ」の意味として最も適切なものを次から選び、記号で答えなさい。
ア 今度もまた買うつもりである
イ 今となってはもう買うつもりはない
ウ あとでぜひとも買いたいものだ
エ 今までは買わないつもりだった
〔　　〕

(4) 〔動作主〕――線部④「立つ」の主語を文中から抜き出して書きなさい。
〔　　〕

(5) 重要 〔主題〕この話の面白（おもしろ）さを説明したものとして最も適切なものを次から選び、記号で答えなさい。
ア 庭石を入手するために商人を動かした致忠の企（くわだ）ての巧（たく）みさ。
イ 庭石を手放したくない商人と入手したい致忠との知恵（ちえ）比べ。
ウ 風流な趣味（しゅみ）を持つ致忠に無償（むしょう）で庭石を贈（おく）った商人の気前よさ。
エ ぜいたくにふける致忠の家に商人が庭石を置き捨てた痛快さ。
〔長崎〕
〔　　〕

解答 ⇩ 別冊30ページ

月　日

1 次の文章を読んで、あとの問いに答えなさい。

むかし、孔子（こうし）の弟子に、曾子（そうし）とて、①たふとき孝行の人あり。その親曾哲（そうてつ）〔親である曾哲を〕を養ひけるに、味はひよき〔味のよい〕食物を奉る（たてまつ）〔さしあげた〕。曾哲これを食して、「いまだこの物あらば、わが友だちにも、呼びてふるまひたき〔ふるまいたい〕。」とⓐいへるを〔言ったところ〕、曾子、もはやなけれども〔ないけれども〕、②「いまだたくさんにあり。」と答へて、友だちを呼ばせ、又（また）こしらへてⓑ奉り、父の心をよろこばしめたり〔よろこばせた〕。

曾子が子の曾花元（そうくわげん）〔曾子の〕が、曾子を養ひける時には、味はひよき食物を、「いまだこの物はあるや〔あるか〕。」とⓒいふに、あれども「なし。」と答へて、又後にはまゐらせたり〔さしあげた〕。これ、友だちにふるまはん〔ふるまおう〕と思ひてⓓ問ひけるを、曾子は少なう食して友だちに多く与へ（あた）らるる〔与えなさる〕事を思ひ、わが父に多くまゐらせんために、いまだある物をも、まづ「なし。」と申しけるなり。

これ、花元が孝行の心ざしは、曾子が孝には劣れり（おと）〔劣っている〕と、評せられたり。

（「堪忍記（かんにんき）」）

(1) ══線部ⓐ～ⓓの中で、その主語が他と異なるものを一つ選び、記号で答えなさい。〔　　〕

(2) ──線部①「たふとき」を現代仮名遣い（かなづか）いに直して書きなさい。〔　　〕

(3) ──線部②「いまだたくさんにあり」のように曾子が答えたのはなぜだと考えられるか。最も適切なものを次から選び、記号で答えなさい。

ア 貧しく食べ物がないことを知られると、父を心配させると思ったから。

イ 得意な料理を父にほめられることは、この上ない喜びであったから。

ウ 好きなものを家族で分け合う姿勢は、家に代々受け継（つ）がれてきたものだから。

エ 父の希望にかなうようにはからうことが、父にとっては良いと判断したから。

〔　　〕

難問　記述

(4) 曾花元は、親である曾子に対して、曾子が曾哲にとったものとは異なる行動をとっている。その行動の目的を、曾花元が心配したことを含（ふく）めて、簡単に書きなさい。

〔　　　　〕

〔静岡―改〕

2 次の文章を読んで、あとの問いに答えなさい。

水戸中納言光圀殿、狩りに出でたまひしに、あやしの男、年老いたる女を負ひて、道の辺りに休みゐたるを、「①いかなる者ぞ。」と②問はせたまへば、知れる者有りて、「彼は人に知られたる孝行の者にて、母を負ひて御狩りの体を拝しさぶらふなり。」と言ふ。中納言殿③大いに感じたまひ、米銭なむあまたたまはりける。その後またある所にて、同じ様なる者に行き会ひて問はせたまへば、母を負ひてものへ行く由を申す。従者ども「彼は④先のことを聞きうらやみ、それに似せて物たまはらんとするめり。」と⑤ささやきければ、光圀殿うち笑ひて、「狂人をまねるは狂人のたぐひ、孝子をまねるは孝子のたぐひなり。よきことのまねをする奴かな。それぞれ物取らせよ。」とて、⑥先にかはらず米銭をたまひける。

（「落栗物語」）

あやしの：身分の低い　負ひて：背負って　休みゐたるを：休んでいたが　問はせ：お尋ねに　知れる者：知っている者が　たまへば：なさると　御狩りの体を拝しさぶらふなり：（光圀殿が）狩りをなさるお姿を拝見しているのです　感じたまひ：感動なさって　あまたたまはりける：（男は）たくさんいただいた　ものへ行く由を：どこそこへ行くことを　従者ども：家来たちが　たまはらんとするめり：いただこうとするようだ　物：物を　狂人：愚か者　たぐひ：仲間　孝子：親孝行な子　物取らせよ：物を与えよ　たまひける：お与えになった

(1) ――線部①「いかなる者ぞ」の意味として最も適切なものを次から選び、記号で答えなさい。

ア どのような者であるか。　イ どこに住んでいる者か。
ウ なぜ休んでいるのか。　エ 何という名前の者か。

〔　　〕

(2) ――線部②「問はせたまへば」を現代仮名遣いに直して書きなさい。ただし、漢字はそのままでかまわない。

〔　　〕

(3) 記述　――線部③「大いに感じたまひ」とあるが、どのようなことに感動したのか。三十字以内で具体的に説明しなさい。

(4) ――線部④「先のこと」とは、どのようなことか。文中から十五字以内で抜き出して書きなさい。

(5) ――線部⑤「ささやきければ」とあるが、このときの従者の気持ちとして最も適切なものを次から選び、記号で答えなさい。

ア 不安な気持ち　イ 非難する気持ち
ウ うらやましい気持ち　エ 感心する気持ち

〔　　〕

(6) 記述　難問　――線部⑥「先にかはらず米銭をたまひける」について、「米銭」を与えたのは、光圀殿がどのように考えたからか。三十字以内で説明しなさい。

〔福井〕

8 古典 和歌・古典俳句

STEP 1 まとめノート

解答 ⇩ 別冊32ページ

月　日

1 和歌の形式 ★★

(1)和歌とは
中国から伝わった漢詩(唐歌)に対して、日本古来の歌(大和歌)を［①　　］という。**五音・七音のリズムをもつ叙情詩。**

(作者の心情を中心にうたった詩。)

(2)種類
基本となる音数(五音・七音)の組み合わせによって、**片歌・旋頭歌・短歌・長歌・仏足石歌体・今様の六種類**に分けられる。平安時代以降に作られた和歌は、ほとんどが五・七・五・七・七の五句からなる［②　　］である。

(3)句切れ
一首の中の意味の切れ目を［③　　］という。その位置によって、リズム(歌の調子)が生まれる。
- **二句・四句切れ(五七調)**…重々しいリズム
 (「万葉集」に多い。)
- **初句・三句切れ(七五調)**…軽快なリズム
 (「古今集」「新古今集」に多い。)

2 和歌の表現技法 ★★★

(1)枕詞
特定の言葉を導くために、その前に置く**五音の言葉**。修飾したり、口調を整えたりするのに用いる。
例 あをによし奈良の都の八重桜けふ九重ににほひぬるかな
→「あをによし」が「奈良」に係る枕詞。

(2)序詞
枕詞と同じような働きをする**六音以上の言葉**。どの言葉に係るのかはきまっておらず、作者によって自由に作られる。
例 あしびきの山鳥の尾のしだり尾の
　ながながし夜をひとりかも寝む
→「あしびきの山鳥の尾のしだり尾の」が「ながながし」に係る序詞。

(3)掛詞
一つの言葉に、同音で意味の異なる**二つの言葉の意味をもたせる**技法。
例 大江山いく野の道の遠ければまだふみもみず天橋立
→「いく野」には地名の「生野」と動詞の「［④　　］」を、「ふみ」には動詞の「踏み」と「［⑤　　］」という意味の「文」を、それぞれ掛けている。

(4)縁語
一首の中で、ある言葉と密接な関係にある言葉を用いる技法。
例 玉の緒よ絶えなば絶えねながらへば
　しのぶることの弱りもぞする
→「絶え」「ながらへ」「弱り」が「緒(ひもの意)」の縁語。

(5)本歌取り
古い歌(本歌)の言葉をとり入れて、余情を深める技法。

例 み吉野の山の白雪つもるらしふるさと寒くなりまさるなり

→平安時代の「古今和歌集」に掲載されている本歌。（↳最初の勅撰和歌集。）

例 み吉野の山の秋風さ夜ふけてふるさと寒く衣うつなり

→鎌倉時代の「新古今和歌集」に掲載されている本歌取り。（↳八番目の勅撰和歌集。）

(6)体言止め

歌の最後を体言（名詞）で止め、余情を深める技法。

例 心なき身にもあはれは知られけり鴫立つ沢の秋の夕暮れ

Check! 次の短歌の――線部は、「離れ（離る）」と何の掛詞か、答えなさい。

山里は冬ぞ寂しさまさりける人めも草もかれぬと思へば　源宗于

〔⑥　　〕

ズバリ暗記 掛詞は、一つの言葉に、同音で意味の異なる二つの言葉の意味をもたせたもの！

3 古典俳句 ★★

(1)古典俳句とは

俳句は、もともと和歌や連歌の流れを汲む俳諧連歌から起こった。

俳諧連歌とは、笑いや洒落を主として作られた連歌のことで、連歌の第一句（「五・七・五」の句）を発句といい、江戸時代には発句だけが独立して詠まれるようになった。この「発句」が独立したものが「**俳句**」である。

(2)切れ字

「や」「かな」「けり」など、句の途中や句末にあり、意味の切れ目を表す語を〔⑦　　〕という。切れ字のある句は感動の中心であることが多い。

例 古池や蛙飛びこむ水の音→「や」は詠嘆を表す。

秋の雨小さき角力通りけり→「けり」は詠嘆を表す。

Check! 次の俳句の切れ字を抜き出して書きなさい。

春の海終日のたりのたりかな　与謝蕪村

〔⑧　　〕

(3)季語

俳諧の発句には、参加者に挨拶をする気持ちが込められていたため、季節を表す言葉を詠み込むというきまりがあった。この伝統が、俳句の〔⑨　　〕として受け継がれている。

発句は**陰暦**（↳49ページを参照。）に基づいて作られているので、現在の季節とは違いがあることに注意する。

例 菜の花や月は東に日は西に（春…一月～三月）

五月雨のふり残してや光堂（夏…四月～六月）

荒海や佐渡によこたふ天河（秋…七月～九月）

大根引き大根で道を教へけり（冬…十月～十二月）

Check! 次の俳句の季語を抜き出し、その季節を書きなさい。

名月や池をめぐりて夜もすがら　松尾芭蕉

季語〔⑩　　〕　季節〔⑪　　〕

解答⇩別冊32ページ

ココがねらわれる
和歌では、掛詞を用いた歌がよく出題される。俳句では、代表的な切れ字や、季語とその季節をおさえておこう。

月　日

1 次の短歌を読んで、あとの問いに答えなさい。

A　わが背子が古き垣内の櫻花いまだ含めり一目見に來ね　大伴家持
（わが背子が古き垣内の＝あなたが住んでいた古い屋敷の／いまだ含めり＝つぼみのままです）

B　世中にたえてさくらのなかりせば春の心はのどけからまし　在原業平朝臣
（たえてさくらのなかりせば＝まったく桜がなかったならば／のどけからまし＝穏やかだっただろうに）

C　花の色はうつりにけりないたづらにわが身世にふるながめせしまに　小野小町
（うつりにけりな＝色あせてしまったことだなあ）

D　はかなさをほかにもいはじ桜花さきては散りぬあはれ世の中　後徳大寺左大臣
（ほかにもいはじ＝他のものにたとえて言うのはやめよう）

(1) 〔句切れ〕Aの歌の句切れを答えなさい。
［　　］句切れ

重要 (2) 〔表現技法〕Cの歌の「ふる」と「ながめ」に共通して用いられている表現技法を答えなさい。
［　　］

重要 (3) 〔鑑賞〕次の鑑賞文は、どの歌について説明したものか。最も適切なものをA～Dの歌からそれぞれ選び、記号で答えなさい。

① 無常な人の世をはかなく散る桜の花にたとえて表現し、体言止めを用いることで余韻を残している。
② 咲いては散るがゆえに人の心を乱す桜への思いを、皮肉ともとれる複雑な手法を用いて表現している。
③ 写実的な描写や呼びかけの言葉を用いて、歌のやりとりの相手に対する思いを率直に表現している。

①［　　］　②［　　］　③［　　］

2 次の俳句を読んで、あとの問いに答えなさい。

A　雪とけて村一ぱいの子ども哉　小林一茶
B　あけぼのや白魚白きこと一寸　松尾芭蕉
C　住みつかぬ旅の心や置ごたつ　松尾芭蕉
D　朝顔や一輪深き淵の色　与謝蕪村
E　離別れたる身を踏ん込んで田植哉　与謝蕪村

(1) 〔切れ字〕A・Bの句で用いられている切れ字を、それぞれ抜き出して書きなさい。
A［　　］
B［　　］

(2)〔季語〕C〜Eの句からそれぞれ季語を抜き出し、その季節を書きなさい。

C　季語〔　　〕　季節〔　　〕

D　季語〔　　〕　季節〔　　〕

E　季語〔　　〕　季節〔　　〕

3　次の文章を読んで、あとの問いに答えなさい。

太田左衛門大夫持資（おほたさゑもんのたいふもちすけ）は上杉宣政（うへすぎのりまさ）の長臣なり。鷹狩（たかがり）に出（い）でて雨にあひ、ある小屋に入（い）りてみの*を借らんといふ（言うと）に、若き女の何とも物をばいはずして、①山吹*（やまぶき）の花一枝折りて出（いだ）しければ、「花を求むるにあらず」とて怒（いか）りて帰りけり。

これを聞きし人（この話を聞いた人が）の、「それは、

七重八重（ななへ）花は咲けども山吹のみの*一つ（一つさえ）だに無きぞ悲しき

といふ古歌のこころなるべし（であろう）」といふ。②持資おどろきてそれより歌に志をよせけり。

（「常山紀談（じょうざんきだん）」）

＊みの＝イネ科植物のワラを編んで作られた雨具の一種。
＊山吹＝「八重山吹」というバラ科の花で、花は咲いても実を結ばない性質がある。
＊みの＝「みの」は、山吹の「実の」と雨具の「みの」との二つの意味が掛（か）けられた掛詞（かけことば）。

記述
(1)〔内容の理解〕太田持資がある小屋を訪ねたのはなぜか。「から。」に続く形で、十五字以上二十字以内で書きなさい。

から。

重要
(2)〔和歌の理解〕――線部①「山吹の花一枝折りて出しければ」とあるが、この行為（こうい）はどのようなことを意味したものと考えられるか。次から最も適切なものを選び、記号で答えなさい。

ア　雨の中で咲く山吹が美しいことを知ってほしいということ。
イ　みのを貸してあげたいが残念ながら家にはないということ。
ウ　家にみのが一つしかないのでがまんしてほしいということ。
エ　山吹の花が散ってあなたの願いは実を結ばないということ。

〔　　〕

(3)〔内容の理解〕――線部②「持資おどろきてそれより歌に志をよせけり」とあるが、それはなぜか。次から最も適切なものを選び、記号で答えなさい。

ア　若い女の失礼な態度にあきれると同時に、和歌に関する知識を自慢（じまん）気にふりまく女に対抗（たいこう）する心が強まったから。
イ　若い女の好意に対する非礼を心から反省し、和歌を懸命（けんめい）に学んで謝罪の気持ちも和歌であらわそうと思ったから。
ウ　若い女の古歌の教養に感心するとともに、和歌の世界の奥（おく）深さを知って和歌に対する興味と関心が高まったから。
エ　若い女の意図に気付かなかった自分自身を恥（は）じて、彼女（かのじょ）を負かすために和歌の教養を身に付けようと考えたから。

〔　　〕

〔岩手〕

解答 ⇩ 別冊34ページ

月　日

1 次の文章を読んで、あとの問いに答えなさい。

今は昔、季縄の少将といふ人ありけり。＊大井に住みけるころ、＊御門の＊仰せられける、「花おもしろくなりなば、かならず＊御覧ぜん」と仰せられけれど、①思し忘れて、おはしまさざりければ、少将、

A 散りぬればくやしきものを大井川岸の山吹いまさかりなり

この季縄、病づきて、すこしおこたりて、内裏に参りたりけり。＊公忠の弁、掃部の助にて、蔵人なりけるころのことなり。「乱り心地、いまだよくもおこたり侍らねども、心もとなくて、＊参り侍りつる。②後は知らねど、かくまで侍ること。明後日ばかりまた参り侍らん。よき様に＊申させ給へ」とて＊まかり出でぬ。三日ばかりありて、少将が許より、

B くやしくぞ後に逢はむと契りける今日を限りといはましものを

さて、その日失せにけりとぞ。あはれなることのさまなり。

（「古本説話集」）

＊大井＝京都嵐山の大井川の流れる付近。
＊御門＝ここでは醍醐天皇のこと。
＊仰せられける＝おっしゃられたことには。
＊御覧ぜん＝自称敬語。天皇の立場から表現している。「見に行こう」の意。
＊公忠の弁、掃部の助にて＝今の右大弁である源公忠が、まだ掃部助で。
＊参り侍りつる＝参上いたしました。
＊申させ給へ＝申し上げなさいませ。
＊まかり出でぬ＝帰っていった。

(1) ——線部①「思し忘れて、おはしまさざりけれ」の説明として最も適切なものを次から選び、記号で答えなさい。

ア 醍醐天皇が花への興味を忘れて、大井川にお越しにならなかった。
イ 醍醐天皇が季縄との約束を忘れて、大井川にいらっしゃらなかった。
ウ 季縄が、天皇のことを無視し、内裏へ二度と出向かれることはなかった。
エ 季縄が歌を送るのを忘れたので、醍醐天皇が大井にお越しにならなかった。

［　　］

(2) ——線部②「後は知らねど、かくまで侍ること」の意味として最も適切なものを次から選び、記号で答えなさい。

ア 後々のことはわかりませんが、今は参内できるまでになりました。
イ 今後どうなるか不安ですが、ここまで出世することができました。
ウ 子孫のことまで関われませんが、私はここまで頑張りぬきました。
エ 来世のことは私にはよくわかりませんが、この世ではこの様です。

［　　］

難問 **(3)** A・Bの和歌について説明したものとして正しいものを次から選び、記号で答えなさい。

ア Aは、少将が天皇に、花が満開なのに来られないと後悔しますよと注意したものであり、Bは、公忠が、病気の季縄に代わって参内できないことを天皇に告げたものである。

イ Aは、少将が天皇に、大井川の山吹が満開であることをお知らせするものであり、Bは、天皇が季縄に会えないことを残念に思い、明後日でなく、今日会おうと誘うものである。

ウ Aは、少将が、地元の大井川の状況を内裏に報告したものであり、Bは、少将が、自分の病気が重く、明後日までもちそうにないことを内裏にいる公忠に伝えるものである。

エ Aは、少将が天皇に、山吹が満開だから御覧にならないと後悔しますよと伝えたものであり、Bは、少将が、明後日の参内の約束を病気のせいで果たせそうにないと天皇に伝えるものである。

〔　　　〕

〔洛南高—改〕

2

次の文章は、「おくの細道」の一節である。芭蕉は弟子の曾良と旅をしていたが、曾良が病気の療養をすることになり、先に出発したため、別々に旅を続けることになった。この文章を読んで、あとの問いに答えなさい。

*大聖持の城外、全昌寺といふ寺に泊まる。なほ、*加賀の地なり。曾良も前の夜この寺に泊まりて、

よもすがら（一晩中）秋風聞くやうらの山

と残す。一夜の隔、千里に同じ。吾も秋風を聞きて衆寮に臥せば（修行僧の寮で横になっていると）、あけぼのの空近う、読経声すむままに（経を読む声が澄んできて）、*鐘板鳴つて（食事の合図の音が鳴り）、食堂に入る。けふは*越前の国へと、心早卒にして（心慌ただしく）堂下に下るを、若き僧ども紙硯を①かかへ、階（階段）のもとまで追ひ来る。折節（ちょうど）、庭中の柳散れば、

②庭掃いて出でばや（出かけたい）寺に散る柳

とりあへぬさまして（慌ただしい様子で）、草鞋ながら（わらじのまま）書き捨つ。

＊大聖持の城外＝大聖寺藩の城下町。
＊加賀＝現在の石川県南部の旧国名。
＊鐘板＝禅寺で合図のために打つ板。
＊越前＝現在の福井県東部の旧国名。

(1) ——線部①「かかへ」を現代仮名遣いに直して書きなさい。〔　　　〕

難問 (2) 次の句は「おくの細道」に収められたものである。句に詠まれた季節が、——線部②「庭掃いて出でばや寺に散る柳」の句と同じものを次から選び、記号で答えなさい。

ア 荒海や佐渡によこたふ天河
イ 五月雨をあつめて早し最上川
ウ 草の戸も住み替はる代ぞ雛の家
エ 閑かさや岩にしみ入る蟬の声

〔　　　〕

(3) この文章に書かれている内容と合うものとして最も適切なものを次から選び、記号で答えなさい。

ア 僧たちは裏山に吹く秋風の音を聞いて、句を詠み合った。
イ 僧たちは曾良のことを思い、一晩中読経しながら夜を過ごした。
ウ 芭蕉は追いかけてきた僧たちにかまわず、加賀を後にした。
エ 芭蕉は先を急いでいたが、柳が散るのを見て即座に句を詠んだ。

〔　　　〕

〔徳島〕

9 古典 漢文の基礎知識

STEP 1 まとめノート

解答⇩別冊35ページ

月　日

① 漢文の訓読 ★★

(1) 漢文とは

漢文とは、中国の古い時代の人々によって書かれた古典の文章で、**文語体**で書かれている。紀元一世紀頃（ごろ）に、中国から「論語（ろんご）」などの書物が伝わり、日本文化に多大な影響（えいきょう）を与（あた）えた。

↳文語体：当時の書き言葉。
↳論語：中国の思想書。

(2) 訓読

漢字のみで書かれた原文を日本語の文章として読めるようにすることを［①　　］という。漢文は、書き方の違（ちが）いによって次のような種類に分けられ、入試ではさまざまな書き方の文が出題される。

● **白文**…漢字のみで書かれた原文。

例　学 而 時 習 之 不 亦 説 乎

● **訓読文**…白文に、訓読するために必要な送り仮名（がな）・返り点・句読点をつけたもの。

例　学ビテ 而 時ニ 習フレ 之（これ）ヲ、不（ず）二 亦（また） 説（よろこ）バシカラ一 乎（や）。

● **書き下し文**…訓読文を、日本語の漢字仮名交じりの文語文に書き改めたもの。

例　学びて時に之を習ふ、亦説ばしからずや。

● **現代語訳**

例　学問をして機会があるたびに復習して習熟する、なんとうれしいことではないか。

② 訓点 ★★

(1) 訓点

漢文を訓読するためにつける送り仮名・返り点・句読点を、まとめて［②　　］という。

(2) 送り仮名

文語の文法に従い、［③　　］仮名遣（かなづか）いを用いて、漢字の右下に片仮名で小さく書かれた文字のこと。原文にはない**活用語**（**動詞・形容詞・形容動詞**）の**活用語尾**（ごび）や、**助詞・助動詞**などを補うためにつける。

例　唯（た）ダ 見ル 長（ちやう）江（かう）ノ 天 際ニ 流ルルヲ
（唯だ見る長江の天際に流るるを）

(3) 返り点

漢文を読むときの順序を示すために、漢字の左下に小さく書かれた符号（ふごう）を［④　　］という。漢文は日本語の文と語順が異なり、**下から上に返って読む**ところがあるため、**レ点**、**一・二点**、**上・下点**などをつけて、その順序を示す。

↳レ点：「れてん」と読む。

● **レ点**…レ点のついた字のすぐ下の字を先に読んでから、上の字に返って読む。

例　❶春（しゆん） ❷眠（みん） ❺不（ず）レ ❹覚エレ ❸暁ヲ　（春眠暁を覚えず）
（❶❷❸…は読む順序を示す。）

● **一・二点**…二点のついた字をとばして、上から順に一点のついた字までを読んでから、二点のついた字に返って読む。

例　処　処　聞二　啼(ていヲ)　鳥一（処処啼鳥を聞く）
　　❶　❷　❺　❸　❹

● **上・下点**…一・二点のついた部分を先に読んでから、上点のついた字を読み、下点に返って読む。

例　有(リ)下　朋(とも)　自(より)二　遠　方一　来(タル)上（朋遠方より来たる有り）
　　❻　❶　❹　❷　❸　❺

(4) 句読点

日本語の文と同じように、句点（。）や読点（、）などをつけて、句や文の切れ目を示す。

例　以(もつテ)二　子(し)　之(の)　矛(ほこヲ)一、陥(とほサバ)二　子　之　盾(たてヲ)一　何(い)　如(かん)。
（子の矛を以て、子の盾を陥さば何如。）

ズバリ暗記　送り仮名は漢字の右下に歴史的仮名遣いを用いて片仮名でつけ、返り点は読む順序に従って漢字の左下につける！

3 書き下し文 ★★

(1) 書き下し文

送り仮名や返り点に従って、漢字仮名交じりの文語文に書き改めたものを［⑤　　　］という。書き下し文は、文語の文法に従って、歴史的仮名遣いを用いて書く。また、動詞・名詞・副詞などの自立語は漢字で書き、助詞・助動詞にあたる漢字や、送り仮名は平仮名で書くというきまりがある。

(2) 書き下し文の注意点

● **助詞・助動詞**…日本語の助詞・助動詞にあたる漢字は平仮名で書く。

例　助詞……之(の)・与(と)　など
　　助動詞…不(ず)・弗(ず)・也(なり)・見(る)・使(しむ)・可(べし)　など

● **置き字**…訓読するときに読まない漢字を、［⑥　　　］という。次のような字に訓点がまったくついていない場合は置き字になり、書き下し文にも書き表さない。

例　而・矣・於・焉・于・乎　など

● **再読文字**…日本語の副詞と助動詞（または動詞）の二つの働きをもち、二度訓読みする漢字を再読文字という。はじめに副詞の部分を読み、あとに助動詞（または動詞）の部分を読む。

例　将(まさニ…す)・未(いまダ…ず)・当(まさニ…べシ)・宜(よろシク…べシ)・須(すべかラク…べシ)・猶(なホ…ごとシ)・盍(なんゾ…ざル)　など

Check!　次の漢文と書き下し文を読んで、あとの問いに答えなさい。

【漢文】
ⓐ孔(こう)子(し)過(よぎる)泰(たい)山(ざん)側(かたはら)。ⓑ有(リテ)下婦人(ノ)哭(こくスル)二於墓一者上而哀(かなシゲナリ)。
「於」「而」は置き字　　哭…お墓の前で号泣する
（『礼記(らいき)』）

【書き下し文】
孔子泰山の側を過ぐ。［　　　　　］。

(1) ――線部ⓐに、送り仮名と返り点をつけなさい。

［⑦　孔　子　過　泰　山　側　］

(2) ――線部ⓑの書き下し文を書きなさい。

［⑧　　　　　　］

解答⇩別冊36ページ

ココがねらわれる 訓読文を書き下し文にする問題や、漢文に返り点をつける問題がよく出題されるので、訓読のきまりをきちんと覚えておこう。

月　日

1 次の漢文とその書き下し文を読んで、あとの問いに答えなさい。

【漢文】

有ㇾ徳者、必有ㇾ言。有ㇾ言者、不㆓必有㆒ㇾ徳。

仁者必有ㇾ勇。勇者不㆓必有㆒ㇾ仁。

【書き下し文】

徳有る者は、必ず言有り。言有る者は、必ずしも徳有らず。

仁者は必ず勇有り。［　　］。

〔「論語」〕

＊必有言＝きっと善言となって外へあらわれる。

重要 (1) 〔書き下し文〕［　］に入る適切な言葉を書きなさい。

［　　　　］

(2) 書き下し文をもとに、この漢文の前半の内容を次のようにまとめたとき、あとの①・②の問いに答えなさい。

道徳の備わった人は、その徳が善言として自然に外へあらわれる。しかし、［　A　］。例えば、［　B　］といわれるような口先だけの善言をあらわす人もいるからである。

① 〔現代語訳〕［A］には、――線部「言有る者は、必ずしも徳有らず」の現代語訳が入る。その現代語訳を書きなさい。

［　　　　］

② 〔空欄補充〕［B］に入る最も適切な語を次から選び、記号で答えなさい。

ア 言行一致　イ 悪口雑言
ウ 不言実行　エ 巧言令色

〔青森〕［　　］

---

2 次の漢文の書き下し文を読んで、あとの問いに答えなさい。

＊染むる者、青を先にして黒を後にすれば則ち可なり。黒を先にして青を後にすれば則ち不可なり。＊工人、［　］して＊丹を上にすれば則ち可なり。丹を下にして＊漆を上にすれば則ち不可なり。万事此くのごとく、先後上下する所は、審かにせざるべからず。

〔「淮南子」〕

＊染むる者＝染色をする者。　＊工人＝職人。　＊丹＝赤土で染めた着色料。

＊漆＝ウルシ科の落葉高木の樹液から作った塗料。

重要 (1) 〔返り点〕――線部「黒を後にすれば則ち可なり」は「後黒則可」を書き下し文に改めたものである。書き下し文を参考にして、「後ニスレバ黒ヲ則チ可ナリ」に返り点を書きなさい。

［後ニスレバ　黒ヲ　則チ　可ナリ］

(2) 〔空欄補充〕［　］に入る適切な内容を、文中の言葉を用いて書きなさい。

［　　　　］

(3) 【主題】書き下し文から読みとれる内容として最も適切なものを次から選び、記号で答えなさい。

ア 物事を行うときは、取りあげる価値を判断しなければならない。
イ 物事を行うときは、取りかかる順番に注意しなければならない。
ウ 物事を行うときは、取りつける位置を決定しなければならない。
エ 物事を行うときは、取りかえる時期に配慮しなければならない。

〔山口〕 〔　　〕

3 次の漢文とその書き下し文を読んで、あとの問いに答えなさい。

【漢文】

宋人得玉、献諸司城子罕。子罕不受。献玉者曰、以示玉人、玉人以為宝。故献之。子罕曰、我以不貪為宝。爾以玉為宝。若以与我、皆喪□也。不若人有其宝。

【書き下し文】

宋人玉を得て、諸を司城の子罕に献ず。子罕受けず。玉を献ずる者曰く、以て玉人に示すに、玉人以て宝と為す、故に之を献ずと。子罕曰く、我は貪らざるを以て宝と為す。爾は玉を以て宝と為す。若し以て我に与へなば、皆□を喪ふなり。若かず人其の宝を有たんにはと。

（「蒙求」）

＊玉＝宝石。　＊司城＝役職の一つ。　＊子罕＝宋国の人の名前。
＊玉人＝宝石職人。　＊貪＝欲深く物を欲しがる。　＊喪＝失う。
＊不若～＝～のほうがよい。

重要 (1) 【返り点】――線部「示玉人」に、書き下し文を参考にして、返り点を書きなさい。

〔示スニ玉人ニ〕

(2) 【空欄補充】□に入る最も適切な言葉を、漢文中から漢字一字で抜き出して書きなさい。

〔　　〕

(3) 【主題】本文の内容に合うものとして最も適切なものを次から選び、記号で答えなさい。

ア むやみに知識を自慢すると、すべてを失ってしまう可能性があるということ。
イ 国を治めようとする者は、公正な態度で人を裁かなければならないということ。
ウ ものを見極める能力のない人に貴重なものをあげても、まったく意味がないということ。
エ 人の価値観はそれぞれ違うので、自分にとって価値のあるものを大切にしたほうがよいということ。

〔群馬〕 〔　　〕

得点UP！
返り点をつけた文は必ず読み返して、書き下し文と同じになるかどうかを確かめよう！

解答⇩別冊37ページ

月　日

1 次の文章は、漢文「史記」のあらすじとそれに続く部分の書き下し文である。これを読んで、あとの問いに答えなさい。

〜前半部のあらすじ〜
管仲と鮑叔は若い頃からの友だちだった。管仲は公子糾に、鮑叔は公子小白に仕えていた。公子糾が後継者争いに敗れたため側近であった管仲も投獄されたが、鮑叔は新王桓公に管仲を推薦し管仲を助けた。のちに桓公が天下の覇者となったのは、管仲の活躍のおかげだった。

管仲曰く、「吾、始め困しみし時、嘗て鮑叔と①賈す。財利を分かつに、多く自らに与ふ。鮑叔、我を以て貪と為さず。我の(あ)貧なるを知ればなり。吾、嘗て鮑叔の(い)為に事を謀るも更に窮困す。鮑叔、我を以て愚と為さず。時に利と不利と有るを知ればなり。吾、嘗て三たび仕へて三たび君に逐はる。鮑叔、我を以て不肖と為さず。我の(う)時に遭はざるを知ればなり。吾、②嘗て三たび戦ひて三たび走る。鮑叔、我を以て怯と為さず。我に老母有るを知ればなり。公子糾敗れ、*召忽、之に死す。吾、幽囚せられて、辱めを受く。鮑叔、我を以て恥無しと為さず。我の(え)*小節を羞ぢずして、*功名の(お)天下に顕れざるを恥づるを知ればなり。我を生みし者は父母なるも、我を知れる者は□なり。」と。

（「史記」）

＊召忽＝斉の大夫。管仲と同じく糾の守り役であった。
＊小節＝小さな節義。
＊功名＝手柄と名誉。

---

(1) ══線部(あ)〜(お)の「の」のうち、用法の異なるものを一つ選び、記号で答えなさい。　〔　　〕

(2) ──線部①「賈す」と同じ意味の言葉を次から選び、記号で答えなさい。　〔　　〕

ア 競ふ　イ 考ふ　ウ 奪ふ
エ 乞ふ　オ 商ふ

難問

(3) ──線部②「嘗て三たび戦ひて三たび走る」とあるが、その理由として最も適切なものを次から選び、記号で答えなさい。　〔　　〕

ア 三度仕えた主君と何度も戦うことは忍びなかった。
イ 鮑叔の老母が生きていたので、見捨てることができなかった。
ウ 自分の真価を見抜く君主に会うまでつかまるわけにはいかなかった。
エ 自分に不利なことばかりが続き、逃げる以外に方法が見つからなかった。
オ 老母の面倒を見なくてはいけないので、死ぬわけにはいかなかった。

思考力

(4) □に入る最も適切な言葉を、文中から抜き出して書きなさい。　〔　　　　〕

〔慶應義塾志木高〕

2 次の文章は、漢文「呂氏春秋」のあらすじとそれに続く部分の書き下し文である。これを読んで、あとの問いに答えなさい。

〜この場面までのあらすじ〜

中国の戦国時代、魏の国王である文侯が、臣下に自分がどのような王であるか議論させた。皆口々に王をたたえたが、その中で任座という臣下は、文侯の領地の与え方に問題があったとして、「賢君ではない」と答えた。文侯が不機嫌になったため、任座は退出せざるを得なくなった。次に翟黄という臣下が答える番になった。

翟黄曰はく、君は賢君（賢明な君主）なり。臣（私（ここでは臣下である自分を指す））聞く、其の主賢なる者は、其の臣（臣下）の言直（率直である）なりと。今者任座の言は直なり。是を以て（そのことによって）君の賢なるを知るなりと。文侯喜びて曰はく、「反すべきか（呼び戻すことができるだろうか）」と。翟黄対へて曰はく、「奚為れぞ不可ならん（どうしてできないことがありましょう）。臣聞く、忠臣（忠義を尽くす臣下）は其の忠を畢くして（尽くして）、敢へて其の死を遠ざけず（決して死を恐れない）と。座殆ど尚ほ門に在らん（任座はおそらくまだ門にいるでしょう）」と。翟黄往きて之を視れば、任座門に在り。①君の令を以て之を召す。任座入るに、文侯階を下りて②之を迎ふ。終に座（任座）を以て上客（特別な高い地位）と為せり。文侯に翟黄微かりせば（いなかったなら）、則ち幾ど忠臣を失ひしならん。上（表面では）、主の心に順ひて以て賢者を顕せる（明らかにしたのは）は、其れ唯だ翟黄か。

(1) ――線部①「君の令を以て之を召す。」は、「以君令召之」を書き下し文に改めたものである。返り点が正しくついているものを次から選び、記号で答えなさい。

ア 以テ[レ]君ノ令ヲ[二]召ス之ヲ[一]。
イ 以テ[二]君ノ令ヲ召ス[一レ]之ヲ。
ウ 以テ[二]君ノ令ヲ[一]召ス[レ]之ヲ。
エ 以テ[二]君ノ令ヲ[レ]召ス之ヲ[一]。

〔　　〕

(2) ――線部②「之」とは、誰を指しているか。文中から人物名を抜き出して書きなさい。

〔　　〕

(3) 文中では、登場人物が語った言葉にカギ括弧（「　」）をつけてあるが、一箇所だけついていない部分がある。その部分をさがし、はじめと終わりの五字を抜き出して書きなさい。

□□□□□ 〜 □□□□□

難問

(4) 次の文章は、書き下し文の内容を説明したものである。[A]〜[C]に入る適切な言葉を、文中からAは二字、Bは三字、Cは一字で抜き出して書きなさい。

翟黄は、[A]の発言について「[B]」と述べ、そのような臣下を持つ文侯をたたえた。心を動かされた文侯の[A]を丁重に迎える様子が、「[C]を下りて」と書かれた行為に表れている。このようにして、文侯は忠臣を失わずに済んだのである。

A □□
B □□□
C □

〔長野〕

10 古典 漢文・漢詩

STEP 1 まとめノート

解答 ⇩ 別冊38ページ

月　日

① 漢文の特徴と読解法 ★★

(1) 漢文の種類

漢文は、言葉の使い方によって**散文**と**韻文**に分けることができ、散文には次のような種類がある。（普通の文と詩歌。）

● **思想書**…「論語」「荘子」「孟子」「韓非子」など。

例「[①　　]」…中国を代表する思想書。孔子の言葉や、弟子たちとの問答などをまとめたもの。「**仁**（思いやり）」と「**礼**（社会的な作法）」の実践を説いている。

● **歴史書**…「戦国策」「史記」「十八史略」など。

例「[②　　]」…中国を代表する歴史書。黄帝から漢の武帝までの二千数百年の歴史を、司馬遷がまとめたもの。出来事ではなく、人物を中心に書いている点が特徴的。

● **小説**…「水滸伝」「西遊記」など。

(2) 漢文の特徴

一文が比較的短く、内容も簡潔なので、読解の際には**言葉を補って考える**ことが必要である。また、**同じ表現の繰り返し**が多いので、訓読や読解の際には、同じ文章の他の部分が参考になることもある。

(3) 漢文の漢字

現代の日本語の文章では**あまり見かけない漢字**も用いられている。知らない漢字が出てきたら、次の方法で意味をとらえる。

● **読み仮名**や**送り仮名**に注目する…訓読文や書き下し文の読解の際には、読み仮名や[③　　]が漢字の意味を考える重要な手がかりとなる。

● **熟語**を連想する…その漢字が使われている[④　　]をなるべくたくさん思い浮かべて、**漢字の意味を類推**する。

② 故事成語 ★★★

(1) 故事成語

故事成語とは、中国の昔の話（[⑤　　]）から生まれた言葉のこと。「孟子」「韓非子」などの思想書や、「戦国策」「史記」などの歴史書に基づいて作られたものが多い。

(2) 主要な故事成語

故事成語	意味
[⑥　　]	あっても役に立たない余計なもの。
大器晩成	大人物は時間をかけて大成するということ。
温故知新	昔の物事を研究して、新しい知識や見識を得ること。
巧言令色	巧みな言葉で、表情を取り繕ってこびへつらうこと。
呉越同舟	仲の悪い者同士が同じ場所に居合わせること。
杜撰	物事に誤りが多く、いいかげんなこと。
推敲	文章などを何度も練り直してよくすること。
五十歩百歩	あまり大きな違いのないこと。

ズバリ暗記　故事成語は、漢文だけでなく、現代文の文章でもしばしば用いられる。有名なものは意味を覚えておこう！

Check!　次の文章の由来に合う故事成語を書きなさい。

漢の韓信（かんしん）が趙（ちょう）と戦ったとき、一万の兵を、川を背にして水際（みずぎわ）に布陣（ふじん）させたので、兵たちは引くに引かれず必死に戦って、趙軍に打ち勝った。このことから、決死の覚悟（かくご）で事にあたることを意味する言葉になった。

［⑦　　　　］

③ 漢詩 ★★★

(1) 漢詩

漢詩とは、**古い時代の中国の詩**のことで、漢字で書かれた**定型詩**である。
↳現代の中国の詩は「漢詩」とは呼ばないので注意する。

● **古体詩（こたいし）**…唐（とう）の時代より前に成立した形式の詩。
● **近体詩（きんたいし）**…唐の時代に成立した形式の詩。
↳漢詩は唐代に最も隆盛し、李白・杜甫・王維らを輩出した。

(2) 漢詩の種類と形式

近体詩の代表的なものには**絶句（ぜっく）**と**律詩（りっし）**があり、全体の句数（行数）と一句の字数によって、次のように分類される。

詩の種類	全体の句数	一句の字数	詩の形式
絶句	四句（行）	五字	**五言絶句**
		七字	**七言絶句**
律詩	八句（行）	五字	［⑧　　］
		七字	**七言律詩**

④ 漢詩のきまり ★★★

(1) 構成

絶句は「**起句（きく）・承句（しょうく）・転句（てんく）・結句（けっく）**」の四句からなる。**律詩**は二句一組で「**聯（れん）**」を作り、「**首聯（しゅれん）・頷聯（がんれん）・頸聯（けいれん）・尾聯（びれん）**」の八句からなる。

(2) 対句（ついく）

言葉の組み立てや意味が対応関係にある二つの句を並べることを対句という。**律詩の「頷聯（第三・四句）」と「頸聯（第五・六句）」**には、それぞれ対句を用いるきまりがある。

例　烽火（ほうくわ）連ナリ二三月（さんげつ）ニ一
　　家書（かしょ）抵タル二万金（ばんきん）ニ一
　　↑↑対句

(3) 押韻（おういん）

漢詩の句末に同じ響（ひび）きの音の漢字を用いることを「**押韻する**」または「**韻を踏（ふ）む**」という。原則として**五言詩は偶数（ぐうすう）句末、七言詩は第一句末と偶数句末**に押韻する。

Check!　次の漢詩を読んで、あとの問いに答えなさい。

静夜思（せいやし）　李白（りはく）

牀（しやう）前（ぜん）看ル二月光ヲ一
疑フラクハ是レ地上ノ霜（しも）カト
挙ゲテレ頭ヲ望ミ二山月ヲ一
低（た）レテレ頭ヲ思フ二故郷ヲ一

牀前月光を看る
疑ふらくは是れ地上の霜かと
頭を挙げて山月を望み
頭を低れて故郷を思ふ

(1) この詩の形式を何というか、書きなさい。［⑨　　］

(2) 第三句と対句になっているのは第何句か、書きなさい。［⑩　　］

STEP 2 実力問題

解答⇩別冊38ページ

ココがねらわれる
漢詩の形式や表現技法は、入試でも問われることが多い。特に対句については、きまりをしっかり覚えておこう！

月　日

1 次の文章を読んで、あとの問いに答えなさい。

【書き下し文】

＊子路□。＊子曰はく、「己を修めて以て敬す。」と。曰はく、「斯くのごときのみか。」と。曰はく、「己を修めて以て人を安んず。」と。曰はく、「斯くのごときのみか。」と。曰はく、「己を修めて以て①百姓を安んず。己を修めて以て百姓を安んずるは、＊堯・舜も其れ猶ほ諸を病めり。」と。

【※訓読文】　※原文（白文）に句読点、返り点、送り仮名をつけた文章。

子路問フ二君子ヲ一。子曰ハク、「修メテレ己ヲ以テ敬スト。」曰ハク、「如キレ斯ノ而已乎カト。」曰ハク、「修メテレ己ヲ以テ安ンズトレ人ヲ。」曰ハク、「如キレ斯ノ而已乎カト。」曰ハク、「修メテレ己ヲ以テ安ンズ二百姓ヲ一。修メテレ己ヲ以テ安ンズルハ二百姓ヲ一、堯・舜モ其レ猶ホ病メリトレ諸ヲ。」

【現代語訳】

子路は＊君子がするべきことを質問した。先生がおっしゃるには、「自分を磨いて慎み深くすることだ。」と。（子路が）申し上げることには、「そうするだけですか。」と。（先生が）おっしゃるには、「自分を磨いて周囲の人を安心させることだ。」と。（子路が）申し上げることには、「②そうするだけですか。」と。（先生が）おっしゃるには、「自分を磨いて多くの人民を安心させることだ。自分を磨いて多くの人民を安心させることは、堯や舜でさえも苦労なさったことだ。」と。

（「論語」）

＊子路＝孔子の弟子の一人。
＊子＝先生。ここでは孔子のことを指す。
＊堯・舜＝古代中国で理想的な政治を行ったと言われる、伝説上の帝王。
＊君子＝徳の高い、理想的な人格者。

(1) 〔書き下し文〕文中の□に入る書き下し文を書きなさい。ただし、書き下し文の送り仮名は、歴史的仮名遣いで書きなさい。

［　　　］

(2) 〔内容の理解〕――線部①「百姓」とあるが、ここでいう「百姓」とは何を意味するか。【現代語訳】の中から抜き出して書きなさい。

［　　　］

重要 (3) 〔内容の理解〕――線部②「そうする」とあるが、「そうする」とはどうすることか。その内容を【訓読文】の中から五字で抜き出して書きなさい。ただし、句読点、返り点、送り仮名は省略してよい。

（三重）

2 次の李白(りはく)の漢詩を読んで、あとの問いに答えなさい。

【A】 *汪倫(わうりん)に贈(おく)る

李白舟(ふね)に乗つて将(*まさ)に行かんと欲す
忽(たちま)ち聞く岸上*踏歌(たふか)の声
*桃花潭(たうくわたん)水深さ千尺
及(およ)ばず汪倫我を送るの情に

李白乗舟将欲行
忽チ聞ク岸上踏歌ノ声
桃花潭水深サ千尺
不レ及バ汪倫送レルノ我ヲ情ニ

＊汪倫＝李白の友人の名前。　＊将に＝今にも。
＊踏歌＝足で地を踏(ふ)んで調子を取って歌うこと。またその歌。
＊桃花潭＝川の名前。潭は水が深くよどむところ。

【B】 *黄鶴楼(くわうかくろう)にて孟浩然(まうかうねん)の広陵(くわうりよう)に之(ゆ)くを送る

故人西のかた黄鶴楼を辞し
煙花(えんくわ)三月*揚州(やうしう)に下る
孤帆の遠影碧空(へきくう)に尽(つ)き
*惟(た)だ見る長江(ちやうかう)の*天際に流るるを

故人西ノカタ辞二シ黄鶴楼一ヲ
煙花三月下二ル揚州一ニ
孤帆ノ遠影碧空ニ尽キ
惟ダ見ル長江ノ天際ニ流ルルヲ

＊黄鶴楼＝長江のほとりにあった高い建物。
＊揚州＝長江下流の都市。広陵のこと。
＊惟＝「唯」と表記される場合もある。
＊天際＝空の果て。

重要
(1) 〔漢詩の形式〕【A】・【B】に共通する漢詩の形式を、漢字四字で書きなさい。

□□□□

(2) 〔訓点〕【A】の——線部に返り点と送り仮名を補うとき、書き下し文を参考にして、□に返り点を、〔　〕に送り仮名を書きなさい。

李 白 乗〔　〕□ 舟〔　〕 将ニ 欲〔　〕□ 行〔　〕

(3) 〔漢字の意味〕【B】の詩の中から「別れを告げる」という意味で用いられている漢字一字を、抜き出して書きなさい。

〔　　〕

重要
(4) 〔表現技法〕【A】・【B】の書き下し文に共通して見られる表現技法として最も適切なものを次から選び、記号で答えなさい。

ア 対句(ついく)法　イ 反復法
ウ 倒置(とうち)法　エ 体言止め

〔　　〕〔秋田〕

得点UP!
訓点の問題は、自分の書いた返り点と送り仮名に従って読んでみよう!

Check! 自由自在
天才的な詩の才能によって「詩仙(しせん)」と呼ばれ、松尾芭蕉(まつおばしょう)などにも影響(えいきょう)を与(あた)えた唐(とう)の詩人、李白について調べてみよう。 (→別冊71ページ)

解答⇩別冊39ページ

月　日

1 次の漢文とその書き下し文を読んで、あとの問いに答えなさい。

【漢文】

＊賈島＊赴レ挙至レ京、
騎レ＊驢＊賦レ詩、
得二僧推月下門句一。
欲二改レ推作レ敲、
引レ手作二推敲之勢一。
①未レ決、不レ覚衝二＊大尹＊韓愈一。
＊乃具言。
愈曰、敲字佳矣。
遂並レ轡論レ詩久レ之。

【書き下し文】

賈島挙に赴きて②京に至りしとき、
驢に騎りて詩を賦し、
「僧は推す月下の門」の句を得たり。
推すを改めて□、
手を引きて推敲の勢を作す。
未だ決せず、覚えずして大尹韓愈に衝たる。
乃ち具さに言ふ。
愈曰はく、「敲くの字佳し」と。
遂に轡を並べて詩を論ずること之を久しくす。

（「唐詩紀事」）

＊賈島＝唐代の詩人（七七九〜八四三年）。
＊赴挙＝官吏登用試験である科挙の受験をしに行く。
＊驢＝驢馬。　＊賦詩＝詩をつくる。　＊大尹＝都の長官。
＊韓愈＝唐代の政治家・文学者（七六八〜八二四年）。
＊乃＝そこで。

難問　記述

(1) ──線部①「未決」とあるが、いったい何が「未決」なのか。三十字以内で説明しなさい。

(2) ──線部②「京」は都のことである。その都の名前を漢字二字で書きなさい。

(3) □に入る最も適切な言葉を次から選び、記号で答えなさい。

ア 敲き作さんと欲して
イ 敲くと作さんと欲して
ウ 作り敲かんと欲して
エ 作ると敲かんと欲して

〔　　〕

(4) この文章の内容から、故事成語として「推敲」が用いられるようになった。その意味として最も適切なものを次から選び、記号で答えなさい。

ア　物事の最も重要な所に手を入れて、最後の仕上げをすること。
イ　違いはあるが、本質的には同じであること。
ウ　同士が互いに励まし合って、学問や人格の進歩向上をはかること。
エ　詩文の字句をよく練り、よりよいものにすること。

〔慶應義塾志木高―改〕　［　　］

2 **次の漢詩とその解説文を読んで、あとの問いに答えなさい。**

【漢詩】

事に感ず　　武瓘

花開けば蝶枝に満ち
花謝めば蝶還た稀なり
惟だ旧巣の燕有り
主人貧なるも亦た帰る

感(レ)ズ事ニ　　武瓘

花開ケバ蝶満チ(レ)枝ニ
①花謝メバ蝶還タ稀ナリ
惟ダ②有リ旧巣ノ燕
主人貧ナルモ亦タ帰ル

【解説文】

第一、二句では、花が開くと枝に［A］、花がしぼんでしまうと蝶はめったに姿を見せなくなることを、また、第三、四句では、ただ燕は今年も同じ巣に帰ってくるということを述べている。

こうした蝶や燕の姿には、世の中の人のありようが見てとれる。人生には［B］枯［C］衰があるが、燕のようにそのような移り変わりには関係なく、［D］もいるのだという感慨が込められていると読むことができる。

(1)　［A］に入る適切な言葉を十字以内で書きなさい。

(2)　――線部①「花謝メバ」に表されている状況と同じことが読みとれる言葉を、漢詩の中から漢字三字で抜き出して書きなさい。

(3)　書き下し文の読み方になるように、――線部②「有リ旧巣ノ燕」に返り点をつけなさい。

［有リ　旧　巣ノ　燕］

(4)　［B］・［C］に入る最も適切な漢字を書き、四字熟語を完成させなさい。

B［　］　C［　］

難問
(5)　［D］に入る適切な言葉を次から選び、記号で答えなさい。
ア　なつかしい故郷を離れ苦しい生活をしている人
イ　落ちぶれた主人には見向きもしなくなる人
ウ　故人との思い出を心の支えとして生きている人
エ　旧知の人を忘れることなく訪ねて来る人

〔兵庫〕　［　　］

理解度診断テスト ④

本書の出題範囲 48〜77ページ　解答⇩別冊40ページ

時間 35分　得点 /100点

理解度診断 A B C

月　日

1 次の「徒然草」の一節を読んで、あとの問いに答えなさい。

若き程は、諸事につけて、身を立て、大きなる道をも成じ、能をもつき、学問をもせんと、行末久しくあらます事ども心にはかけながら、世を長閑に思ひてうち怠りつつ、先づ、さしあたりたる目の前の事にのみまぎれて月日を送れば、ことごと成す事なくして、身は老いぬ。終に物の上手にもならず、思ひしやうに身をも持たず、悔ゆれども取り返さるる齢ならねば、①走りて坂を下る輪のごとくに衰へゆく。

されば、一生のうち、むねとあらまほしからん事の中に、いづれかまさるとよく思ひくらべて、第一の事を案じ定めて、その外は思ひ捨てて、一事をはげむべし。一日の中、一時の中にも、あまたのことの来らんなかに、少しも益のまさらん事を営みて、その外をばうち捨てて、大事を急ぐべきなり。②何方をも捨てじと心に執り持ちては、一事も成るべからず。

*道＝事業。　*能をもつき＝芸能も身につけ。
*行末久しくあらます事ども＝将来に渡って希望を持ち計画するいろいろなこと。
*ことごと＝どれもこれも。　*されば＝だから。
*むねとあらまほしからん事＝主として望ましいようなこと。
*営みて＝励んで。

(1) ——線部①「走りて坂を下る輪のごとくに」は、どのような様子をたとえた表現か。最も適切なものを次から選び、記号で答えなさい。(8点)

ア どんどん物事が進行していく様子
イ あれこれと迷って何も決められない様子
ウ 何とか同じ状態を維持している様子
エ 何度も同じことを繰り返してしまう様子

〔　　〕

(2) ——線部②「何方をも捨てじと心に執り持ちては」の解釈として最も適切なものを次から選び、記号で答えなさい。(8点)

ア どこに捨てようかと迷っているようでは
イ どれも捨てないでおこうとこだわっていては
ウ どれを捨てようかと悩んでいるようでは
エ どこにも捨てられないとあきらめているようでは

〔　　〕

(3) 次の会話は、本文の内容をもとに行われた太郎さんと花子さんとの話し合いの一部である。これを読み、あとの問いに答えなさい。

太郎さん　ぼくはいろいろ挑戦してみたいことがあるんだ。筆者は、いくつかのことの中から「A」を決めるべきだと言っているけれど、それは簡単なことではないと思うな。

花子さん　そうね。でも、筆者は、よくくらべてみて、それから決めるべきだと言っているよね。

太郎さん　確かにそう言ってるね。きっと筆者も簡単に決めることができるとは思っていないんだろうね。

花子さん　うん。筆者は、最終的に何も身につかなかった

ということがないように、「A」について
B ことで、確実に自分のものにすることの大切
さを言いたいのだと思うよ。

① A に入る最も適切な表現を、文中から四字で抜き出して書きなさい。（8点）

［　　　　］

② B に入る最も適切な言葉を次から選び、記号で答えなさい。（8点）

ア お互いに競い合う　イ さらに視野を広げる
ウ 貴重な経験を積む　エ 集中して取り組む

［　　］〔京都〕

2 次の文章を読んで、あとの問いに答えなさい。

大和の国に男女ありけり。*年月かぎりなく思ひてすみけるを、いかがしけむ、*女をえてけり。猶もあらず、この家に率てきて、壁を隔てて住みて、わが方にはさらによりこず。*いと憂しとおもへど、さらに言ひも妬まず。①秋の夜の長きに、目をさましてきけば、②鹿なむ鳴きける。*物もいはで聞きけり。壁をへだてたる男、「聞き給ふや、*西こそ」とⓐいひければ、「なにごと」と*いらへければ、「この鹿のなくは聞きたうぶや」といひければ、「さ聞き侍り」といらへけり。男、「さて、③それをばいかが聞きたまふ」といひければ、女ふといらへけり。

*我もしかなきてぞ人に恋ひられし④今こそよそに声をのみきけ

とⓑよみたりければ、*かぎりなくめでて、この今の女をば*送りて、*もとの如なむ住みわたりける。

（「大和物語」）


*年月かぎりなく＝長い年月の間この上もなく。

*女をえてけり＝（他の）女を得てしまった。

*いと憂しとおもへど＝（もとの女は）たいへんつらいと思うけれど。

*物もいはで聞きけり＝ものも言わないで黙って聞いていた。

*西こそ＝西隣さんよ。

*いらへければ＝返事をしたところ。

*我もしかなきてぞ人に恋ひられし＝以前には、私もあなたに、この鹿のようにないて恋い慕っていただいたものでした。

*かぎりなくめでて＝（男は）この上なく心を打たれて。　*もとの如＝もとのように。

*送りて＝送り帰して。

(1) 線部ⓐ「いひければ」・ⓑ「よみたりければ」の主語をそれぞれ次から選び、記号で答えなさい。（各3点）

ア 男　イ もとの女　ウ 男女
エ 今の女　オ 鹿

ⓐ［　　］ ⓑ［　　］

(2) 線部①「秋」とあるが、この季節に該当するのは、旧暦ではどの月か。最も適切なものを次から三つ選び、記号で答えなさい。（各3点）

ア 弥生　イ 長月　ウ 霜月　エ 如月
オ 卯月　カ 水無月　キ 皐月　ク 神無月
ケ 葉月　コ 睦月　サ 師走　シ 文月

［　　・　　・　　］

重要 (3) 線部②「鹿なむ鳴きける」に用いられている文法的なきまりを何というか、答えなさい。（7点）

［　　］

(4) ——線部③「それ」とは、何のことか。最も適切な表現を文中から六字で抜き出して書きなさい。（8点）

難問

(5) ——線部④「今こそよそに声をのみきけ」から読みとれる、もとの女の思いとはどのようなものか。最も適切なものを次から選び、記号で答えなさい。（8点）

ア 長年深く愛し合った男に裏切られた怒りと嫉妬。

イ 男が新しい妻を迎えたことへの祝福と決別。

ウ 今の女を京都から呼び寄せるほどの固執と決断。

エ 耐え忍び、一途に男を思い続ける寂しさと純情。

〔　　〕

〔國學院高—改〕

3 次の漢文の書き下し文を読み、あとの問いに答えなさい。

*庾大尉南に奔りて①*陶公に見ゆ（お目にかかった）。陶公雅より相ⓐ賞重す（重んじていた）。陶は性*倹吝なり。食に及び、*薤を噉ひ、庾因りて白（薤の白い部分）をⓑ留む。陶問ふ、②此を用て何をか為す（どうするのか）、と。庾云ふ、故より種うべし、と。是において大いに庾が唯に風流なるのみに非ず、兼ねて*治実有るを③歎ぜり。

（「世説新語」）

＊庾大尉＝庾亮（人の名前）。　＊陶公＝陶侃（人の名前）。　＊倹吝＝倹約家。

＊薤＝食用の植物。　＊治実＝実務的な能力。

(1) ……線部ⓐ「賞重す」・ⓑ「留む」の主語の組み合わせとして最も適切なものを次から選び、記号で答えなさい。（7点）

ア ⓐ陶公　ⓑ庾大尉　　イ ⓐ陶公　ⓑ陶公

ウ ⓐ庾大尉　ⓑ陶公　　エ ⓐ庾大尉　ⓑ庾大尉

〔　　〕

重要

(2) ——線部①「陶公に見ゆ」は、「見陶公」を書き下し文に改めたものである。書き下し文を参考にして、「見ユ陶公ニ」に返り点をつけなさい。（7点）

〔 見ユ 陶 公ニ 〕

(3) ——線部②「此を用て何をか為す」とあるが、この問いに対する答えの部分を、書き下し文中から抜き出して書きなさい。（8点）

〔　　〕

重要

(4) ——線部③「歎ぜり」とあるが、その理由として最も適切なものを次から選び、記号で答えなさい。（8点）

ア 庾大尉が、風流ではあるが、実務的な能力を欠いた人物であることが分かったから。

イ 庾大尉が、風流ではないが、実務的な能力を備えた人物であることが分かったから。

ウ 庾大尉が、風流であるうえ、実務的な能力も備えた人物であることが分かったから。

エ 庾大尉が、風流でないうえ、実務的な能力も欠いた人物であることが分かったから。

〔　　〕

〔山口〕

第2章 文法の力

1 文法の基礎

STEP 1 まとめノート

解答⇩別冊42ページ

月　日

❶ 言葉の単位 ★★★

(1) 言葉の単位

●［①　　］・談話…小説や評論、会話や演説などの、一まとまりの内容。

●［②　　］…文章の意図をより明確に伝えるために、意味のまとまりごとに区切ったもの。**句点のあとで改行**し、一字下げた状態で始める。
（↳文の終わりにある「。」のこと。）

●［③　　］…**句点など**で区切った、一続きの言葉。
（↳疑問符「？」や感嘆符「！」で区切ることもある。）

●［④　　］…文を、**発音や意味が不自然にならない程度に短く**区切ったもの。

●［⑤　　］…単独で使える言葉の**最小**の単位。

(2) 文節分け

文節の切れ目には、「**ネ**」や「**サ**」「**ヨ**」などを入れて読むことができる。

例　春の（ネ）　雨が（ネ）　しとしと（ネ）　降る。（ネ）

ズバリ暗記　・文節分けをするときは、切れ目に「ネ」を入れて不自然でないか確かめる。

Check!　次の文章の文節の数を漢数字で書きなさい。
犬が公園の中を駆けまわる。　［⑥　　］

❷ 文節の働き ★★★

(1) 文の成分

文を組み立てる文節がもつ役割。次の五つに分けられる。

●**主語**…「**何が(は)**」「**誰**(だれ)**が(は)**」を表す文節。

●**述語**…「**どうする**」「**どんなだ**」「**何だ**」「**ある・いる**」「**ない**」を表す文節。

●**修飾語**(しゅうしょくご)…他の文節を**詳**(くわ)**しく説明する**文節。修飾される文節のことを、［⑦　　］という。

●**接続語**…文と文を**つなぐ**文節。

●**独立語**…他の文節と直接かかわりをもたない、独立した文節。

例　おはよう、（独）　今日は（主）　暑いね。（述）　だから、（接）　いっしょに（修）　海へ（修）　行こう。（述）

(2) 連文節

一つの文節と同じ働きをする二つ以上の文節のまとまりのことを、［⑧　　］という。その中で、主語の働きをするものを「［⑨　　］」といい、その他の文の成分となるものも、それぞれ「**述部**」「**修飾部**」「**接続部**」「**独立部**」という。

●**主部**　例　私と兄は　走った。

●**述部**　例　彼(かれ)は　本を　読んで　いる。

●**修飾部**　例　昨日の　午後、目的地へ　出発した。

●**接続部**　例　しばらく　待ったが、彼は　来なかった。

●**独立部**　例　生徒の　みなさん、こちらへ　集合しなさい。

● **並立**(へいりつ)**の関係**…**対等な関係で並ぶ**二つ以上の文節が、ひとまとまりで文の成分になっているもの。

例 海は **青くて** **美しい**。 **桜と** **桃**(もも)**が** 一度に咲(さ)く。

● **補助の関係**…主な意味を表す文節に、**意味を補う**文節がついて、ひとまとまりになっているもの。意味を補う文節で用いられている語は、**元の意味が薄**(うす)**れている**ことが多い。
（↳「いる」や「みる」などのこと。）

例 すずしい風が **ふいて** **いる**。 兄に **聞いて** **みる**。

③ 単語の分類 ★★★

(1) 自立語・付属語

● ［⑩　　］…単独で文節を作ることができる単語で、**一文節に一つだけ**、**文節のはじめに必ずある**。

● ［⑪　　］…単独で文節を作ることができず、必ず自立語か他の付属語につく。文節の中に一つとは限らず、複数あることや一つもないこともある。
（↳助動詞・助詞のこと。）

(2) 活用の有無

単語は［⑫　　］するかしないかで分類することもできる。

● 活用…あとに続く言葉によって、単語の形が変わること。

例 走る　→全力で**走っ**た。

例 大きい→月が**大きく**見える。

● 自立語・付属語および活用の有無による分類の例

例 秋｜の｜田｜で｜美しい｜稲穂(いなほ)｜が｜輝(かがや)い｜た。

《活用のある自立語》 美しい・輝い
《活用のない自立語》 秋・田・稲穂
《活用のある付属語》 た
《活用のない付属語》 の・で・が

Check! 次の——線部から自立語をすべて選び、記号で答えなさい。

その(ア) 木(イ) は(ウ) だんだん(エ) 大きく(オ) なっ(カ) た(キ)。

［⑬　　］

Check! 次の——線部から活用のある語をすべて選び、記号で答えなさい。

一人(ア) で(イ) 危険な(ウ) 場所(エ) に(オ) 近づか(カ) ない(キ)。

［⑭　　］

ズバリ暗記 自立語・付属語は、文節に分けて考える。各文節のはじめの単語が自立語で、それ以外が付属語である。

④ 品詞 ★★★

● **自立語**

- 活用がある — **述語**になる
  - **ウ段**で終わる……動詞
  - 「**い**」で終わる……形容詞
  - 「**だ**」で終わる……形容動詞
  - → **用言**
- 活用がない
  - **主語**になる……名詞 → **体言**
  - **主に**［⑮　　］**を修飾する**……副詞
  - **体言を修飾する**……連体詞
  - **接続語**になる……接続詞
  - ［⑯　　］になる……感動詞

● **付属語**

- **活用**がある……助動詞
- **活用**がない……助詞

ズバリ暗記 品詞の分類は、「自立語か付属語か」「活用があるかないか」などをもとに考える。

STEP 2 実力問題

解答⇩別冊42ページ

月　日

ココがねらわれる 主語や述語、修飾語や被修飾語を問う問題は、よく出題される。文の中でそれぞれの文節が果たす働きを確認すること。

1 〔文節分け〕**次の各問いに答えなさい。**

(1) 次の文の文節の切れ目に／を書き入れなさい。

① 父と二人で山頂まで歩いた。

② これを食べたのは初めてです。

③ 風に吹(ふ)かれながら歩いてきた。

重要 (2) 次の文の文節の数を漢数字で書きなさい。

① 新しい犬小屋を建てたのは春休みのことです。 〔　　〕

② 昔の友人が久しぶりに会いに来てくれた。 〔　　〕

重要 **2** 〔主・述の関係〕**次の文章の――線部①・②に対する主語を一文節で抜(ぬ)き出して書きなさい。**

(1) 登山家に必要なのは、おそれず危険に飛び込む冒険(ぼうけん)心では①ありません。危険であれば頂上を目前にしながらも引き返す態度こそ、登山家の真の勇気②です。

①〔　　〕 ②〔　　〕

(2) 毎日何時間もピアノを練習すれば、誰(だれ)でも①上達する。私はこの言葉を自分に言い聞かせながらピアノを弾(ひ)き②続けた。

①〔　　〕 ②〔　　〕

3 〔修飾・被修飾の関係〕**次の各問いに答えなさい。**

(1) 次の文の――線部が修飾している部分を、それぞれあとから選び、記号で答えなさい。

① いかなる困難にもくじけないりっぱな心。

ア 困難にも　**イ** くじけない　**ウ** りっぱな　**エ** 心 〔　　〕

② あの高い山が有名なモンブランです。

ア 高い　**イ** 山が　**ウ** 有名な　**エ** モンブランです 〔　　〕

③ まさか今から引き返してくる人はいないだろう。

ア 今から　**イ** 引き返してくる　**ウ** 人は　**エ** いないだろう 〔　　〕

④ 雪のように美しい花びらがちらちらと地面に散っている。

ア 花びらが　**イ** ちらちらと　**ウ** 地面に　**エ** 散っている 〔　　〕

⑤ 今では、和服姿で歩く女性を見かけることも少なくなった。
ア 歩く　イ 女性を
ウ 見かける　エ 少なくなった
［　　］

(2) 次の文の――線部が修飾している文節を、抜き出して書きなさい。
① 今でも、この写真を見ると、楽しかった旅行のことがまざまざと思い出される。
［　　］
② 母が作った一口サイズの小ぶりなハンバーグは、私の作ったものと比べておいしそうだ。
［　　］

4 〔文節同士の関係〕次の文の――線部の文節同士の関係として最も適切なものを、それぞれあとから選び、記号で答えなさい。

(1) 技巧(ぎこう)だけで　心が　こもって　いなければ、人の　心を　震(ふる)わせる　演奏は　できない。
(2) 先生から　勧(すす)められた　本を　読んで　みた。
(3) 部活動で　仲間と　笑ったり　泣いたり　した　ことは、私の大切な　思い出だ。
(4) 私が　落とした　本を、彼(かれ)が　拾って　くれた。
ア 主・述の関係　イ 修飾・被修飾の関係
ウ 並立(へいりつ)（対等）の関係　エ 補助の関係
(1)［　　］(2)［　　］(3)［　　］(4)［　　］

5 〔単語の分類〕次の文に含(ふく)まれる単語の中で、あとの(1)・(2)の条件に合うものを、すべて抜き出して書きなさい。

その奇妙(きみょう)な物語は予想外の結末を迎(むか)えた。
(1) 活用する自立語　(2) 活用しない付属語
(1)［　　］
(2)［　　］

6 〔品詞〕次の――線部の単語の品詞名をそれぞれあとから選び、記号で答えなさい。

(1) 家の外がさわがしい。
(2) あらゆる手を尽(つ)くす。
(3) ガラスが割れる。
(4) 遠くまで見渡(みわた)す。
(5) 先生にしかられる。
(6) のんびり歩く。
(7) えっ、本当ですか？
(8) この公園はにぎやかだ。
(9) 目玉焼きを作る。
(10) 頭が痛い。だから休む。
ア 動詞　イ 形容詞　ウ 形容動詞　エ 名詞
オ 副詞　カ 連体詞　キ 接続詞　ク 感動詞
ケ 助動詞　コ 助詞
(1)［　　］(2)［　　］(3)［　　］(4)［　　］
(5)［　　］(6)［　　］(7)［　　］(8)［　　］
(9)［　　］(10)［　　］

得点UP!
自立語と付属語は、文節のはじめにくるかどうかで区別しよう！

2 自立語の働き①

STEP 1 まとめノート

解答⇩別冊43ページ

月　日

① 用言 ★★★

(1) 用言とは

動詞・形容詞・形容動詞をまとめて［①　　］という。いずれも、活用する［②　　］語である。

↳あとに続く言葉によって、単語の形が変わること。

(2) 用言の活用

活用することで変化した単語の形を活用形という。活用する際に形が変化する部分を**活用語尾**といい、変化しない部分を**語幹**という。

活用形には、未然形・連用形・終止形・連体形・仮定形・命令形の六つがある。

Check! 次の文に含まれる用言の数を、漢数字で書きなさい。

明るい星がきれいな光を放つ。［③　　］

② 動詞 ★★★

［④　　］は、活用する自立語であり、動作・作用・存在を表す。用言のうち、動詞は、言い切りが「［⑤　　］」段の音になる。

動作の対象を必要とする動詞を「**他動詞**」、必要としない動詞を「**自動詞**」という。

↳「〜を」「〜に」など。

(1) 動詞の働き

- 文の成分として、述語になることができる。

例 私は(主) 今から(修) 学校へ(修) 行く(述)。

- 文の成分として、修飾語になることができる。

例 この(修) 道を(修) 通る(修) 人は(主) 少ない(述)。

(2) 動詞の活用

動詞の活用の種類には、次の五つがある。

- 五段活用……例 行く・泳ぐ など
- 上一段活用…例 起きる・見る など
- 下一段活用…例 流れる・寝る など
- カ行変格活用…「来る」の一語のみ。
- サ行変格活用…「する」「〜する」のみ。

基本形	行	語幹	未然形	連用形	終止形	連体形	仮定形	命令形
行く	カ	い	か・こ	き・っ	く	く	け	け
起きる	カ	お	き	き	きる	きる	きれ	きろ きよ
流れる	ラ	なが	れ	れ	れる	れる	れれ	れろ れよ
来る	カ	(く)	こ	き	くる	くる	くれ	こい
する	サ	(す)	さ・し せ	し	する	する	すれ	しろ せよ
主な続き方			ない(ぬ) よう(う)	た・て ます	○	こと	ば	

(3)動詞の活用の種類の見分け方

- 「カ変」(来る)「サ変」(する・「〜する」)でないかを確かめる。
- 「ない」をつける。そのときの「ない」の直前の音が「ア」段・「イ」段・「エ」段のどれであるかを確認する。

例 「読む」は「読**ま**ない」となる(「ない」の直前が「ア」段の音になる)ので、五段活用。

例 「降りる」は「降**り**ない」となる(「ない」の直前が「イ」段の音になる)ので、上一段活用。

例 「食べる」は「食**べ**ない」となる(「ない」の直前が「エ」段の音になる)ので、下一段活用。

次の動詞の活用の種類をあとからそれぞれ選び、記号で答えなさい。

⑥ 見る　⑦ 始まる　⑧ 投げる

ア 五段活用　**イ** 上一段活用　**ウ** 下一段活用
エ カ行変格活用　**オ** サ行変格活用

⑥[　　] ⑦[　　] ⑧[　　]

ズバリ暗記　活用の種類を問われたら、「ない」をつけたときに「ない」の直前がどの段の音になるかを確認する。

3 形容詞 ★★★

[⑨　　]は、活用する**自立語**であり、状態・性質を表す。用言のうち、形容詞は、言い切りが「[⑩　　]」になる。

(1)形容詞の働き

- 文の成分として、述語になることができる。
- 文の成分として、修飾語になることができる。

(2)形容詞の活用

基本形	語幹	未然形	連用形	終止形	連体形	仮定形	命令形
寒い	さむ	かろ	かっ・く う	い	い	けれ	○
主な続き方		う	た・ない	○	とき	ば	

4 形容動詞 ★★★

形容動詞は、活用する**自立語**であり、状態・性質を表す。用言のうち、形容動詞は、言い切りが「[⑪　　]・です」になる。

(1)形容動詞の働き

- 文の成分として、述語になることができる。
- 文の成分として、修飾語になることができる。

(2)形容動詞の活用

基本形	語幹	未然形	連用形	終止形	連体形	仮定形	命令形
元気だ	げんき	だろ	だっ・で に	だ	な	なら	○
主な続き方		う	た・ない	○	とき	ば	

5 補助動詞・補助形容詞 ★★

補助の関係で用いられ、上の語に**意味を添えたり補ったりする**動詞を[⑫　　]、形容詞を[⑬　　]という。これらの語は、元の意味が薄れている。

例 大切なことを言っておく。(「おく」が補助動詞)

例 荷物はそれほど重くない。(「ない」が補助形容詞)

それぞれ、「おく」と「ない」は元の意味が薄れている。

STEP 2 実力問題

解答⇩別冊44ページ

ココがねらわれる　指定語と同じ活用の種類の動詞を選ぶ問題が多く出題される。動詞の活用については、繰り返し確認しておきたい。

1〔動詞の活用〕次の各問いに答えなさい。

(1) 次の文の①・②に、あとで示された動詞を適切に活用させて入れなさい。

目的地に①ば、飲み物を②てもよい。

① 着く
② 買う

①〔　　〕②〔　　〕

重要 (2) 次の文の――線部の動詞と活用の種類が同じ動詞をあとから選び、記号で答えなさい。

時間にゆとりをもって出かけることが大事だ。

ア 時々さっと吹く風が心地よい。
イ 庭に植えた花が、みごとに咲いた。
ウ お気に入りの傘を差して、散歩に出かける。
エ 雨が降らないので、空気が乾燥している。

〔　　〕

(3) 次の文の――線部の動詞の活用形をあとから選び、記号で答えなさい。

見上げると、鳥が空高く飛んでいる。

ア 未然形　イ 連用形
ウ 終止形　エ 連体形
オ 仮定形　カ 命令形

〔　　〕

重要 (4) 次の文の――線部の動詞について、①活用の種類と②活用形をそれぞれあとから選び、記号で答えなさい。

難関を突破するのはやさしくない。

① ア 五段活用　イ 上一段活用　ウ 下一段活用
エ カ行変格活用　オ サ行変格活用

② ア 未然形　イ 連用形　ウ 終止形
エ 連体形　オ 仮定形　カ 命令形

①〔　　〕②〔　　〕

(5) 次のa～dの文の――線部の動詞について、あとの問いに答えなさい。

a 雨が降ってきた。
b 日差しを遮る効果。
c 泣いたり笑ったりする。
d 紅茶を飲みながら話す。

① これらの動詞に共通する活用の種類を次から選び、記号で答えなさい。

ア 五段活用　イ 上一段活用　ウ 下一段活用
エ カ行変格活用　オ サ行変格活用

〔　　〕

② 活用形が他と異なるものを選び、その文の記号と活用形を書きなさい。

記号〔　　〕活用形〔　　〕

2 〔形容詞〕次の文の――線部と同じ品詞が含まれている文をそれぞれあとから選び、記号で答えなさい。

(1) 子の成長がうれしくもあり、寂しくもある。

ア 一緒に遊ぼう。　イ ずいぶん歩いた。
ウ この魚はおいしい。　エ 心中は複雑だ。　〔　〕

(2) 日が暮れると外の気温がぐんと下がったので、たき火をたいて暖かくした。

ア 大きな声で話す。　イ りっぱに成長する。
ウ 彼も辛かろう。　エ ゆっくり歩く。　〔　〕

3 〔形容動詞〕次の各問いに答えなさい。

(1) 次の文の――線部と同じ品詞が含まれている文をあとから選び、記号で答えなさい。

久しぶりに会った幼なじみは、元気な様子だった。

ア 旅先で家族と楽しく過ごした。
イ 部屋の中は意外ときれいだった。
ウ 熟した果物を切って食べる。
エ 何にでも挑戦する積極性がある。　〔　〕

(2) 次の文の――線部と同じ活用形の形容動詞が含まれている文をあとから選び、記号で答えなさい。

彼はりっぱにその仕事を成し遂げた。

ア その数値が正確ならば、研究はうまくいく。
イ 手品の巧妙なからくりに目を奪われる。
ウ 彼が一緒なら、母も安心だろう。
エ 色彩が豊かで、見る者を魅了する絵だ。　〔　〕

4 〔形容詞・形容動詞〕次の文章から、(1)形容詞と(2)形容動詞をそれぞれすべて文章に出てくる順に抜き出して書きなさい。

読み手に対して書き手の意思が正確に伝わる文こそ、よい文だと思う。そのような文を書くために、私は新しくノートを買って、できるかぎり平易で簡潔な文を書く練習をしている。

(1) 形容詞〔　〕

(2) 形容動詞〔　〕

5 〔用言の識別〕次の各問いに答えなさい。

(1) 次のア〜エの文のうち、――線部の品詞が他と異なるものを選び、記号で答えなさい。

ア 花見をするのに適当な場所がない。
イ 中学生として恥ずかしくない行動をとろう。
ウ それはあまりに無責任だろう。
エ いそがしければ、手伝ってもらいなさい。　〔　〕

(2) 次の文章の――線部ア〜エから、品詞が他と異なるものを選び、記号で答えなさい。

かつての人間は、私たちほど多くの情報を持たなかったが、経験にもとづく知恵を多く持ってきた。その知恵は親から子へ、子から孫へと、受け継がれていく。そういった知恵というものは、現代の人間が持つ情報とは違ったものである。　〔　〕

Check! 自由自在

語幹が共通する形容詞と形容動詞について調べてみよう。

(→別冊71ページ)

3 自立語の働き ②

STEP 1 まとめノート

解答⇩別冊44ページ

① 名詞 ★★★

⑴名詞とは

［①　　］は、活用しない自立語のうち、「が」や「は」「も」などをともなって主語となる単語であり、体言ともいう。名詞は生き物や物・事柄などを表す。（↳「誰が」や「何が」などを表す言葉。）

⑵名詞の種類

名詞には、次のような種類がある。

●［②　　］…何らかの種類に属する物・事柄などを**広く表す。**

例 車・スズメ・夏休み・優勝

●［③　　］…人や物・事柄などを**指し示して表す。**

例 あなた・彼・それ・ここ

●［④　　］…人名や地名、**特定の物事の名前**を表す。

例 聖徳太子・アメリカ合衆国・江戸時代

●［⑤　　］…**数字**を含み、物の**数量や順序**を表す。

例 百点・二つ・三位

●［⑥　　］…本来の意味が薄れた状態で、常に連体修飾（↳体言を修飾する語。）語をつけて用いられる。

例 こと（「生きること」など）・とき（「仕上げのとき」など）

※指示代名詞

代名詞の中で、「これ」や「それ」などのように、事物の名称を直接いう代わりに、事物のことを指し示す働きをするものを、［⑦　　］代名詞という。これは「こそあど言葉」といわれることもある。（代名詞でない「こそあど言葉」もある。）

※転成名詞…他の品詞から転成して名詞になったもの。

例 **動き**←「動く（動詞）」　**明るさ**←「明るい（形容詞）」

② 副詞 ★★★

⑴副詞とは

［⑧　　］は活用しない自立語で、**主に用言を修飾する。**

⑵副詞の種類

●状態の副詞…修飾する言葉の状態（「どのように」）を表す。

例 にっこり 笑う。　雪が ちらちらと 降る。

●程度の副詞…修飾する言葉の程度（「どのくらい」）を表す。

例 たいそう 強い。　かなり 多い。

●**陳述の副詞**（呼応の副詞）…あとに決まった言葉が来る。

例 けっして（あとに「ない」などが来る）

まるで（あとに「ようだ」などが来る）

たぶん（あとに「だろう」などが来る）

↓陳述の副詞の空欄補充は、あとに来る語を見て考えればよい。

※次の言葉も副詞である。

例 こう する。　そう する。

指示代名詞（これ・それ）と間違えないように気をつける。「こう」「そう」などは、**用言を修飾している。**

Check! 次の文の［⑨　］に入る適切な言葉をあとから選び、記号で答えなさい。

［⑨　］明日雨が降ったら、体育大会は中止になる。

ア 必ずしも　イ たとえ　ウ もしも　エ あたかも

③ 連体詞 ★★★

(1) 連体詞とは

［⑩　］は活用しない自立語で、**体言を修飾する。**

↳連体修飾語になる。

(2) 連体詞の種類

- 「―の」形のもの 例 その・どの・ほんの
- 「―な」形のもの 例 大きな・おかしな・いろんな
- 「―た」「―だ」形のもの 例 たいした・たった・とんだ
- 文語的なもの 例 あらゆる・いかなる・いわゆる
- 漢語に属するもの 例 本案件・翌三日
- その他のもの 例 ある日・単なる本・わが国

(3) 連体詞と用言の識別

- 連体詞と動詞　連体詞…ある日のこと　動詞…ボールがある
  ↓動詞の場合、「あった」などと活用できる。
- 連体詞と形容詞　連体詞…大きな木　形容詞…大きい木
  ↓形容詞の場合、「大きく」などと活用できる。
- 連体詞と形容動詞　連体詞…おかしな話　形容動詞…変な話
  ↓形容動詞の場合、「変だ」などと活用できる。

ズバリ暗記
連体詞と用言を見分けるときは、活用させて確かめる。
連体詞は活用しない。

④ 接続詞 ★★★

(1) 接続詞とは

［⑪　］は、活用しない自立語で、**前後の文や語をつなぐ。**

(2) 接続詞の種類

接続詞には、「順接」「逆接」「並立(へいりつ)・添加(てんか)(累加(るいか))」「説明・補足」「対比・選択(せんたく)」「話題転換(てんかん)」といった種類がある。

- **順接**…前の内容が原因・理由となり、あとの内容がその順当な結果・結論を表す。例 だから・それで・したがって・ゆえに
- ［⑫　］…前の内容とあとの内容とが、対立している。
  例 だが・しかし・けれど・ところが
- **並立・添加(累加)**…前の事柄とあとの事柄を並べたり、前の事柄にあとの事柄をつけ加えたりする。例 また・しかも・および
- ［⑬　］…前の内容についてまとめたり補ったりする内容があとに続く。例 なぜなら・すなわち・ただし
- **対比・選択**…前の事柄とあとの事柄とを比べたり、どちらかを選んだりするときに使う。例 あるいは・それとも・または
- 話題転換…前の内容から**話題を変える**。例 ところが・さて

⑤ 感動詞 ★★

(1) 感動詞とは

［⑭　］は、文の中で独立語として用いられる。活用はない。

↳他の文節と直接かかわりをもたない、独立した文節。

(2) 感動詞の種類

- 感動を表す　例 おお・まあ
- **呼びかけ・応答**を表す　例 もしもし・おい・はい・いいえ
- **挨拶**(あいさつ)を表す　例 さようなら・こんにちは
- **掛**(か)**け声**を表す　例 よいしょ・わっしょい

STEP 2 実力問題

解答⇩別冊45ページ

1〔名詞の種類〕次の(1)~(5)の文の――線部の名詞の種類を、それぞれあとから選び、記号で答えなさい。

(1) 彼はマラソン大会で四着だった。［　］

(2) 富士山を絵に描く。［　］

(3) 旅行の思い出を語り合う。［　］

(4) 私の作品が入賞した。［　］

(5) 他人に親切なところが彼女の長所だ。［　］

ア 普通名詞　イ 代名詞　ウ 固有名詞
エ 数詞　オ 形式名詞

重要 **2**〔転成名詞〕次の各問いに答えなさい。

(1) 次のア~エの文のうち、――線部が転成名詞であるものを選び、記号で答えなさい。［　］

ア 汗をかきつつも、山登りを楽しむ。

イ いちばんの楽しみは花火大会だ。

ウ このひとときを、存分に楽しみます。

エ 人生のあらゆる一瞬を楽しんで生きる。

(2) 次のア~エの文のうち、――線部の品詞が他と異なるものを選び、記号で答えなさい。［　］

ア 負けたくやしさを忘れない。

イ くやしいが、負けを認めよう。

ウ 負けたことがくやしくて眠れない。

エ くやしかったら強くなれ。

重要 **3**〔陳述の副詞〕次の(1)~(5)の文の（　）に入る副詞をそれぞれあとから選び、記号で答えなさい（同じ記号は二度使えません）。

(1) （　）人の悪口を言うな。［　］

(2) （　）勉強しているかのような口ぶりだった。［　］

(3) （　）相手が強くても、必ずチャンスはある。［　］

(4) 彼の両親も（　）喜んでいるだろう。［　］

(5) 次回は（　）一緒に参加しましょう。［　］

ア きっと　イ たとえ　ウ ぜひ
エ けっして　オ さも

ココがねらわれる
転成名詞や連体詞など、他の品詞の単語に似たものは、識別できるようにしておこう。

月　日

4 〔連体詞〕次の各問いに答えなさい。

(1) 次の①～⑤の文の（　）に入る連体詞をそれぞれあとから選び、記号で答えなさい（同じ記号は二度使えません）。

① 問題の解決のために（　）手段を講じる。［　］
② いつ（　）ときもあわてない。［　］
③ （　）日曜日、音楽会が開催（かいさい）される。［　］
④ 常に平常心を失わない彼は（　）人物だ。［　］
⑤ 財布（さいふ）を落とすなんて（　）災難だったね。［　］

ア とんだ　**イ** きたる　**ウ** いかなる
エ たいした　**オ** あらゆる

(2) 次の**ア**と**イ**の文のうち、――線部が連体詞であるものを選び、記号で答えなさい。

① **ア** 教科書はカバンの中にある。
　 イ 昔、あるところにおじいさんがいました。［　］
② **ア** 会場にはいろんなお店がある。
　 イ いろいろな国の言葉を覚える。［　］

5 〔接続詞〕次の(1)～(6)の接続詞について、a 接続詞の働きとして最も適切なものをあとのア～カから選び、記号で答えなさい。また、b その接続詞と働きが最も近い接続詞をあとのキ～シから選び、記号で答えなさい。

(1) なぜなら　a［　］　b［　］
(2) あるいは　a［　］　b［　］
(3) だが　a［　］　b［　］
(4) そこで　a［　］　b［　］
(5) ところで　a［　］　b［　］
(6) さらに　a［　］　b［　］

a **ア** 順接　**イ** 逆接
　ウ 並立（へいりつ）・添加（てんか）（累加（るいか））　**エ** 説明・補足
　オ 対比・選択（せんたく）　**カ** 話題転換（てんかん）

b **キ** だから　**ク** けれど　**ケ** また
　コ 要するに　**サ** もしくは　**シ** さて

6 〔感動詞〕次の文の――線部の感動詞の種類をあとから選び、記号で答えなさい。

ねえ、北がどちらかわかりますか？

ア 感動　**イ** 呼びかけ　**ウ** 応答
エ 挨拶（あいさつ）　**オ** かけ声　［　］

得点UP!
転成名詞は主語になれるということを覚えておこう！

第2章 文法の力

4 付属語の働き

STEP 1 まとめノート

解答 ⇩ 別冊45ページ

① 助動詞 ★★★

(1) 助動詞とは

助動詞は、付属語で**活用が**［①　　］品詞。用言などの自立語や他の付属語について、いろいろな意味を添える。

（付属語：文節のはじめには来ない単語。）

(2) 助動詞の例と働き

● れる・られる…**受け身**・**可能**・**自発**・**尊敬**

例 いたずらをして先生に怒ら**れる**。（受け身）

例 協力すれば効率よく進め**られる**。（可能）

例 故郷の家族のことが思い出さ**れる**。（自発）

例 同窓会には先生も来**られる**。（尊敬）

● ない・ぬ(ん)…**否定(打ち消し)**

例 天井に手が届か**ない**。

● う・よう…**推量**・**意志**・**勧誘**

例 頭をぶつけたのだから、さぞ痛かろ**う**。（推量）

例 夏休みの宿題を早めに済まそ**う**と思う。（意志）

例 明日、一緒に登校し**よう**。（勧誘）

● た…**過去**・**完了**・**存続**・**想起**　例 昨日、トマトを買っ**た**。（過去）

● ようだ・ようです…**推定**・**比喩**　例 彼はいない**ようだ**。（推定）

● そうだ・そうです…**推定**・**様態**　例 明日は晴れ**そうだ**。（推定）

そうだ・そうです…**伝聞**　例 明日は晴れる**そうだ**。

● だ・です…**断定**　例 外は大粒の雨**だ**。

② 助詞 ★★★

(1) 助詞とは

助詞は、付属語で**活用が**［②　　］品詞。自立語や他の付属語について、意味を添えたり、語句と語句の関係を示したりする。

(2) 助詞の種類と例・働き

● 格助詞…主に**体言**（名詞）について、その文節が他の文節と**どのような関係にあるか**を示す。

例 私**が**荷物を運ぶ。（主語）　立方体**の**容器がある。（連体修飾語）

例 二時**に**集合する。（時間）　腹痛**で**学校を休む。（原因）

● 接続助詞…主に**用言や助動詞**（動詞・形容詞・形容動詞。）について、前後をつなぐ。

例 正午までに頂上に着け**ば**、ゆっくり休める。（条件）

例 調子は悪かった**が**、勝利をおさめた。（逆接）

例 おにぎりがなかった**ので**、パンを買った。（理由）

● 副助詞…さまざまな言葉について、意味を加えたり、述語の意味を限定したりする。

例 犬を五匹**も**飼っている。（強調）

例 姿を見ること**さえ**できない。（類推）

● 終助詞…主に文末について、話し手・書き手の気持ちを表す。

例 彼は何時に帰ってきます**か**。（疑問）

例 失敗してもくよくよする**な**。（禁止）

3 品詞の識別 ★★★

品詞の識別の問題には助動詞が関連していることが多い。識別する際は、それぞれの特徴(とくちょう)に着目しよう。次にいくつか例を挙げる。

(1)「ない」の識別

- 形容詞「ない」…**文節のはじめ**にくる。（↳「ネ」などを入れて区切れるまとまり。）
- 形容詞の一部…**直前の部分と合わせて**一単語の形容詞になる。
- 助動詞「ない」…助動詞「ぬ(ん)」に置き換(か)えられる。

例 今は何も話せ**ない**。

→「話せ**ぬ**。」と置き換えられるので、助動詞の「ない」。

(2)「だ」の識別

- 形容動詞の終止形活用語尾(ごび)…「〜だ」を「**〜な**」や「**〜に**」などに活用することができる。（↳活用したときに形が変わる部分。）
- 断定の助動詞「だ」…直前に**体言**がある。
- 過去の助動詞「た」が濁(にご)ったもの…直前に**動詞の連用形**がある。

例 両者の違(ちが)いは明らか**だ**。

→「明らかな」「明らかに」などと活用することができるので、形容動詞の活用語尾。

(3)「で」の識別

- 形容動詞の活用語尾…「〜で」を「**〜だ**」や「**〜な**」「**〜に**」などに活用することができる。
- 断定の助動詞「だ」の連用形…直前に**体言**があり、「**で**」**を**「**だ。**」**に置き換えて文を言い切る**ことができる。
- 格助詞「で」…直前に**体言**があり、「で」を「だ。」に置き換えて文を言い切ることができない。
- 接続助詞「て」が濁ったもの…直前に**動詞の連用形**がある。

Check! 次の**ア**〜**エ**から、——線部の品詞が他と異なるものを選び、記号で答えなさい。

ア うまく泳げない。　**イ** 兄はまだ起きない。

ウ 手がかりはない。　**エ** 答えが出ない。

〔③　〕

ズバリ暗記 「ない」の識別は、「ない」をそのまま「ぬ」に置き換えられるかどうかで判断する。

4 意味・用法の識別 ★★★

同じ品詞の単語でも、使い方によって意味や用法が異なる。前後の語とのつながりを手がかりにして識別しよう。

(1) 意味・用法の識別に注意すべき助動詞の例

- 「**れる・られる**」…「〜される」(受け身)、「〜できる」(可能)、「自然と〜する」(自発)、「お〜になる」(尊敬)という形に置き換えられるかどうかで確かめる。
- 「**う・よう**」…自分(話し手・書き手)と相手(聞き手・読み手)という関係において、**動作を行うのが誰(だれ)かを考える**。自分自身なら意志、自分と相手なら勧誘、自分に関係がなければ推量。
- 「**そうだ・そうです**」…直前の語が連用形なら推定・様態、終止形なら伝聞。

(2) 意味・用法の識別に注意すべき助詞の例

- 「**の**」…「〜の…」が、「〜が…(する)」に置き換えられれば**主語**、「〜こと/もの(が・を)…」に置き換えられれば**準体言**、「〜である…」に置き換えられれば**同格**。
- 「**ながら**」…「〜ながら…」が、「〜つつ…」に置き換えられれば**同時**、「〜のに…」に置き換えられれば**逆接**。

STEP 2 実力問題

解答⇩別冊46ページ

ココがねらわれる 助動詞の意味・用法を問う問題や、他の品詞と識別する問題などはよく出題される。繰り返し復習して実力をつけよう。

月　日

1〔助動詞・助詞〕次の文から、①助動詞と②助詞をそれぞれすべて抜き出して書きなさい。

(1) 彼 も その 映画 を 見 られれ ば 喜ぶ と 思う。

①〔　　〕 ②〔　　〕

(2) 父親 は 子供 に じっくり 考え させ た。

①〔　　〕 ②〔　　〕

2〔助動詞の意味〕次の文の――線部の助動詞の意味をそれぞれあとから選び、記号で答えなさい。

(1) 漢字を書けるようになりたい。

(2) こつこつ練習するしかないそうだ。

(3) 毎日少しずつ練習した。

(4) これからも練習を続けようと思う。

ア 過去　イ 意志　ウ 推量
エ 希望　オ 伝聞　カ 使役

(1)〔　　〕 (2)〔　　〕 (3)〔　　〕 (4)〔　　〕

3〔助詞の種類〕次の文の――線部の助詞の種類をそれぞれあとから選び、記号で答えなさい。

(1) 昨日、動物園に出かけました。

(2) 弟もとても楽しめたようです。

(3) 弟は、帰り際に「また来たいな」と言っていました。

(4) 遠い道のりでしたが、行ってよかったと思いました。

ア 格助詞　イ 接続助詞　ウ 副助詞　エ 終助詞

(1)〔　　〕 (2)〔　　〕 (3)〔　　〕 (4)〔　　〕

重要

4〔品詞の識別〕次の文の――線部と同じ品詞のものをそれぞれあとから選び、記号で答えなさい。

(1) 教室では騒がないようにしよう。

ア 運動会は雲一つない晴天に恵まれた。
イ どのような困難にも彼はくじけない。
ウ 友人のさりげない一言が胸にしみた。
エ 君の夢が実現する日もそう遠くない。

〔　　〕〔栃木〕

(2) コップに飲み物を注いだ。

ア お祭りの会場はとてもにぎやかだ。
イ ここに彼がいるのは不自然だ。
ウ チーム一丸となって試合に臨んだ。
エ 一人で完成させるとは意外だ。

〔　　〕

(3) カロテンは、ニンジンに多く含まれる栄養素である。
ア 兄は二月生まれで、弟は五月生まれだ。
イ 最近の天候はあまりおだやかでない。
ウ 彼は誰に対しても友好的で、親切だ。
エ 今日の私は普段以上に元気である。

(4) きれいに着飾った人形を買う。
ア かつてはこの土地も森林だった。
イ 三つの連なった数字を記す。
ウ 大それたことを言う。
エ たいしたことではない。

重要

5 **〔意味・用法の識別〕次の文の——線部と同じ意味・用法のものをそれぞれあとから選び、記号で答えなさい。**

(1) 時間があるので手間をかけられる。
ア 昨日の出来事が夢のように思われる。
イ 近くの家になら一時間で届けられる。
ウ 去年卒業した先輩が試合を見に来られる。
エ かばんが車のドアにはさまれる。

(2) 私が彼を迎えに行こう。
ア 僕たちと一緒に野球をしよう。
イ 雪が降っているのだからさぞ寒かろう。
ウ 一人で集中して勉強しよう。
エ 全員の力を合わせて戦おう。

(3) 彼女はとても楽しそうだ。
ア 夜半に激しい雨が降るそうだ。
イ 彼は集合時間に少し遅れるそうだ。
ウ 今年の冬は寒さが厳しいそうだ。
エ 明日は一日忙しくなりそうだ。

(4) 色彩のすばらしい、洗練された絵だ。
ア 彼が注文したのと同じ料理をください。
イ 子供たちのまっすぐな思いに感動する。
ウ 保存状態のよい着物を見せてもらった。
エ 夜遅くまで起きていたのが寝坊の原因だ。

(5) 途中まで進めておきながら、作業を中止した。
ア 考えていながら発言はしなかった。
イ 川原を歩きながら考え事をした。
ウ 話を聞きながらメモを取った。
エ ラジオを聴きながら新聞を読んだ。

(6) 風が吹くと森の木々はさやさやと音をたてた。
ア 家族と海外旅行に出かける。
イ 夏休みが近づくとわくわくする。
ウ 先生は、どちらでもいいとおっしゃった。
エ 相手の申し出をきっぱりと断った。

得点UP!
識別は、直前の語の品詞・活用形に着目して考えよう！

1 **次の文章の――線部①～⑤の助動詞の意味をそれぞれあとから選び、記号で答えなさい。**

卒業式が生徒の目に涙を浮かばせ①るのは、それが仲間との別れの日でもあるからだ②。もう二度とともに授業を受けることができない③。さまざまな出来事が思い出され④て、涙があふれることになるのであろう⑤。

ア 断定　**イ** 意志　**ウ** 推量　**エ** 希望
オ 伝聞　**カ** 使役　**キ** 自発　**ク** 否定（打ち消し）

①〔　　〕②〔　　〕③〔　　〕
④〔　　〕⑤〔　　〕

2 **次の文章の――線部①～④の助詞の種類を、あとからそれぞれ選び、記号で答えなさい。**

最近、登山者の数が増えていることが話題になっていますね①。観光客が増えて近くの市町村がにぎわうなど、良いことがさまざまにありますが②、一方で悪影響も出ていると③言われています。登山者の中には、悪天候でも無理をして登った結果、遭難する人さえ④出ているようです。

ア 格助詞　**イ** 接続助詞
ウ 副助詞　**エ** 終助詞

①〔　　〕②〔　　〕
③〔　　〕④〔　　〕

3 **次の各問いに答えなさい。**

(1) 次の文の――線部と同じ意味・用法のものをそれぞれあとから選び、記号で答えなさい。

① 昨日、自動車で家族と牧場に出かけた。
ア 日本は平和である。
イ やかんでお湯を沸かす。
ウ 彼は疲れていたようである。
エ シラコバトが飛んでいる。

〔埼玉〕〔　　〕

② 見た目どおりに絵を描くのは、簡単なことではない。
ア このアルバムには、彼らの思い出がたくさん詰まっている。
イ 雨の降る日は、近くの図書館で読書をして過ごしたものだ。
ウ あまりに小さいので、すぐに見つけることができなかった。
エ 集団で行動するときに、集合時間を守るのは大切なことだ。

〔京都―改〕〔　　〕

(2) 次の文の――線部と同じ意味・用法のものをそれぞれあとから二つずつ選び、記号の順に答えなさい。

① まず、アイディアを出して、その考えがよくないと思ったら、どんどん違うアイディアを出して乗り越えていくということを、全員がやるようにする。
ア 私と彼とはたがいに面識がない。
イ その絵は居間にふさわしくない。
ウ 文化祭まであと五日間しかない。
エ 君に励まされたことは忘れない。
オ 彼のあの言い方は穏やかでない。

〔岩手〕〔　　・　　〕

② 入学試験を受けるにあたって、たくさんの人から当日の体調を整えることの重要性を力説されたので、私はしっかりと朝食を取って試験会場に向かった。

ア 自転車のかぎを受け取った。
イ そういえば今日は祝日だった。
ウ 日本を一周する長い旅を終えた。
エ 苦しい状況でも彼は立ち上がった。
オ 窓の開いた部屋に虫が入ってくる。

［　・　］

4 次のア〜エから、——線部の語の意味・用法が他と異なるものをそれぞれ選び、記号で答えなさい。

(1)
ア 私は今から宿題に取り組もうと思う。
イ 君の提案について、前向きに考えておこう。
ウ あなたが本気ならば私も全力を出そう。
エ 僕と君と彼の三人で、実行委員会に入ろう。

［　　］

(2)
ア 今にも雨が降り出しそうだ。
イ この本はあの教授が書いたそうだ。
ウ この調子ならもうすぐ終わりそうだ。
エ 手に持っているとなくしてしまいそうだ。

［　　］

難問 (3)
ア 得意な国語さえ平均点くらいだった。
イ 風が強いうえに、雨さえ降ってきた。
ウ シュートさえ打たせてもらえない。
エ 彼女はワニやカバさえかわいいと言う。

［　　］

難問

5 次の文章の——線部ア〜エから、意味・用法が他と異なるものをそれぞれ選び、記号で答えなさい。

(1) 駅で突然、名前を呼ばれ（ア）た。振り返ると、小学校でよく一緒に遊んでいた友達がいた。彼に会うと決まって思い出され（イ）るのは、遠足に行ったとき、犬にほえられ（ウ）た僕が、手に持っていたお菓子を落としてしまったことだ。その犬にお菓子を食べられ（エ）てしまった僕に、彼がチョコレートを分けてくれたことで、僕たちは仲良くなったのだった。

［　　］

(2) もしもあなたが（ア）街角にいて、自分と全く同じ外見の人に出会ったら、どうするだろうか。その人が（イ）何者であるかを問いつめようとするだろうか。それとも、その人が見えなくなるところまで逃げようとするだろうか。そもそもそのような話は非現実的だという人もいるかもしれないが（ウ）、世界には、自分と全く同じ外見の人が（エ）自分を含めて三人いるということなので、そういったことも起こりうるだろう。

［　　］

(3) A君はある日、トンボをつかまえた。本当はカマキリをつかまえようと（ア）して草むらに来ていたのだが、目当てのカマキリを探していると（イ）偶然トンボの姿が目に入った。狙っていた獲物ではなかったが、A君はトンボをつかまえたことに満足し、両親に内緒で飼ってみたいと（ウ）考えた。でも、A君はトンボの飼い方を知らなかったので、逃がすことにした。A君は、家に帰ったらトンボの飼い方を調べてみようと（エ）思った。

［　　］

5 敬語表現

STEP 1 まとめノート

解答⇩別冊48ページ

① 敬語の種類 ★★★

相手や話題の人物に対する敬意を表す言葉を［①　　　　］といい、尊敬語・謙譲語・丁寧語の三つの種類に分けられる。

(1)［②　　　　］語

相手・相手のものや話題の人物を高めて表現した言葉。

例 校長先生が**いらっしゃっ**た。

例 その方も私の絵を**ご覧になっ**たそうですね。

例 いつ**お戻りになる**のですか。

(2)［③　　　　］語

相手・相手のものや話題の人物に対する敬意を示すために、**自分の動作を低めて**（へりくだって）表した言葉。

例 明日の三時にこちらに**参り**ます。

例 彼の絵は私も**拝見し**たのですが、すばらしいですね。

例 次の会議のときに**ご報告する**ことにします。

(3)［④　　　　］語

聞き手への敬意を表し、丁寧に表現した言葉。

例 ここが私の家**です**。

例 **お**飲み物を買っておき**ましょう**。

※敬語表現を用いる際は、特に尊敬語と謙譲語を誤用しないように注意する。「誰について述べているのか」を考え、相手（側）なら尊敬語、自分（側）なら謙譲語を用いるとよい。

② 形の決まった敬語表現 ★★★

言い回しや助動詞など、決まった形で相手に対する敬意を表すことができる。形式を覚えてしまおう。

（↳活用する付属語。敬語に関しては、動詞のあとにつく場合が多い。）

(1) **尊敬語**

● 言い回し…「**お（ご）～になる**」など

例 席を**お**立ち**になる**。

例 試合を**ご**観戦**になる**。

● 助動詞…**れる・られる**

例 先生はもう帰ら**れ**た。

● 接頭語・接尾語…敬意の対象に関係する言葉につける。

例 ○○**様**、**貴**社、妹**さん**、**お**住まい、**ご**両親、**ご**立派だ

(2) **謙譲語**

● 言い回し…**お（ご）～する**

例 荷物をお部屋まで**お**持ち**する**。

例 お部屋まで**ご**案内**する**。

● 接頭語・接尾語…自分に関係する言葉につける。

例 **拙**宅、**弊**社、わたくし**ども**、**粗**茶、**粗**品

(3) **丁寧語**

● 助動詞…**です・ます**

● 接頭語・接尾語…自分にも相手にも限定されない言葉につける。（尊敬語にも謙譲語にもならない場合、「**美化語**」ともいわれる。）

月　日

Check! 次の文の――線部を、適切な敬語表現に直しなさい。
状況を見て先生が判断する。　［⑤　　］

③ 特別な動詞による敬語表現 ★★★

敬語の中には、敬意を表す特別な動詞がある。重要な語ばかりなので、しっかり覚えよう。

●言う
尊敬語…**おっしゃる**
例 先生が「今日の授業は自習です」と**おっしゃる**。
謙譲語…**申す・申し上げる**
例 私が先生に「これは図書室の本です」と**申し上げる**。

●行く・来る
尊敬語…**いらっしゃる・おいでになる**
例 有名な作曲家が**いらっしゃる**。
謙譲語…**参る・うかがう**
例 明日、取引先の会社に**うかがう**ことになった。

●いる
尊敬語…**おいでになる**
例 校長先生が七時を過ぎても学校に**おいでになる**。
謙譲語…**おる**
例 母は今、会社に**おり**ます。

●する
尊敬語…**なさる**
例 教頭先生が担任の先生に確認を**なさる**。
謙譲語…**いたす**
例 何かわかれば、こちらから連絡**いたし**ます。

●食べる
尊敬語…**召し上がる**
例 お客様がカレーライスを**召し上がる**。
謙譲語…**いただく**
例 先輩のご厚意にあずかり、夕食を**いただく**。
↳思いやりの心。同音異義語「好意」と区別すること。

●見る
尊敬語…**ご覧になる**
例 先生が、部活動の様子を**ご覧になる**。
謙譲語…**拝見する**
例 先生の撮られた写真を**拝見する**。

●くれる
尊敬語…**くださる**　例 先生が不要になった本を**くださる**。

●もらう
謙譲語…**いただく**　例 先生から不要になった本を**いただく**。

●知る・思う
謙譲語…**存じる**　例 あなたのことは**存じ**ております。

Check! 次の文の――線部の敬語の種類をそれぞれあとから選び、記号で答えなさい。
a ぜひ拝見したいと思います。　［⑥　　］
b 今日の給食のメニューは八宝菜です。　［⑦　　］
c お客様は三時に来られました。　［⑧　　］
ア 尊敬語　イ 謙譲語　ウ 丁寧語

ズバリ暗記 尊敬語と謙譲語の使い分けは、主語が自分や身内かそれ以外の人かで判断しよう！

STEP 2 実力問題

解答 ⇩ 別冊48ページ

1 〔敬語の種類〕次の(1)〜(3)の文の――線部に含まれている敬語の種類をそれぞれあとからすべて選び、記号で答えなさい。

(1) お客様にお知らせします。〔　　〕
(2) 明日の遠足には、各自でお茶を持ってきなさい。〔　　〕
(3) デザインが変わったことには気づかれましたか。〔　　〕

ア 尊敬語　イ 謙譲語　ウ 丁寧語

2 次の各問いに答えなさい。

(1) 〔尊敬語〕次の語を尊敬語に直しなさい。
① 考える　② くれる　③ （相手の）会社
①〔　　〕②〔　　〕③〔　　〕

(2) 〔謙譲語〕次の語を謙譲語に直しなさい。
① 指摘する　② もらう　③ （自分の）著書
①〔　　〕②〔　　〕③〔　　〕

3 〔敬語の種類〕次の文の――線部を適切な敬語表現に書き直しなさい。

(1) お客様は、三時に来る予定です。
(2) 先生に少し話したいことがある。
(3) 昔はここに公園があった。
(4) 会場には、先生の両親の姿があった。
(5) 熱いうちに食べてください。
(6) では、お先に食べます。
(7) 私は、先生の子供のころの写真を見た。
(8) 先生は、私の子供のころの写真を見た。

(1)〔　　〕
(2)〔　　〕
(3)〔　　〕
(4)〔　　〕
(5)〔　　〕
(6)〔　　〕
(7)〔　　〕
(8)〔　　〕

ココがねらわれる
敬語を使うときに間違えやすいのは、尊敬語と謙譲語のどちらを使うかである。尊敬語・謙譲語の両方をしっかり覚えよう。

月　日

4 〔敬語表現〕次の文章の――線部①～⑤を、適切な敬語表現に書き直しなさい。

この電車には優先座席が①あります。②年寄りや体の不自由な方、妊娠(にんしん)中の方や乳幼児を③連れた方が④いたら、席をお譲(ゆず)りくださいますよう⑤お願いします。

① [ ]
② [ ]
③ [ ]
④ [ ]
⑤ [ ]

5 〔敬語表現〕次の文の――線部を適切な敬語表現に直して、一文すべてを書きなさい。

(1) 駅で先生に会って、先生のご家族のお話を聞いた。

(2) 先輩(せんぱい)は、自身の能力を高めるために、これまで一日も休まず練習してきた。

(3) 私はいつも、取引先に行くときは相手に手土産をやる。

(1) [ ]
(2) [ ]
(3) [ ]

重要

6 〔敬語表現〕次の文章から、誤った敬語表現が用いられている部分を一文節で抜(ぬ)き出し、適切な敬語表現に書き直しなさい。

(1) もしもし、○○保育園でしょうか。私は、来月、職場体験学習をさせていただくことになりました、△△市立△△西中学校の山田とおっしゃいます。どうぞよろしくお願いいたします。このことにつきまして、来週の月曜日か火曜日に打ち合わせにうかがいたいのですが、ご都合はいかがでしょうか。

誤 [ ]
正 [ ]

(2) みなさま、本日は暑い中お集まりいただき、ありがとうございます。では、これより、この広場の草抜きをはじめます。各自でご用意なさったゴミ袋(ぶくろ)に、抜いた草を入れていってください。金属ごみや、空きビン・空き缶(かん)などを発見された方は、私までご報告してください。終了(しゅうりょう)時刻は十一時ですが、こまめに水分補給をするなど、熱中症(しょう)にはくれぐれもお気をつけください。

誤 [ ]
正 [ ]

得点UP!

敬語は、敬語表現と主語の両方を合わせて確認しよう。

Check! 自由自在

人を示す尊敬語と謙譲語にどのようなものがあるか調べてみよう。

(↓別冊71ページ)

理解度診断テスト

本書の出題範囲 82～103ページ　解答⇩別冊49ページ

時間 35分

得点 /100点

理解度診断 A B C

月　日

1 次の文の――線部が直接かかる文節を、あとから選び、記号で答えなさい。（5点）

そういう親切なキットを売り出す人は、きっと入門者に対する親切心から、至れり尽くせりの状況を用意するのだろうし、そこまでしてやらないと、今の子どもたちは本当にものを作ろうとしない。

ア 親切心から　イ 用意するのだろうし
ウ 子どもたちは　エ しない

［　　］（福井）

2 次の文の――線部と同じ働きをしているものを、あとから選び、記号で答えなさい。（5点）

ならべながら、ふと『お菓子の本』に目をやったとき、ひとつの疑問がわいてきた。

ア 暖かい春がきた　イ 雰囲気が和んできた
ウ すぐに発見できた　エ 鼻につんときた

［　　］（山口）

3 次の各問いに答えなさい。（各5点）

(1) 次の文の――線部と活用の種類が同じ動詞をあとから選び、記号で答えなさい。

そして四〇〇〇メートルの場所まで下りたとき、詩人は突然ある強い感情に打たれた。

ア 外に出ると、日の光がまぶしく感じられた。
イ 夜空を見ると、空一面に星が輝いていた。
ウ 思い切り走ると、さわやかな気分になった。
エ 皆で演奏すると、力強い音が響いてきた。
オ 兄が来ると、家の中がにぎやかになった。

［　　］（新潟）

(2) 次の文の――線部の動詞の活用の種類と活用形の組み合わせとして最も適切なものをあとから選び、記号で答えなさい。

なぜ伐られてしまったのか理由はわからないが、おそらく大した理由はないであろう。

ア 五段活用―未然形　イ 五段活用―連用形
ウ 上一段活用―未然形　エ 上一段活用―連用形

［　　］（三重）

難問

4 次の文の――線部「たとえ」の働きを説明したものとして最も適切なものを、Ⅰ群のア～エから選び、記号で答えなさい。また、「たとえ」と同じ働きをもつ語として最も適切なものをⅡ群のカ～ケから選び、記号で答えなさい。（完答8点）

日本の都市には森林とよべるほどのものは稀であるが、たとえそれに類するものがあったとしても、それが本来の自然の森林とは量的質的に劣ることは致し方あるまい。

〔Ⅰ群〕
ア ある状態がどのくらいであるかを表す。
イ 下に決まった言い方を求める。
ウ ある動作がどのような様子で行われているかを表す。

エ　あとにつく体言（名詞）を修飾する。

〔Ⅱ群〕　カ　ゆっくり　キ　もっと　ク　もし　ケ　あらゆる

Ⅰ群［　　］　Ⅱ群［　　］〔京都〕

5　次の各問いに答えなさい。（各8点）

⑴　次の文の――線部「大いに」の品詞名として最も適切なものをあとから選び、記号で答えなさい。

時間と空間の制約を受けることなく、異質な人々がつながり合うことを技術的に可能にしたネットというい便利なシステムが、一方ではまた、同質な人々がつながり合うことを容易にする手段としても、大いに役立っています。

ア　動詞　イ　形容詞
ウ　連体詞　エ　副詞

［　　］〔愛媛―改〕

⑵　次の文の――線部「小さな」の品詞名を漢字で書きなさい。

私はもう端っこが擦り切れている小さなノートを取り出して、理佳子に渡した。

［　　］〔鹿児島〕

6　次の文の「よう」と同じ働き・意味で使われている「よう」を含む文をあとから選び、記号で答えなさい。（8点）

そこの絵の素晴らしさは色彩の美しさに尽きよう。

ア　太郎さん、明日は一緒にテニスをしよう。
イ　必ずやこの理想が実現するときが来よう。
ウ　ついに希望がかなうとはまるで夢のよう。
エ　やっと宿題が終わったのですぐに寝よう。

［　　］〔滋賀―改〕

7　次の文に「胸の内で」とあるが、この中で用いられている「で」の品詞名を漢字で書きなさい。また、この「で」と異なる品詞の「で」を用いたものをあとから選び、記号で答えなさい。（完答8点）

胸の内で、ひとり不安な気持ちとたたかっていた理央は、ほっと息をもらした。

ア　弟と妹は仲良く遊んで、公園から帰ってきた。
イ　二つ年上の私の姉は看護師で、明るい性格の持ち主だ。
ウ　いつもどおり自転車で、夕食の買い物に出かけた。
エ　近所の山で、来年の夏休みにはキャンプをする予定だ。

品詞名［　　］［　　］〔徳島〕

8　次の文の「掛けられた」の「られ」と同じ働きのものをあとから選び、記号で答えなさい。（8点）

網を掛けられた白いゴールポスト。

ア　春の気配が感じられた。
イ　手伝いをして母にほめられた。
ウ　難問にやっと答えられた。
エ　先生が退職を迎えられた。

［　　］〔長崎〕

9 次の文の――線部の「ない」と同じ意味・用法のものを、あとから一つ選び、記号で答えなさい。(8点)

これは本物ではない。

ア いくら考えてもこのパズルが解けない。
イ 薬を飲んだので頭はもう痛くない。
ウ 例年と比較すると積雪がかなり少ない。
エ 彼の言葉がどうしても忘れられない。
オ 体育祭の翌日だが疲れは全くない。

〔　　〕(福島―改)

10 A中学校の小林さんは、自由研究のレポートを書くために博物館を訪れた。次の会話の――線部のうち、敬語の使い方が適切なものを一つ選び、記号で答えなさい。(8点)

小林「こんにちは、A中学校の小林です。今日は、郷土の歴史を調べにうかがいました。よろしくお願いします。」
職員「こんにちは。先日連絡をくれた小林さんですね。今日はゆっくり見学していってください。」
小林「館内では写真をお撮りになってよろしいですか。」
職員「一般展示しているものなら大丈夫です。」
小林「ありがとうございます。見学後に質問したいことがあるのですが、どなたに質問なさるとよろしいですか。」
職員「どのような質問ですか。内容に応じて、専門の者を紹介します。」
小林「江戸時代について存じ上げている方をお願いします。」
職員「私の専門なので、後で声をかけてください。」

〔　　〕(栃木)

難問

11 次の会話は、PTA主催のレクリエーションで食堂の係になった中学生の山田さんとお客さんが話した内容の一部である。――線部ア〜カから、敬語の使い方が適切でないものを二つ選び、記号で答えなさい。(完答8点)

山田さん「いらっしゃいませ。何になさいますか。」
お客さん「カレーライスをください。辛口はありますか。」
山田さん「辛口はありませんが、小袋の辛みスパイスを差し上げますので、お好みでかけて、いただいてください。お使いになりますか。」
お客さん「では、辛みスパイスをください。」
山田さん「分かりました。ほかに必要なものがありましたら、遠慮なく申し上げてください。」
お客さん「ありがとう。大丈夫です。」
山田さん「では、準備ができましたら、お呼びします。」

〔　・　〕(福島)

難問

12 次の文の「行きたいと思っている」を、謙譲語と丁寧語を使って適切な表現に書き直しなさい。(8点)

久しぶりに先生にお会いしたいので、卒業式が終わりましたら、先生を訪ねて、小学校に行きたいと思っている。

〔　　〕(北海道)

第3章 表現する力

1 いろいろな文章の書き方

STEP 1 まとめノート

解答⇩別冊50ページ

① 文章を書く手順 ★★★

(1) 主題を決める

作文を書く際には、まず、伝えたいことの〔①　　〕を決め、それを伝えるための具体的な意見や体験をメモしておく。

(2) 文章の構成を決める

論理的な作文にするためには、文章の〔②　　〕を決め、組み立てる必要がある。

● **三段落構成…序論・本論・結論**
序論＝話題提示　本論＝様々な意見や考え　結論＝まとめ

例〔序論〕近年、孤食(こしょく)が増えているといわれている。……

〔本論〕家族と一緒(いっしょ)に食事をすることは、食事を楽しくするだけでなく、一緒に味わうことで食べ物をおいしくし、……

〔結論〕なるべく、家族と一緒に食事をする時間をもちたいと思う。

● **四段落構成…起・承・転・結**
起＝話題提示　承＝意見や考え　転＝別の意見や考え　結＝まとめ

例〔起〕私は、ボランティア活動に参加した。

〔承〕一度目に参加したときには、積極的に行動できず、周りの大人に指図されるままに動くことしかできなくて悔(くや)しかった。

〔転〕しかし、二度目に参加したときには、自分で考えて、もっと人のために働きたいと思えるようになった。

〔結〕いろいろな人と関わることで、自分が大きく成長できると実感した。

② 意見を述べる ★★★

(1) 自分の立場を明確にする

テーマに対して、自分は「**賛成**」か「**反対**」かの、どちらの立場に立つのかをはっきり示す必要がある。

(2) 根拠(こんきょ)を示す
理由となるもの。

自分の意見をはっきり示すためには、意見に続けて、「**〜のような体験をしたからだ。**」「**〜ということを見聞きしたからだ。**」など、そう考える理由となる〔③　　〕を示すことも大切である。

(3) 文末表現を工夫(くふう)する

文末の表現によって、その文から受ける印象は大きく変わってくる。

● **問題提示**…「〜だろうか。」「〜なのか。」
● **断定表現**…「〜である。」「〜だからだ。」「〜なのだ。」

(4) 説得力のある表現をする

段落と段落をつなぐ際に適切な接続語を使うと、説得力が増す。

● **逆接**(しかし、だが、けれども)
→自分の意見が正しいことを強調するために、前の文を否定してから自分の言いたいことを述べる。
● **換言**(かんげん)(つまり、すなわち、したがって)
→前の文で主張したことを、言い換(か)えてまとめる。
● **理由**(なぜなら、というのは)
→前の文で主張したことを具体的に説明する。

3 条件作文での注意 ★★★

(1) 条件に合った書き方をする

入試問題などで作文が出題されるときには、条件が与(あた)えられていることが多い。

- **何を書くのか**…書くべき内容。
- **どのように書くのか**…字数制限、段落設定など。

(2) 資料を読みとる

条件作文では、絵や写真、グラフなどの資料が与えられていることも多い。

- 絵や写真の、どの部分が**印象に残った**か。
- グラフの**変化の大きい部分**はどこか。

→**最も数値の高い項目(こうもく)**や、**最も数値の低い項目**に着目する。

- グラフから、何がわかるか。

→全体的に増えているのか、減っているのか。

ズバリ暗記 グラフを読みとるときには、最も変化の大きい部分に注目する！

4 原稿(げんこう)用紙の使い方 ★★★

(1) 書き出し

題名を書く場合は、一行目に**上から二、三マス**分空けて書く。書き出しや、段落のはじめは、[④　　]マス空けて書き始める。

(2) 改行

[⑤　　]を変えるときは改行し、次の段落のはじめの一マスを空けて書く。

[⑥　　]を書くときは、「 」（カギかっこ）をつけて、改行して書く。

(3) 一マスに一字が原則

文字だけでなく、**読点（、）**や**句点（。）**、**カギかっこ（「 」）**なども、**一マスに一字**入れるのが原則。

5 推敲(すいこう) ★★★

推敲＝文章を練り直すこと。

(1) 文体の統一

文体は、[⑦　　]（「**だ・である調**」）か、[⑧　　]（「**です・ます調**」）のどちらかに統一する。

(2) 主語・述語のねじれ

主語に対する述語が、きちんと対応した表現になっているかどうかを確認(かくにん)する。

Check! 次の文の〜〜線部を、主語に対応した述語に書き直しなさい。

×「ぼくの**夢は**、野球選手になりたい。」

[⑨　　]

(3) 呼応の副詞の対応

決まった言い方を導く副詞に対応した表現になっているかどうかを確認する。

（副詞＝自立語で活用がなく、主に用言を修飾する。）

Check! 次の[　]に入る副詞を答えなさい。

- [⑩　　]、明日雨が降ったら、試合は中止だ。
- [⑪　　]、明日雨が降っても、試合は実施(じっし)する。
- 明日の試合は、[⑫　　]勝てるだろう。

解答⇩別冊51ページ

ココがねらわれる
作文は、ほとんどの入試で出題されているので、二百字程度で自分の意見がまとめられるように、しっかり学習しておこう！

※解答欄は省略します。

1 〔意見文〕「他者からの学び」について、体験をとおして、あなたが感じたことや考えたことを、百六十字以上二百字以内で書きなさい。〔宮城〕

2 〔条件作文〕図書委員会では、全校生徒に読書のすばらしさを伝えるために、「本は□だ」という標語を作ることにした。話し合いの中で、左の六つが候補となり、その中から一つを選ぶことにした。あなたならどれを選ぶか。選んだ理由も含め、次の〈注意〉に従ってあなたの考えを書きなさい。

〈注意〉
(1) 左の候補の中から一つ選んで書くこと。
(2) 選んだ標語の比喩表現について説明すること。
(3) 二百四十字以上三百字以内で書くこと。

候補
・本は友だちだ
・本は遊園地だ
・本は宝箱だ
・本は先生だ
・本はタイムマシンだ
・本は世界地図だ
〔栃木〕

3 〔条件作文〕あなたの中学校では、「ボランティア活動」として、次の1～3の三つの活動を行うことになっている。これらの活動に参加するにあたり、国語の授業で「ボランティア活動」について、意見交換をすることになり、一人一人が自分の考えを文章にまとめることにした。次の1～3の中からあなたが参加しようと考える活動を一つ選び、あとの〈注意〉に従って、あなたの考えを書きなさい。

1 小さい子どもの遊び相手になる保育活動（保育活動）
2 美しいまちをつくるための美化活動（美化活動）
3 お年寄りや困っている人を助ける福祉活動（福祉活動）

〈注意〉
(1) 一段落目にはあなたが参加しようと考える活動を、二段落目にはその理由を書くこと。
(2) 作文の中で、1、2、3の活動を示すときは、それぞれ、保育活動、美化活動、福祉活動と表現してよいものとする。
(3) 段落や構成に注意して、自分の体験（見たこと聞いたことなども含む）をふまえて書くこと。
(4) 文章は、十三行以上十五行以内で書くこと（一行十五字詰め）。
(5) 原稿用紙の正しい使い方に従って、文字、仮名遣いも正確に書くこと。
(6) 題名・氏名は書かないで、一行目から本文を書くこと。〔埼玉〕

4 〔条件作文〕郷土の料理が給食に出されることになったので、給食委員の石川さんは、全校生徒の関心を高めたいと思い、生徒会新

月　日

聞で特集記事を書くことにした。次のA〜Cは石川さんが考えた生徒会新聞の見出しの案である。

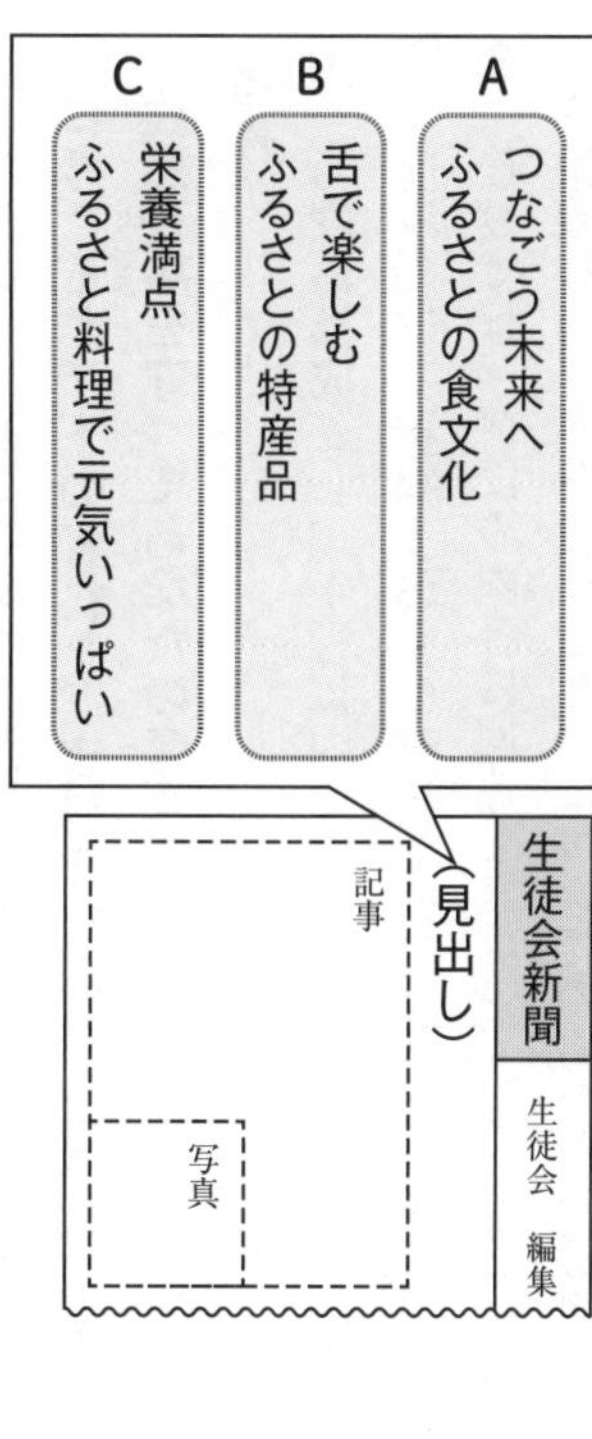

あなたは、生徒会新聞の見出しとして右のA〜Cのどれがよいと考えるか。どれか一つを選びなさい。次に、あなたがその見出しを選んだ理由を、他の二つの見出しと比較して書きなさい。ただし、次の〈注意〉に従うこと。

〈注意〉
(1) 題名や氏名は書かないこと。
(2) 書き出しや段落のはじめは一字下げること。
(3) 文章は、六行以上八行以内で、縦書きで書くこと（一行二十字詰め）。
(4) 理由の部分では、見出しAをA、見出しBをB、見出しCをCと書いてもよい。〔岐阜〕

重要 **5** 〔意見読みとり型課題作文〕次は、こうへいさんと、さおりさんの会話の一部である。この会話を参考にして、「公園にゴミ箱を置かないこと」に対するあなたの考えや意見を、あとの〈注意〉に従って書きなさい。

こうへいさん 最近、家の近くの公園のゴミ箱が撤去されたんだよ。
さおりさん それは不便だね。どうして、公園のゴミ箱は撤去されたのかな。
こうへいさん 公園のゴミ箱については、「置くほうがよい」、「置かないほうがよい」、それぞれに考え方があるようだよ。

〈注意〉
(1) 題名は書かずに本文から書き出しなさい。
(2) あなたの考えや意見と、その根拠を明確にして書きなさい。
(3) あなたの考えや意見が的確に伝わるように書きなさい。
(4) 原稿用紙の使い方に従い、全体を百六十字以上二百字以内にまとめなさい。〔三重〕

重要 **6** 〔グラフ読みとり型条件作文〕次の資料は、Aさんが発表のために用意した社会意識に関する調査の一部である。

この資料は、「日ごろ、社会の一員として、何か社会のために役立ちたいと思っているか」という問いに対して、各年齢層における「思っている」と答えた人の割合を、平成十四年度と平成二十三年度の調査結果について、それぞれ示したものである。この資料を見て、「社会貢献」についてのあなたの考えを〈条件〉に従って書きなさい。

〈条件〉
(1) 題名などは書かないで、本文を一行目から書き始めること。

〈資料〉

日ごろ，社会の一員として，何か社会のために役立ちたいと思っているか

平成23年度　平成14年度

70歳以上
60～69歳
50～59歳
40～49歳
30～39歳
20～29歳

0　20　40　60　80%

（注）調査対象は20歳以上の男女。

〔内閣府「平成23年度社会意識に関する世論調査」ほかより作成〕

(2) 二段落構成とし、前の段落では、資料から読みとったことについて書き、あとの段落では、それをふまえて「社会貢献」についてのあなたの考えを書くこと。

(3) 全体が筋の通った文章になるようにすること。

(4) 漢字を適切に使い、原稿用紙の正しい使い方に従って、十行から十三行の範囲におさめること（一行二十字詰め）。

〔徳島〕

---

7 〔グラフ読みとり型条件作文〕次のグラフは、漢字について調査した結果である。このグラフを見て、次の問いに答えなさい。

あなたは、「手書きで漢字を書くことと、情報機器（ワープロ、パソコン、携帯電話等）で漢字を使うこと」について、どのように考えるか。下の資料1、資料2をふまえて、次の条件に従い、注意事項を守ってあなたの考えを書きなさい。

〈条件〉

(1) 二段落構成とし、十行以内で書くこと（一行二十字詰め）。

(2) 前段では、**資料1**および**資料2**から読みとったことを書くこと。

(3) 後段では、前段の内容に関連した、「手書きで漢字を書くことと、情報機器で漢字を使うこと」についてのあなたの考えを書くこと。ただし、**資料1**に示された漢字（「応」、「鬱」）以外の漢字を例としてあげ、その漢字についてのあなたの体験に触れながら書くこと。

〈注意事項〉

(1) 氏名や題名は書かないこと。

(2) 原稿用紙の適切な使い方に従って書くこと。ただし、〜や──などの記号を用いた訂正はしないこと。

〔資料1〕

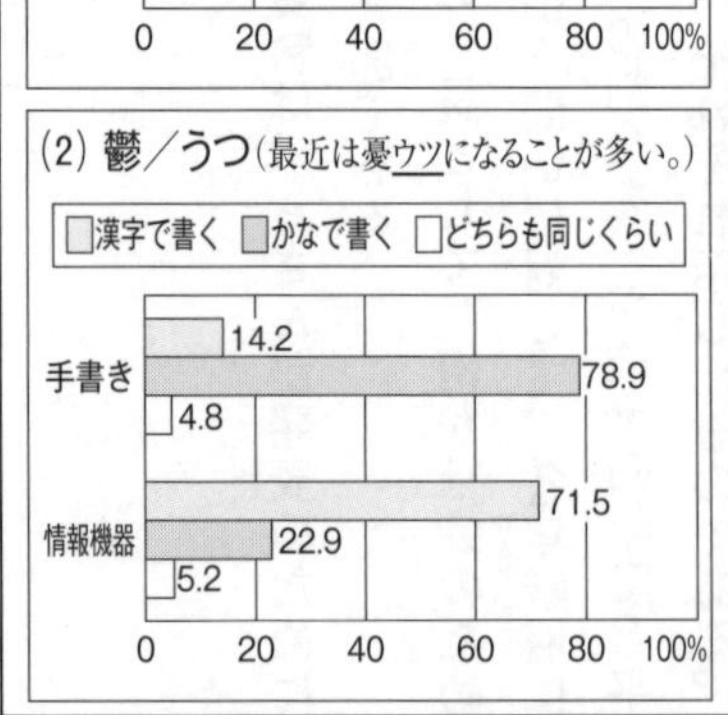

〔平成18年度「国語に関する世論調査」（文化庁）により作成〕

〔資料2〕

「漢字を正確に書く力が衰えた」と思う人の割合

（%）	平成13年度	平成23年度
16～19歳	26.4	48.7
20代	44.1	74.9
30代	57.7	77.6
40代	51.8	79.5
50代	45.1	71.7
60歳以上	26.5	55.6

〔平成23年度「国語に関する世論調査」（文化庁）により作成〕

〔千葉〕

得点UP! 作文では、自分の立場を明確に示すことが大切！

第4章 語彙の力

1 漢字の読み（部首・画数）

STEP 1 実力問題

ココがねらわれる
部首や総画数に関する問題は、行書体で出題されることが多いので、しっかり学習しておこう。

解答⇩別冊53ページ

月　日

1 〔総画数〕次の行書で書かれた漢字を楷書（かいしょ）で書いたとき、「区」と同じ総画数のものを次から選び、記号で答えなさい。

ア 成　イ 円　ウ 已　エ 可

〔　　〕〔茨城〕

重要 **2** 〔総画数〕次の行書で書かれた漢字を楷書で書いたとき、総画数が同じになるものはどれとどれか。次から二つ選び、記号で答えなさい。

ア 速　イ 泣　ウ 級
エ 設　オ 茶

〔　　・　　〕〔山梨〕

3 〔総画数〕「両」を楷書で書いたときの総画数は何画か。数字で答えなさい。

〔　　画〕〔山口〕

4 〔総画数〕次の行書で書かれた漢字を楷書で書いたときの総画数を、数字で答えなさい。

護

〔　　画〕〔高知〕

5 〔漢字の読み〕次の文中の——線部①～④について、漢字の読みを平仮名（ひらがな）で書きなさい。

(1) 山村留学に参加した兄は、留学先でその土地の文化を①紹介されたそうだ。都市部とは②異なる風習や考え方に、③驚いたり④戸惑ったりしたこともあったらしい。

①〔　　〕②〔　　なる〕
③〔　　いたり〕④〔　　ったり〕

(2) テレビの特集で、日本のさまざまな職人を途上国（とじょうこく）に①派遣するという②企画が紹介されていた。彼（かれ）らが住民から喜んで③迎えられ、道路の④舗装工事に取り組んでいる様子を見、感銘（かんめい）を受けるとともに、自分も何かしなければという衝動（しょうどう）に駆られた。

①〔　　〕②〔　　〕
③〔　　え〕④〔　　〕

(3) ①滑走路から飛び立った小型飛行機は、上空で軽(かろ)やかに②旋回してみせた。空は青く③澄んでおり、見上げる人々の目に、機体の白はとても④鮮やかに映った。

① [　　] ② [　　]
③ [　　んで] ④ [　　やか]

重要

6 〔漢字の読み〕次の——線部の漢字の読みを平仮名で書きなさい。

(1) 技術の進歩が著しい。
(2) 対立を回避する。
(3) 恩師を慕う。
(4) 定員になり次第締(し)め切る。
(5) さまざまな年齢の読者。
(6) パン生地をこねる。
(7) 空に雲が浮かぶ。
(8) 運動場へ駆け出す。
(9) 彼の発言には矛盾がある。
(10) 書斎に閉(と)じこもる。
(11) 収集品を見せびらかす。
(12) 日ざしに夏の名残がある。

(1) [　　しい] (2) [　　] (3) [　　う]
(4) [　　] (5) [　　] (6) [　　]
(7) [　　かぶ] (8) [　　け] (9) [　　]
(10) [　　] (11) [　　] (12) [　　]

7 〔漢字の音訓〕次の熟語の読み方は、あとのどれになるか。それぞれ記号で答えなさい。

(1) 荷物 (2) 宿屋 (3) 愛情 (4) 役目

ア 訓読み＋訓読み　イ 音読み＋音読み
ウ 訓読み＋音読み　エ 音読み＋訓読み

(1) [　　] (2) [　　] (3) [　　] (4) [　　]

8 〔漢字の音訓〕熟語の読み方として、音と訓の組み合わせ方が「番組」と同じであるものを次から選び、記号で答えなさい。

ア 野原　イ 手本　ウ 客間　エ 雨音

[　　]

9 〔漢字の部首〕次の漢字の部首と部首名を答えなさい。

(1) 利 (2) 院 (3) 登 (4) 情

(1) 部首 [　　] 部首名 [　　]
(2) 部首 [　　] 部首名 [　　]
(3) 部首 [　　] 部首名 [　　]
(4) 部首 [　　] 部首名 [　　]

得点UP!
発音をもとにした読み方を「音読み」、意味をあてはめた読み方を「訓読み」という。

STEP 2 発展問題

解答 ⇩ 別冊53ページ

1 次の漢字を説明したあとの文章の［①］に入る語句を書きなさい。また、［②］に入る語句をあとから選び、記号で答えなさい。

照

行書で書かれたこの漢字の部首名は、［①］であり、漢字の成り立ちとしては、音を表す部分と意味を表す部分が組み合わされた［②］文字に分類される。

ア 指事　イ 象形　ウ 会意　エ 形声

①［　　］ ②［　　］〔北海道〕

2 次の漢字の部首名を書きなさい。また、楷書(かいしょ)で書いた場合の総画数と同じ画数になる漢字をあとから選び、記号で答えなさい。

複

ア 遠　イ 確　ウ 増　エ 報

部首名［　　］ 記号［　　］〔群馬〕

難問

3 漢字を行書で書くとき、楷書と異なる筆順で書くことがある。楷書と異なる筆順で書いてあるものを次から一つ選び、記号で答えなさい。

ア 出　イ 何　ウ 楽　エ 書

［　　］〔三重〕

4 次の問いに答えなさい。

(1) 次の行書で書かれた漢字の部首名を書きなさい。

(2) この部首と組み合わせたとき、常用漢字表にある、正しい漢字になるものをあとから選び、記号で答えなさい。

秋

ア 音　イ 責　ウ 成　エ 含

(1)［　　］ (2)［　　］〔鹿児島〕

5 次の文中の――線部①～④について、漢字の読みを平仮名(がな)で書きなさい。

(1) 土地に古くから伝わる手工業が①廃れることのないよう、家業を②継ぐことを決意した。この決意を貫(つらぬ)くために③帰郷し、資金集めや協力者探しに④奔走する毎日だ。

①［　　れる］ ②［　　ぐ］
③［　　］ ④［　　］

月　日

(2) 友人だからといってその言動に①干渉するのは、②愚かな行いだ。本の中のこの一節は、私の心を③揺らした。以後、私は、友人たちを尊重できるよう④努めている。

①［　　］ ②［　　かな］
③［　　らし］ ④［　　めて］

6 次の――線部の漢字の読みを平仮名で書きなさい。

(1) 優勝するまでの軌跡をたどる。
(2) 心身の鍛錬を怠（おこた）らない。
(3) 峡谷を橋から見下ろす。
(4) 最後まで意志を貫く。
(5) 綱（つな）を手繰り寄せる。

(1)［　　］ (2)［　　］ (3)［　　］
(4)［　　く］ (5)［　　り］

〔青森〕

7 次の――線部の漢字の読みを平仮名で書きなさい。

(1) 棚（たな）に陳列された商品を手に取る。
(2) 弁論大会の入賞者に記念品が贈呈される。
(3) 在校生が襟を正して卒業生代表の話を聞く。
(4) 校庭から、子供たちの弾んだ声が聞こえてくる。
(5) 災害発生時に迅速な行動が取れるよう訓練を行う。

(1)［　　］ (2)［　　］ (3)［　　］
(4)［　　んだ］ (5)［　　］

〔東京〕

8 次の――線部の漢字の読みを平仮名で書きなさい。

(1) いとしい思いに胸を焦がす。
(2) 生活の基盤を固める。
(3) 人ごみに紛れて姿を見失う。
(4) 渓流で釣（つ）りをする。
(5) 他の凡庸な作品とは異なる。
(6) 雨が降って大地が潤う。
(7) 閑静な住宅街に住む。
(8) 話の矛盾を指摘（してき）する。
(9) 石炭を採掘する。

(1)［　　がす］ (2)［　　］ (3)［　　れて］
(4)［　　］ (5)［　　］ (6)［　　う］
(7)［　　］ (8)［　　］ (9)［　　］

〔岐阜―改〕

9 次の漢字の読みを平仮名で書きなさい。

(1) 特徴　(2) 相互　(3) 奪い
(4) 背丈　(5) 抑えて　(6) 敷かれて
(7) 一因　(8) 扱い

(1)［　　］ (2)［　　］ (3)［　　い］
(4)［　　］ (5)［　　えて］ (6)［　　かれて］
(7)［　　］ (8)［　　い］

〔長野〕

2 漢字の書き

STEP 1 実力問題

解答⇩別冊54ページ

ココがねらわれる
漢字の書きとりの問題は、ほとんどの入試で出題されるので、普段からこつこつと学習しておこう！

月　日

1〔漢字の書き〕次の——線部の片仮名を漢字で書きなさい。

(1) 間違いをシテキする。
(2) 説明を聞いてナットクする。
(3) 新しい友達をショウカイする。
(4) 作物をシュウカクする。
(5) 環境ハカイについて考える。

(1)〔　　〕(2)〔　　〕(3)〔　　〕
(4)〔　　〕(5)〔　　〕

2〔漢字の書き〕次の文中の——線部①〜⑤について、片仮名を漢字で書きなさい。

(1) 校内新聞の①ヘンシュウをしていて、表現の②アヤマりに気づいた。それは、③エイガの鑑賞記事の中の一文だった。「事態を④シュウシュウする」と書くところを、同音の「切手⑤シュウシュウ」のシュウシュウと間違えて書いていたのだ。

①〔　　〕②〔　　り〕③〔　　〕
④〔　　〕⑤〔　　〕

(2) その①メイロウな青年は、病院に②ツトめている。患者の様子をいつも注意深く見守り、決して③ユダンすることがない。いつも適切な④ハンダンを下そうと⑤ツトめている。

①〔　　めて〕②〔　　〕③〔　　〕
④〔　　めて〕⑤〔　　〕

(3) 社会の①フウチョウとして、人の外見、見た目の②スガタかたちに③カチを見出しがちである。しかし、必要なとき、そっと誰かにバスの④ザセキをゆずったり、相手の気持ちを⑤サッして思いやれることも、カチのあることだ。

①〔　　〕②〔　　〕③〔　　〕
④〔　　〕⑤〔　　して〕

3〔漢字の書き〕次の——線部の片仮名を漢字で書きなさい。

(1) 旅行の①ケイカクを②メンミツに立てる。
(2) 友人の①チュウコクに、日ごろの行いを②ハンセイする。
(3) 祖父の容体が小康を①エて、②コウフクな気持ちになる。
(4) この絵は①インショウ的で、非常に②センレンされている。
(5) ①マドを開け、五月②ナカばのさわやかな風を吸いこむ。
(6) 湖が①アツい氷に覆われる冬、母は毛糸でセーターを②アむ。
(7) 地球①キボで物事を考えられるよう、②シヤを広げる。
(8) 遠足が①ダイナしにならぬよう、晴天を②ネガう。

(1) ①〔　　〕②〔　　〕

(2) ①〔　〕 ②〔　〕
(3) ①〔　て〕 ②〔　〕
(4) ①〔　〕 ②〔　〕
(5) ①〔　〕 ②〔　ば〕
(6) ①〔　い〕 ②〔　む〕
(7) ①〔　〕 ②〔　〕
(8) ①〔　し〕 ②〔　う〕

重要

4 **〔送り仮名〕次の――線部の片仮名を漢字に送り仮名をつけて書きなさい。**

(1) 遠くの景色をナガメル。
(2) 難しい問題にイドム。
(3) 友人の家をオトズレル。
(4) 先生からキビシク指導を受ける。
(5) ケワシイ山に登る。
(6) 長い時間をツイヤス。

(1)〔　〕 (2)〔　〕 (3)〔　〕
(4)〔　〕 (5)〔　〕 (6)〔　〕

5 **〔送り仮名〕次の――線部の送り仮名が正しければ○、間違っていれば適切に書き直しなさい。**

(1) 法律を定める。 (2) 商店を営なむ。
(3) 危い目にあう。 (4) 方針を示す。
(5) 意見をはっきりと述べる。

(6) 計算の答えを確める。
(7) 風呂(ふろ)で温たまる。
(8) 気持ちが表情に表れる。

(1)〔　〕 (2)〔　〕 (3)〔　〕
(4)〔　〕 (5)〔　〕 (6)〔　〕
(7)〔　〕 (8)〔　〕

6 **〔漢字の書き〕次の――線部の漢字が正しければ○、間違っていれば適切に書き直しなさい。**

(1) 他人に迷惑をかけない。
(2) 効卒よく仕事を進める。
(3) 天文学に間心がある。
(4) 来年のチャンスに期持する。
(5) 簡単な文にまとめる。
(6) 機械を繰作する。
(7) 不思議なことが起こる。
(8) 交通標織に従う。

(1)〔　〕 (2)〔　〕 (3)〔　〕
(4)〔　〕 (5)〔　〕 (6)〔　〕
(7)〔　〕 (8)〔　〕

得点UP!

「送り仮名」は基本的に、活用する部分からつける。

解答⇨別冊55ページ

月　日

1 次の文章中の――線部①～⑥について、片仮名を漢字で書きなさい。

(1) 初夏、山は新緑に①ソまる。少したつと葉がうっそうと②シゲり、森の中を歩いても、木の間から少しの陽光が③トドくばかりだ。秋には紅葉した葉が日に④テらされ、きらきら⑤カガヤく。赤や黄色の落ち葉を⑥ヒロうのは楽しみの一つだ。

①〔　　まる〕 ②〔　　り〕 ③〔　　く〕
④〔　　らされ〕 ⑤〔　　く〕 ⑥〔　　う〕

(2) 彼(かれ)は、①ザユウの銘(めい)を聞かれて②ビジ麗句(れいく)を並べるような男ではない。そっと闘志(とうし)を③モやし、黙(だま)って④ケワしい山の⑤イタダキに挑(いど)む。目標達成のためなら、苦労は⑥カってでもせよというようなタイプなのだ。

①〔　　〕 ②〔　　〕 ③〔　　やし〕
④〔　　しい〕 ⑤〔　　〕 ⑥〔　　って〕

(3) 扇子(せんす)をこしらえることにした。波が①オりなすパターンや、蛍(ほたる)が飛び②カう様子など、さまざまな③モヨウがある。雨水が④タれる様子を表したものや、空が夕日で⑤ヤける様子を描(え)いたものもいい。こうなると、⑥マヨってなかなか決められない。

①〔　　り〕 ②〔　　う〕 ③〔　　〕
④〔　　れる〕 ⑤〔　　ける〕 ⑥〔　　って〕

2 次の――線部の片仮名を漢字で書きなさい。

(1) 生徒会長の実行力にケイフクする。
(2) ゆかたを作るためにサイスンする。
(3) 早朝の高原でさわやかな空気をスう。
(4) 長距離(きょり)走で前を行く走者との差をチヂめる。
(5) 説明文を読み、要旨(ようし)をカンケツにまとめる。
(6) 惑星(わくせい)探査機がウチュウから帰還(きかん)する。
(7) 庭のかきの実が、赤くジュクしてきた。
(8) この春、新しい科学雑誌がソウカンされる。
(9) 文化祭で発表するエンゲキの脚本(きゃくほん)を担当する。

(1)〔　　〕 (2)〔　　〕 (3)〔　　う〕
(4)〔　　める〕 (5)〔　　〕 (6)〔　　〕
(7)〔　　して〕 (8)〔　　〕 (9)〔　　〕

〔東京―改〕

3 次の――線部の片仮名を漢字で書きなさい。

(1) 公園にドウゾウが建つ。
(2) 祖母に小包をユウソウする。
(3) 楽器のエンソウをする。
(4) 水中のサンソが不足する。
(5) 駅前に店をカマえる。
(6) この地図のシュクシャクは五万分の一だ。
(7) 「モナ・リザ」は有名なカイガだ。

(8) ボウエキの自由化が進む。
(9) 作品をヒヒョウする。

(1)［　］ (2)［　］ (3)［　］
(4)［　］ (5)［　える］ (6)［　］
(7)［　］ (8)［　］ (9)［　］
〔岐阜―改〕

難問

4 次の――線部の片仮名を漢字で書きなさい。

(1) 老人ホームをイモンする。
(2) 両者のキンコウを保つ。
(3) 実力がハクチュウしている。
(4) 詩がカサクに入選した。
(5) 旧友とグウゼン会った。

(1)［　］ (2)［　］ (3)［　］
(4)［　］ (5)［　］
〔明治大付属明治高―改〕

5 次の――線部の片仮名を漢字に送り仮名をつけて書きなさい。

(1) 机を窓側にヨセル。
(2) 世界記録をヤブル。
(3) 賞賛の声をアビル。
(4) 門前町として町がサカエル。
(5) 長い髪(かみ)をタバネル。
(6) 委員長に司会をマカセル。

(1)［　］ (2)［　］ (3)［　］
(4)［　］ (5)［　］ (6)［　］
〔群馬―改〕

6 次の――線部の片仮名を漢字に送り仮名をつけて書きなさい。

(1) 医者をココロザス。
(2) 久しぶりに顔をオガム。
(3) 枯(か)れ葉がチル。
(4) 矢で的をイル。
(5) 月が西の空にカタムク。
(6) 忠言は耳にサカラウ。
(7) イサム心を抑(おさ)える。
(8) 正月にシタシイ縁者(えんじゃ)が集まる。

(1)［　］ (2)［　］ (3)［　］
(4)［　］ (5)［　］ (6)［　］
(7)［　］ (8)［　］
〔愛媛―改〕

7 「治」を行書で次のように書いた。○で囲んだ①・②の部分には、楷書(かいしょ)で書いたときとは異なる特徴(とくちょう)がみられる。その組み合わせとして最も適切なものを次から選び、記号で答えなさい。

①治②

ア ① 点画が独立している　② 折れが角張っている
イ ① 点画が独立している　② 折れが丸みを帯びている
ウ ① 点画が連続している　② 折れが角張っている
エ ① 点画が連続している　② 折れが丸みを帯びている

［　］
〔栃木〕

3 語句の問題

STEP 1 実力問題

ココがねらわれる
漢字の書きとりの問題で、同音同訓の漢字が問われることが多いので、それぞれの漢字の使い分けをしっかり覚えておこう！

解答⇩別冊55ページ

月　日

1 〔熟語の成り立ち〕「存在」と熟語の成り立ちが同じものを次から選び、記号で答えなさい。

ア 喜劇　イ 未定　ウ 映像　エ 温暖

〔　　〕〔栃木〕

重要 **2** 〔熟語の成り立ち〕「衰退」の熟語の成り立ちを説明したものとして最も適切なものを次のⅠ群（ア～エ）から選び、記号で答えなさい。また、「衰退」と同じ成り立ちの熟語として最も適切なものをあとのⅡ群（カ～ケ）から選び、記号で答えなさい。

〔Ⅰ群〕
ア 上の漢字が下の漢字を修飾している。
イ 上の漢字と下の漢字が主語と述語の関係にある。
ウ 上の漢字と下の漢字が似た意味をもっている。
エ 下の漢字が上の漢字の目的や対象を示している。

〔Ⅱ群〕
カ 洗顔　キ 探求　ク 多数　ケ 雷鳴

Ⅰ群〔　　〕　Ⅱ群〔　　〕〔京都〕

3 〔熟語の成り立ち〕「迷路」と熟語の成り立ちが同じものを次から選び、記号で答えなさい。

ア 温暖　イ 秀才　ウ 非常　エ 船出

〔　　〕〔沖縄〕

4 〔三字熟語の成り立ち〕「有意義」と熟語の成り立ちが同じものを次から選び、記号で答えなさい。

ア 好都合　イ 自主的　ウ 松竹梅　エ 向上心

〔　　〕〔高知〕

重要 **5** 〔四字熟語〕次の――線部の様子を表すのに適切な四字熟語はどれか。あとから選び、記号で答えなさい。

彼は芸術祭に向け、わき目も振らずに作品制作に取り組んでいる。

ア 才色兼備　イ 表裏一体
ウ 一心不乱　エ 変幻自在

〔　　〕〔栃木〕

6 〔四字熟語〕「身から出たさび」と同じ意味で用いられる熟語を次から選び、記号で答えなさい。

ア 徹頭徹尾　イ 粉骨砕身
ウ 自画自賛　エ 自業自得

〔　　〕〔高知〕

7 〔四字熟語〕次の文に「縦横無尽に」とあるが、この状態はどのような表現に言い換えることができるか。最も適切なものをあとから選び、記号で答えなさい。

アサガオのつるが、縦横無尽に伸びている。

ア あちこちに　イ 真っすぐに
ウ 目立たずに　エ おおげさに

〔　　〕〔岩手―改〕

8 〔四字熟語〕次の文に「盛り上がっていった」とあるが、このときの二人の雰囲気を表す言葉として最も適切なものをあとから選び、記号で答えなさい。

二人は初対面だが、飼っている犬の種類が同じだということをきっかけに、大いに盛り上がっていった。

ア 意気揚々　イ 以心伝心
ウ 意気投合　エ 一心同体

〔　　〕〔和歌山―改〕

9 〔対義語〕「創造」の対義語を次から選び、記号で答えなさい。

ア 消滅　イ 現実　ウ 模倣　エ 破壊

〔　　〕〔滋賀〕

重要 **10** 〔同音異義語〕次の文中の――線部①、②について、片仮名を漢字で書きなさい。

彼は、三つの章で①コウセイされた独創的な小説で文学賞をとり、作家として華々しいスタートを切った。それ以降も、優れた作品を数多く発表し、偉大な作家として②コウセイに名を残した。

①〔　　〕②〔　　〕〔愛知〕

11 〔同音異義語〕次の文の「コウギ」を漢字に直すとき、正しいものをあとから選び、記号で答えなさい。

大学で経済学のコウギを受ける。

ア 広義　イ 抗議　ウ 講義　エ 構議

〔　　〕〔沖縄―改〕

12 〔同音異義語〕次の文の□に入る言葉は何か。あとから選び、記号で答えなさい。

芸術の秋、豊かな□を読書ではぐくもう。

ア 閑静　イ 完成　ウ 感性　エ 歓声

〔　　〕〔山梨〕

13 〔同音異義語〕次の(1)、(2)の□には同音の漢字がそれぞれ一字ずつ入る。□に入る適切な漢字を考えてそれぞれ楷書で書きなさい。

(1) 布を□色する。　(2) 選手□誓

(1)〔　　〕(2)〔　　〕〔鳥取〕

14 〔慣用句〕「青菜に塩」とは、どのような様子を表した言葉か。次から選び、記号で答えなさい。

ア 疲れはてて気が沈んでいる様子。
イ 緊張して身をかたくしている様子。
ウ つらくて周囲にあたっている様子。
エ 元気をなくしてしおれている様子。

〔　　〕〔岩手―改〕

15 〔慣用句〕「言い得て妙」の意味として最も適切なものを次から選び、記号で答えなさい。

ア 特に何も言う必要がないさま。
イ 言葉では表現しようがないさま。
ウ 実にうまく言い当てているさま。
エ 表現に違和感を感じるさま。

〔　　〕〔新潟〕

Check! 自由自在

他の対義語にはどのようなものがあるか、対になる言葉の組み合わせを調べてみよう。

（→別冊71ページ）

STEP 2 発展問題

解答⇩別冊56ページ

月　日

1 次の――線部と同じ成り立ちの熟語をあとから一つ選び、記号で答えなさい。

人命を救助する。

ア 抑揚　イ 植樹　ウ 会議　エ 運送　［　　］〔埼玉〕

2 「注意」と同じ成り立ちの熟語を次から一つ選び、記号で答えなさい。

ア 急行　イ 膨張　ウ 縦横　エ 兼職　［　　］〔岐阜〕

3 「長距離」と同じ成り立ちの熟語を次から一つ選び、記号で答えなさい。

ア 好条件　イ 国際的
ウ 松竹梅　エ 自由化　［　　］〔三重〕

4 「猛烈な勢いで活動すること」という意味をもつ四字熟語を次から選び、記号で答えなさい。

ア 獅子奮迅　イ 孤軍奮闘
ウ 言語道断　エ 単刀直入　［　　］〔沖縄〕

5 次の文の――線部と同じ意味を表す四字熟語として最も適切なものをあとから選び、記号で答えなさい。

その場の雰囲気で、わけもなく他の説に賛成するような彼の態度に批判が集まる。

ア 異口同音　イ 優柔不断
ウ 我田引水　エ 付和雷同　［　　］〔埼玉〕

6 次の文の「後押しする」の意味として最も適切なものをあとから選び、記号で答えなさい。

英語を話せるようになりたいという夢を、交換留学制度が後押しする。

ア 援助する　イ 対応する
ウ 期待する　エ 確認する　［　　］〔愛媛―改〕

難問

7 次の文の「立てた」と同じ意味で使われている「立」を含む熟語をあとから選び、記号で答えなさい。

夏休みに自転車で旅行する計画を立てた。

ア 立腹　イ 自立　ウ 立法　エ 起立　［　　］〔和歌山―改〕

8 「野趣」の「野」は、「人の手が加わっていない」の意味で使われているが、漢字の「野」には、その他に「ⓐ広々とした土地」「ⓑ荒っぽい」「ⓒ範囲」「ⓓ大それた」などの意味がある。次のア～エの熟語のうち、「ⓒ範囲」の意味で使われている「野」を含むものを選び、記号で答えなさい。

ア 粗野　イ 視野　ウ 野草　エ 野望　［　　］〔愛媛〕

9 次の各文の――線部の漢字として最も適切なものを、それぞれあとから選び、記号で答えなさい。

(1) 伝統的な産業のシンコウを図る。

ア 信仰　イ 親交　ウ 振興　エ 進行

(2) この場所はケイショウ地として有名だ。
ア 景勝　イ 形象　ウ 軽少　エ 敬称

(3) 彼の意見は一貫性にカける。
ア 掛　イ 駆　ウ 架　エ 欠

(4) シコウ錯誤を繰り返す。
ア 施　イ 試　ウ 私　エ 志

(5) 今こそ計画を実行するコウキである。
ア 奇　イ 気　ウ 機　エ 貴

(1)〔　〕(2)〔　〕(3)〔　〕
(4)〔　〕(5)〔　〕
〔青森〕

10 (1)「普遍」の同義語、(2)「実践」の対義語として最も適切なものをそれぞれ次から選び、記号で答えなさい。

(1) ア 一般　イ 絶対　ウ 例外　エ 共通

(2) ア 空想　イ 想像　ウ 理論　エ 懐疑

(1)〔　〕(2)〔　〕
〔共立女子第二高〕

11「相対」の対義語を、漢字二字で書きなさい。

〔　〕
〔千葉〕

12「腹ぺこだと勝負できない」という場合に使われることわざは何か。「腹が減っては……」に続けてそのことわざを完成させなさい。

腹が減っては□。

〔　〕
〔秋田〕

難問

13「□心を加える」が、「相手のことを考慮して普通より寛大に扱う」という意味の言葉になるように、□に入る最も適切な身体の一部を表す漢字一字を書きなさい。

〔　〕
〔愛媛〕

14 次の文の□にある動物の名前を入れると、「人間同士の仲がしっくりとゆく」という意味の慣用句になる。□に入る適切な言葉を書きなさい。

□が合う

〔　〕
〔沖縄〕

15 次の各文の――線部の故事成語の使い方が適切なものを次からすべて選び、記号で答えなさい。

ア 僕と弟は呉越同舟のとても仲の良い兄弟だ。
イ 納得が行くまで推敲を重ねた作文を提出する。
ウ 彼の発言と行動には以前から矛盾が多い。
エ 現代の科学技術は五十歩百歩で進んでいる。
オ 君が書いた文章の最後の一文は蛇足だ。

〔　〕
〔福島〕

難問

16「着物」は和語に分類される。一般に、和語とは、漢語、外来語に対して、日本固有のものと考えられる語のことだが、次から和語であるものを選び、記号で答えなさい。

ア 子供　イ 時間　ウ 奇妙　エ 年齢

〔　〕
〔静岡〕

理解度診断テスト

本書の出題範囲 114〜125ページ
解答⇩別冊57ページ

時間 30分
得点 /100点
理解度診断 A B C

1 次の――線部の漢字の読みを平仮名(がな)で書きなさい。（各1点）

(1) 木綿の布で作られた服。
(2) 船が大海原を進む。
(3) 感涙にむせぶ。
(4) 欲望を制御する。
(5) 自然の恩恵を受ける。
(6) 湯治客でにぎわう。
(7) 一点差で惜敗した。
(8) 逆恨みされる。
(9) 日頃(ひごろ)から摂生する。
(10) 緩慢な動き。

〔　〕〔　〕〔　〕〔　〕〔　〕〔　〕〔　〕〔み　〕〔　〕〔　〕

〔多摩大目黒高―改〕

2 次の――線部の片仮名を漢字で書きなさい。（各1点）

(1) カンゲイ会を開く。
(2) ソッセンして手伝う。
(3) 雨がフり続いている。
(4) 今日はヒカクテキ暖かい。
(5) サッカー部にショゾクする。
(6) ホソウされた道。
(7) 冷たいスイテキ。
(8) キショウ価値のある石。

〔　〕〔　〕〔り　〕〔　〕〔　〕〔　〕〔　〕〔　〕

〔多摩大目黒高―改〕

3 次の各問いに答えなさい。

(1) 次の漢字を楷書(かいしょ)で書いたとき、総画数の最も少ないものを次から選び、記号で答えなさい。（2点）

ア 危　イ 自　ウ 巧　エ 曲

〔　〕

(2) 次の□の中の漢字のうち、音読みと訓読みの両方があるものはいくつあるか。その個数を答えなさい。（3点）

特　舟　一　茶　役　御　機　菊

〔　〕

(3) 次の各文の――線部の片仮名の漢字が同じ部首であるのはどれか。次から選び、記号で答えなさい。（3点）

ア 新しい材料に関する研キュウを行う。
　ルールをマモって行動してください。
イ 秋のタグれは趣(おもむき)が深い。
　朝からヒルまで歩き回った。
ウ 適度に休ソクを取ることも必要だ。
　親としてハナが高い。
エ 買い物をしてフク引き券をもらった。
　多くの損害をコウムった。

〔　〕

(4) 次の□の中の漢字を用いて三組の四字熟語を作るとき、使用しない漢字はどれか書きなさい。ただし、それぞれの漢字は一度しか用いないものとする。（3点）

月　日

小	知	同	我	異	温	水
田	針	故	大	新	引	

［　　］

(5) 次の各文の――線部の慣用表現の使い方として最も適切なものはどれか。次から選び、記号で答えなさい。（3点）

ア 自動車での旅行は楽しいが、渋滞のことを考えて二の足を踏む人も多い。

イ この夏、彼はたくさんの宿題に追われて目に余るほど忙しかったという。

ウ ゲームをしすぎたので、僕は父親に歯が浮くような厳しい言葉で叱られた。

エ 彼女は幼いころから親の手がつけられない、しっかりした子どもだった。

［　　］

〔都立産業技術高専―改〕

4 **次の(1)～(5)の漢字と□の中の平仮名を漢字に直したものを組み合わせて二字の熟語を作りなさい。ただし、それぞれの漢字が同じ意味を表すように組み合わせること。**（各2点）

(1) 摂　(2) 邪　(3) 殖　(4) 旋　(5) 賛

せい	かい	ぞう	しん	しゅ	りつ
あく	しょう				

(1)［　　］　(2)［　　］　(3)［　　］
(4)［　　］　(5)［　　］

〔明治大付属中野高〕

重要

5 **次に挙げる三字熟語の読みを平仮名で書き、またその意味をそれぞれあとから選び、記号で答えなさい。**（各完答3点）

(1) 金輪際　(2) 野放図　(3) 下馬評
(4) 茶飯事　(5) 正念場

ア だらしがないこと　イ ありふれたこと
ウ 部外者がするうわさや批判　エ 大事な局面
オ 断じて・底の底まで

(1)［　　・　　］
(2)［　　・　　］
(3)［　　・　　］
(4)［　　・　　］
(5)［　　・　　］

〔堀越高〕

難問

6 **次の――線部の言葉の類義語を、□の中の漢字を組み合わせた熟語で答えなさい。**（各2点）

(1) 事情について申し開きをする。
(2) 弁明の機会が与えられないとは口惜しい。
(3) 行く末はどうなるか分からない。
(4) 弟はつむじ曲がりだから反対ばかりする。
(5) 彼は言うこともすることも風変わりだ。

抜	残	屈	明	奇	来	偏	釈	念	将

(1)［　　］　(2)［　　］　(3)［　　］
(4)［　　］　(5)［　　］

〔明治大付属中野高〕

7 次の――線部の漢字と同じ漢字を用いているものをそれぞれあとから選び、記号で答えなさい。（各3点）

(1) 野菜をソクセイ栽培する。
ア ショウソクを絶って久しい。
イ クレームをジンソクに処理する。
ウ それはオクソクに過ぎない。
エ 技術開発をソクシンする。
オ 時代の流れにソクオウしなければ。
〔　　〕

(2) シンジョウを曲げない。
ア ジョウダンを言って笑わせる。
イ ジョウブな子に育てる。
ウ ジョウカンが豊かな人だ。
エ 胃薬をジョウビするとよい。
オ ジョウヤクを結ぶ。
〔　　〕

(3) 年末で高速道路がジュウタイする。
ア ヨーロッパにタイザイしている。
イ 当番が定時にコウタイする。
ウ 刑事が現行犯をタイホする。
エ 野鳥のセイタイを調べる。
オ 合宿でレンタイ感が生まれる。
〔　　〕

(4) 自己ボウエイの本能が働く。
ア 安眠をボウガイする。
イ 雑事にボウサツされる。
ウ コウボウで仕事をする。
エ 各地でボウドウが起きる。
オ ボウカンのため手袋をする。
〔　　〕

(5) ライホウ者を案内する。
ア 将来のホウフを語る。
イ 父はホウヨウ力がある。
ウ 諸国をレキホウする。
エ 国外にツイホウされる。
オ 病院で薬をショホウした。
〔　　〕

〔拓殖大第一高〕

8 次の(1)～(6)のA・Bには同じ読み方の漢字が入る。□に入る漢字一字をそれぞれ書きなさい。（各1点）

(1) 校庭をA放する。 A〔　　〕
民族B放運動が起こる。 B〔　　〕

(2) 上役のA心を買う。 A〔　　〕
公害問題にB心をもつ。 B〔　　〕

(3) 議長をAめる。 A〔　　〕
解決にBめる。 B〔　　〕

(4) 責任を追Aする。 A〔　　〕
利潤を追Bする。 B〔　　〕

(5) 隣国の領土をAす。 A〔　　〕
危険をBす。 B〔　　〕

(6) 連絡をAつ。 A〔　　〕
生地をBつ。 B〔　　〕

〔明治大付属中野高―改〕

9 次の□に適切な漢字を入れ、故事成語を完成させなさい。（各2点）

(1) 五里□□
(2) 呉越□□
(3) 李下に□を正さず

(1)〔　　〕 (2)〔　　〕 (3)〔　　〕

〔慶應義塾志木高―改〕

思考力問題対策
高校入試予想問題

思考力問題対策

高校入試予想問題

出題傾向

※公立高校入試問題の場合。

1
論説文・小説が中心である。**古文は定着**している。古文の代わりに漢文が出題される場合もあるが，数は少ない。

2
読解は，文章内容についての**対話をふまえた設問や図表の読み取りを絡めた形式**が増えている。

3
古文(漢文)は，**口語訳や解説文との融合問題**の場合もある。歴史的仮名遣いや動作主の見分けが多く，基本的な問題が中心である。

4
条件作文が頻出している。図表の読み取りを基本とした条件作文が増えてきた。

【文　法ほか】
- 単独問題より，**論説文や小説と融合して出題**される。
- **品詞識別・意味用法識別**の出題が多い。
- **尊敬語・謙譲語・丁寧語の区別**などの敬語問題が増えてきた。

【作　文】
- ほとんどの公立高校で出題される。意見文や案内文，絵についての感想などの**条件作文**が多く，内容も多様化してきた。

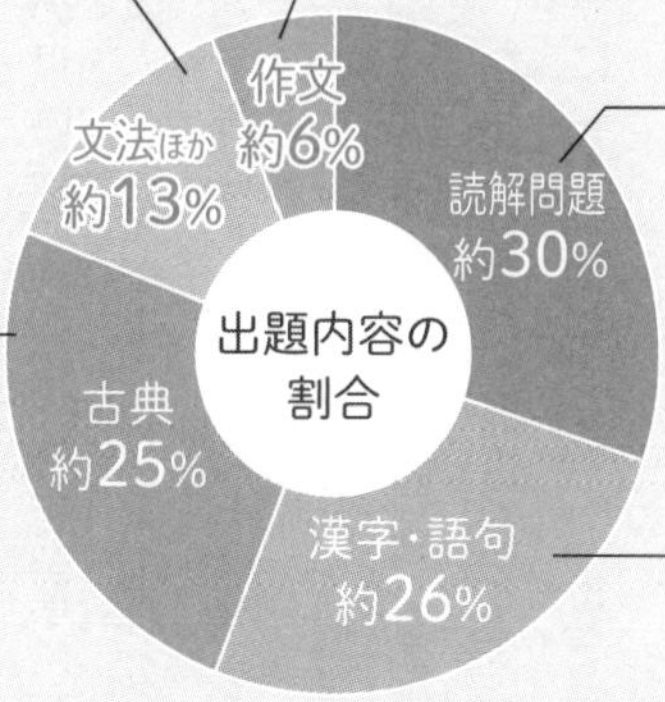

出題内容の割合
- 読解問題 約30%
- 漢字・語句 約26%
- 古典 約25%
- 文法ほか 約13%
- 作文 約6%

【読解問題】
- 論説文は，文脈の読みとり，**要旨の把握**が中心。
- 小説は，**心情把握**が中心。なお，引用文の長文化が見られる。

【古　典】
- 古文は，**仮名遣いや動作主を問う問題**がよく出る。内容把握問題も出題される。漢文は，読み方(訓点，書き下し文)がよく出題される。

【漢字・語句】
- **漢字の読み書き**は必出。熟語の構成・ことわざ・四字熟語・慣用句なども出題される。

合格への対策

- 漢字の読み書きは必出なので，ふだんから **漢字を使う習慣** をつけておこう。
- 文章を速読できるよう訓練すること。論説文における **要旨の把握** や小説における **心情把握** も十分な練習が必要である。
- 作文は，過去問などを練習しながら，**10～15分程度でまとめる訓練** を積むこと。作文問題はさまざまな条件が課されるので，条件に合った文章を書く練習が必要である。

記述問題 ①

解答 ➡ 別冊58ページ

1 次の文章を読んで、あとの問いに答えなさい。（句読点等の記号は一字として数える。）

だいぶむかしのことになるが、「わたし」という劇があった。残念なことに作者を記憶していないが、たいへん哲学的な構成だった。主人公はただひとり。その主人公とカゲの第三者との問答。問い「あなたは誰？」、答え「山田太郎です」。問い「それを証明できますか？」、答え「ハイ、ここに身分証明書があります」。問い「その証明書がホンモノだと証明できますか？」、答え「ハンコが押してあります」。問い「ハンコなんていくらでも偽造できるじゃないの。ほんとにあなたは誰なの？」……あなたの名前も、またそれを確実に立証してくれる手段もない。だいたい「名前」などというものだって便宜上つけられたもの。名前があるからといって、そんなものなんの役にもたたない。いきなり知らない世界のどこかにひょいとほうり出されたらどうなるか。自己証明は不可能にちかい。むずかしくいえば「自己が自己であることの証明」は不可能なのである。あるいは「アイデンティティ」というものがどこにどんなふうにあるのか、それもわからないのである。わたしにいわせれば、「アイデンティティ」というのはせいぜいラッキョウの皮の一片にしがみついているだけのことなのである。

世間ではひとりの人間、つまり、あなただのわたしだのを個別に認識し、他人と区別してくれる。その「区別」のモノサシのことを「社会的分類」と名づける。

といって、べつだんむずかしいはなしではない。似顔絵描きとおなじように、世間は特定の人間の輪郭を描いてそれぞれのひとのイメージをつくっているのである。そのイメージが「プロフィール」である。日本語でいえば「人物像」とでもいうべきか。わたしたちは似顔絵をスケッチする画家がエンピツで輪郭線を描くのとおなじように、ラッキョウの皮のあれこれを手がかりにして他人の肖像を心のなかに描くのである。（中略）

そうしてできあがった「プロフィール」によってわたしたちはひとを判断する。その思い描いた人物像を基準にして「東大出のくせに」とか「さすが関西人、目先がよく利くなあ」といったふうに判断に狂いがなかったことを確認する。ときにモノサシと現実がちがうと「やっぱりフランス人は粋だなあ」「十七歳だって！ よくもあんな問題が解けるものだ」「大学もでていないのに、事業をあそこまで成功させたのにはおどろいた」といったふうにひとを「見直す」のである。そして、そのたんびに「やっぱり」とか「まさか」とか「さすが」とかつぶやくのである。

いろんな変数を組み合わせてつくりあげたプロフィールが、ただしいものかどうかはわからない。ときには、いやしばしば、頭のなかで構築した人物像と本人とはずいぶんちがっている。だが、現実にはそれを確認するわけにはゆかない。たとえば人事採用は「人物本位」というけれども、担当の求人係は履歴書をみて基本的ないくつかのモノサシで応募者をふるいわける。学歴、経験、資格などからみて不適格と判断された人間はなかなか面接にまでこぎ着けない。たったひとりを採用しようとしているのに、万人平等の原則で数千人ぜんぶに面談

月　日

というわけにはゆかないのである。

そんなふうに勝手につくりあげたプロフィールでひとや人柄をあらかじめ「区別」することをばあいによっては「偏見」といい、あるいは「差別」という。おおむねいい意味でつかわれることばではない。しかし「あのひとは慈善家なんだって」「彼女は司法試験に一発で合格したんだって」とかいった好意ある評価だって「偏見」であり「差別」なのである。わたしたちはだれだって、そういう偏見によって他人をみているし、他人からも偏見によってみられているのだ。そのことは「イタリア人は陽気だ」「こどもは無邪気だ」「政治家はウソつきだ」といった認識にわたしたちが支配されていることからもわかる。俗なことばでいえば、わたしたちは「色眼鏡」で自他をみているのである。わたしたちはひとりの例外もなく偏見のかたまりなのである。

（中略）世間は外側にある何枚、何十枚、いや何百枚もの皮、すなわちモノサシを用意してひとを評価しているのだ。その分厚い皮膜におおわれて人間はつねに他人から「見られて」いる。そして同時に他人をみている。だんだん交際が深まれば、「色眼鏡」が変化することがすくなくないが、それでも「全人格」が理解されることはありはしない。そもそも「全人格」などというものがある、というのが錯覚なのである。

（加藤秀俊「社会学」）

(1) ――線部「いろんな変数を組み合わせてつくりあげたプロフィール」とはどのようなものか。第二段落「世間では……」以降の文章を参考にしながら四十字以上六十字以内で説明しなさい。解答は「プロフィールというものは、」という書き出しに続けて、「恣意的」「無視できない」という二つの言葉を示された順番通りにすべて用いること。

プロフィールというものは、

(2) ――線部「『わたし』という劇」とあるが、この例を用いて筆者は文章全体で何を論じようとしているのか。「わたしはAするが、Bに気づかされてしまうということ。」という形を用いて説明しなさい。ただし、Aでは「承認」、Bでは「ほんとうのわたし」という言葉を必ず用い、Aは十字以上二十字以内、Bは三十字以上四十字以内で答えること。

わたしは

A

するが、

B

に気づかされてしまうということ。

〔早稲田実業学校高〕

解答 ➡ 別冊60ページ

月　日

1 次の文章は、宮澤賢治をモデルにした小説の一部である。これを読んで、あとの問いに答えなさい。

(なして、書けたか)

人間あんまり空腹になると頭がかえって冴えるものだとか、ふだん鉄筆でがりがりと他人の文章をうつしてばかりだったぶん創作の欲求が鬱積していたのだろうとか、その程度では何の説明にもならない。もっとふかい理由がある。そう思いつつ、しかしそのふかい理由が何なのかは、賢治には、自分のことにもかかわらず想像のいとぐちすらも見つけることができなかった。

＊ひっきょうは、

(書けたから、書いた)

しかし。①結果として書いたものが、なぜ、

(童話だったか)

つまり、なぜ大人むけの小説や論文、漢詩などではなかったか。あるいは長年こころみてきた、世間にもっとも通りのいい和歌ではなかったか。その疑問なら、答がはっきりしたようだった。

ひとつには、長い縁ということがある。小学校のころ担任の八木先生がエクトール・マロ『家なき子』を六か月かけて朗読してくれたこと。＊トシに、

――書いたら。

と勧められたこと。それにくわえて、性格的に、むかしから自分は大人がだめだった。

大人どうしの厳しい関係に耐えられなかった。ふつうの会話ができないのだ。質屋の帳場に何度すわっても客との談判ができず、世間ばなしはなおできず、ろくな仕事にならなかったのは、ほかでもない、客が大人だったからなのである。

何しろ大人は怒る。どなりちらす。嘘をつく。ごまかす。あらゆる詭弁を平気で弄する。子供はそれをしないわけではないにしろ、大人とくらべれば他愛ない。話し相手として安心である。だから童話なら安心して書けるのである。自分がこの土壇場でこの文学形式をえらんだのは、一面では、大人の世界からの、

(逃避だった)

そのことは、厳粛な事実なのだ。

が、しかし。

より根本的なのは、それとはべつの理由だった。

「お父さん」

賢治はなおも原稿用紙の塔を見おろしつつ、おのずから、つぶやきが口に出た。

「……おらは、お父さんになりたかったのす」

②そのことが、いまは素直にみとめられた。

ふりかえれば、政次郎ほど大きな存在はなかった。自分の命の恩人であり、保護者であり、教師であり、金主であり、上司であり、抑圧者であり、好敵手であり、貢献者であり、それらすべてであることにおいて政次郎は手を抜くことをしなかった。

ほとんど絶対者である。いまこうして四百キロをへだてて暮らして

いても、その存在感の鉛錘はずっしりと両肩をおさえつけて小ゆるぎもしない。尊敬とか、感謝とか、好きとか嫌いとか、忠とか孝とか、愛とか、怒りとか、そんな語ではとても言いあらわすことのできない巨大で複雑な感情の対象、それが宮沢政次郎という人なのだ。

しかも自分は、もう二十六歳。

おなじ年ごろの政次郎はすでに賢治とトシの二児の父だった。質屋兼古着屋を順調にいとなんだばかりか、例の、大沢温泉での夏期講習会もはじめている。文句のつけようのない大人ぶりである。自分は父のようになりたいが、今後もなれる見込みは、

（ない）

みじんもない。それが賢治の結論だった。自分は質屋の才がなく、世わたりの才がなく、強い性格がなく、健康な体がなく、おそらく長い寿命がない。ことに寿命については親戚じゅうの知るところだから嫁の来手がない。あってもきちんと暮らせない。

すなわち、子供を生むことができない。

自分は父になれないというのは情況的な比喩であると同時に、物理的に確定した事実だった。それでも父になりたいなら、自分には、もはやひとつしか方法がない。その方法こそが、

（子供のかわりに、童話を生む）

このことだった。原稿用紙をひろげ、万年筆をとり、脳内のイメージを追いかけているときだけは自分は父親なのである。ときに厳しい、ときに大甘な、政次郎のような父親なのである。物語のなかの風のそよぎも、干した無花果も、トルコからの旅人も、銀色の彗星も、タングステンの電球も、すきとおった地平線も、すべてが自分の子供なのだ。

（門井慶喜「銀河鉄道の父」）

＊ひっきょう＝結局のところ。　＊トシ＝賢治の妹

(1) ――線部①「結果として書いたものが、なぜ、／（童話だったか）」とあるが、この疑問に対する答えは何か。本文に書かれている内容を整理して説明しなさい。

(2) ――線部②「そのことが、いまは素直にみとめられた」とあるが、それはなぜか。説明しなさい。

〔開成高〕

条件作文問題

解答 ➡ 別冊62ページ

※解答欄は省略します。

1 ある中学校の図書委員会では、生徒の図書室の利用を活発にするためにどのような取り組みを行うかということを【資料】を参考に話し合い、次のA、Bの二つの【取り組み】が提案された。あなたは、AとBのどちらの取り組みが生徒の図書室の利用を活発にするために効果的だと考えるか。あなたの考えを二百六十字以内で書きなさい。ただし、あとの〈条件1・2〉に従って書くこと。

【資料】

本（教科書や参考書，漫画や雑誌を除く）を読むことが好きだ

回答	割合
あてはまる	39%
どちらかというとあてはまる	29
どちらかというとあてはまらない	19
あてはまらない	13

（全校生徒480名を対象に調査）

【取り組み】

A　小説やエッセーをはじめ、図書室には読みたいと思えるような本がたくさんあるということを伝えられる取り組み。

B　学習や生活に役立つ情報を調べるなど、図書室には読書だけでなく他の活用方法があるということを伝えられる取り組み。

〈条件1〉　A、Bのどちらかを一つを選ぶこと。

〈条件2〉　【資料】から読みとれる内容をもとに、〈条件1〉で選んだ取り組みが効果的だと考える理由を書くこと。

※二つの取り組みをそれぞれA、Bと表してもよい。

〔大阪〕

重要

2 下の資料Aは、環境省が二十歳以上の日本人を対象として各種サービスに対する意識調査を行った結果をまとめたものである。また、資料Bは、観光情報を発信するある企業が訪日外国人を対象として二〇一九年に街頭で行ったアンケートの結果から、代表的な回答を挙げたものである。この二つの資料を読んで、日本のサービスはこれからどうなることが望ましいかについて、あなたの考えをあとの〈注意〉に従って書きなさい。

資料A
各種サービスに対して「過剰である」と回答した場合（複数回答）

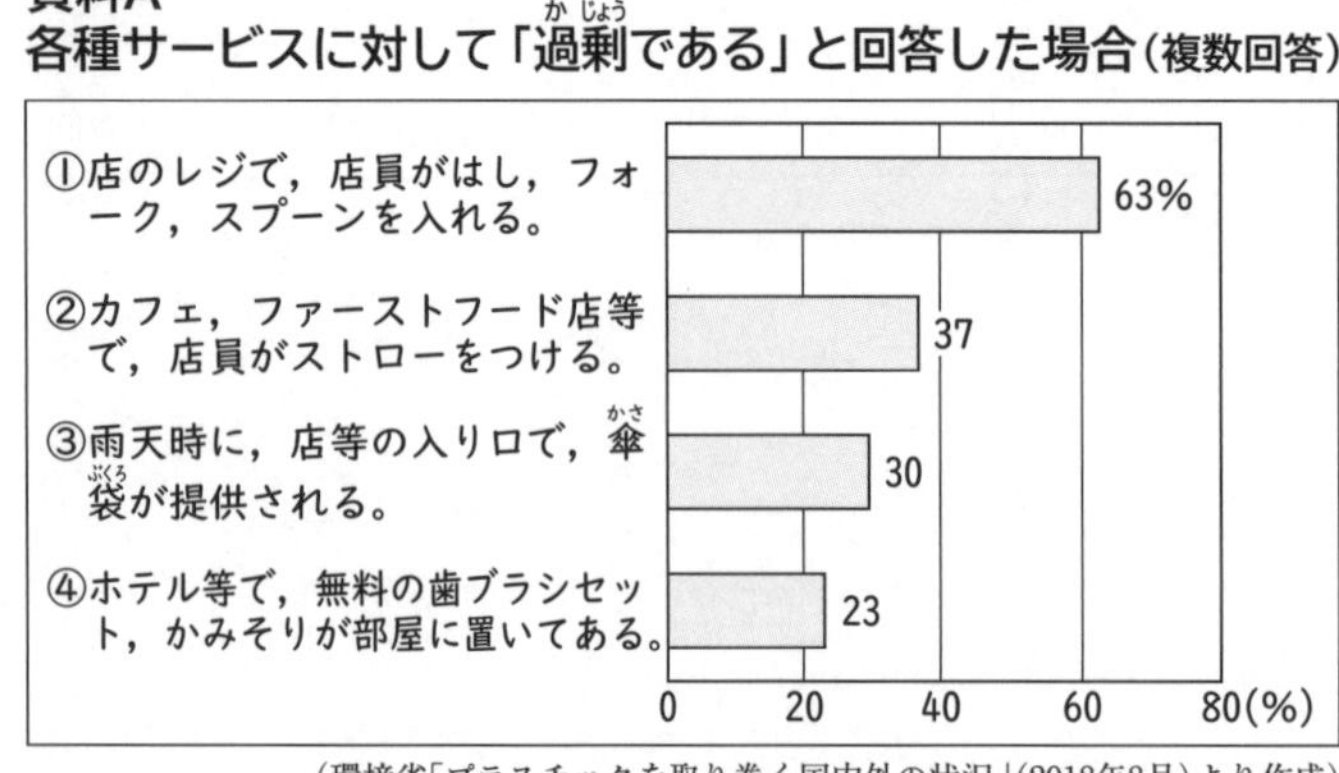

（環境省「プラスチックを取り巻く国内外の状況」(2018年8月）より作成）

【資料B】 各種サービスに対する、訪日外国人の代表的な回答

① コンビニエンスストアはいろいろなところにあり、何でも売っている上に、店員は笑顔で丁寧に対応してくれるのでよい。

② 店で食べ物を買うと、おしぼりや割りばしを入れてくれるので、便利だ。

③ スーパーマーケットで売られている肉や魚はきちんとパックに入れられているので、清潔感があって安心できる。

④ コンビニエンスストアで買い物をしたとき、店員が飲み物類と食べ物類とで袋を分けたり、温かいものと冷たいものとを分けて入れてくれたりしたが、そこまでしてくれなくてもよい。

⑤ 泊まっているホテルには使い捨ての歯ブラシセットが置いてあるが、自国から使い慣れたものを持ってきているので必要ない。

〈注意〉

(1)本文は二段落構成にし、二百字以上、二百四十字以内で書くこと。
(2)第一段落には、日本のサービスはこれからどうなることが望ましいかについて、資料Aまたは資料Bのいずれかを選び、その資料と関連付けながらあなたの考えを書くこと。
(3)第二段落は「たしかに」から書き始め、第一段落では選ばなかった資料を使って、予想される反論を書くこと。書いたあとで、さらに、体験したことや見聞きしたことをもとにあなたの考えを書くこと。
(4)第一段落、第二段落ともに、資料にあるすべての項目を使う必要はない。
(5)題名や氏名は書かないで、直接本文から書き始めること。
(6)原稿用紙の正しい使い方に従い、漢字を適切に使用しながら文字や仮名遣いなどを正しく書くこと。また資料の中の項目や数値を使用する場合は、次の例にならって書くこと。

例 資料Aの①より 六十三％

〔福井〕

---

3 あなたは、あなた自身がチームやグループで活動するときに、どのようなことを大切にしたいと考えるか。下の資料を参考にしながら、そう考える理由を含めて、次の注意に従って書きなさい。

〈注意〉

(1)資料を見て気づいたことを交えて書くこと。
(2)あなたが体験したことや見聞きしたことを交えて書いてもよい。
(3)段落は、内容に応じて設けること。
(4)文章の長さは、三百字以上、四百字以内とする。
(5)資料の中の数値を使う場合は、次の例に示したどちらの書き方でもよいこととする。

例 二〇・一％ または 二十・一％

例 四七・〇％ または 四十七％

(6)文題は書かないこと。

〔愛媛〕

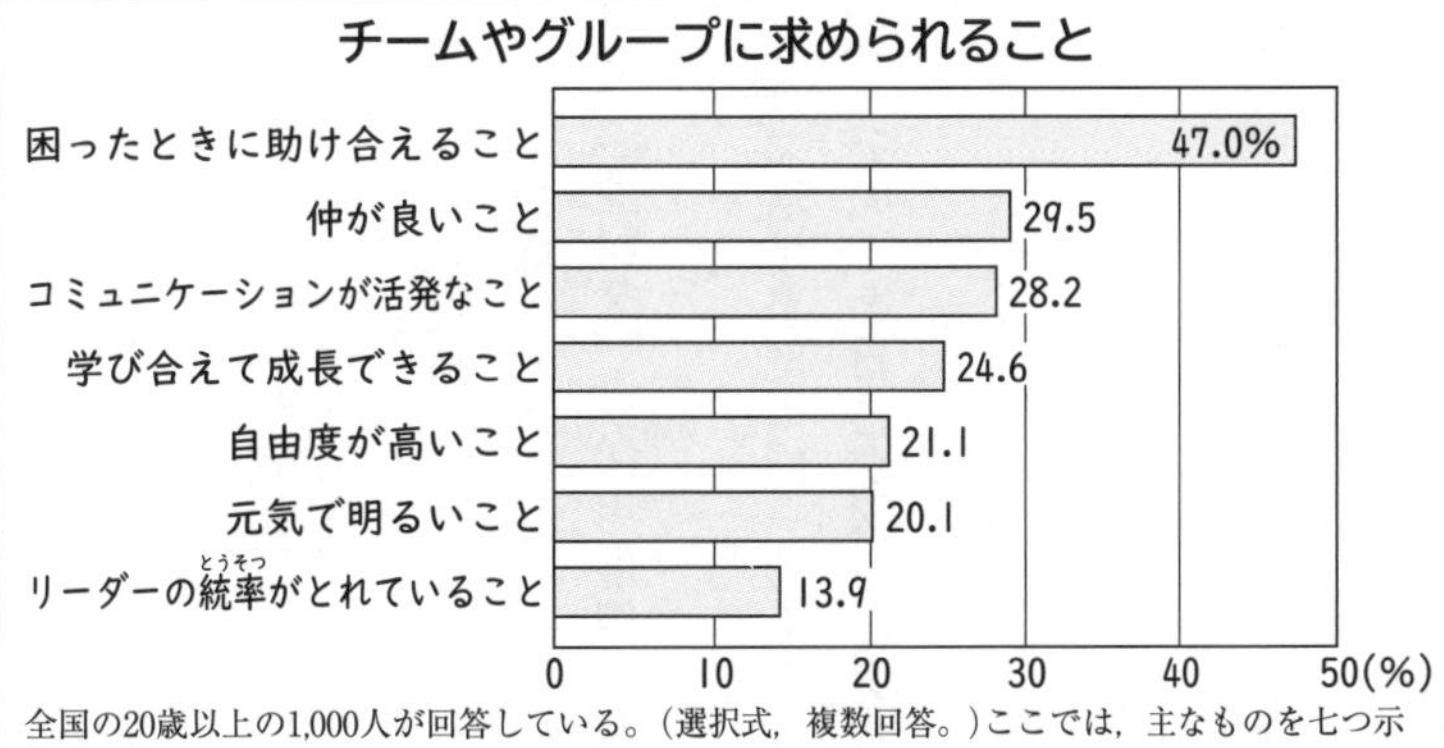

チームやグループに求められること

項目	(%)
困ったときに助け合えること	47.0%
仲が良いこと	29.5
コミュニケーションが活発なこと	28.2
学び合えて成長できること	24.6
自由度が高いこと	21.1
元気で明るいこと	20.1
リーダーの統率がとれていること	13.9

全国の20歳以上の1,000人が回答している。（選択式，複数回答。）ここでは，主なものを七つ示している。

（ある研究所が平成30年に実施した調査による。）

4 近年、「地方創生」がうたわれ、国内の各地域がそれぞれの特色を生かして活性化を図ることに注目が集まっている。その一環として、地域によって異なる方言を広報活動に活用する例も見られる。しかし、もともと方言は、他の地域の出身者には意味がわかりにくいものも多い。その方言を広く活用することには、どのような効果があるのか。次の【資料1】【資料2】をふまえて、あとの〈条件〉に従い、〈注意事項〉を守って、あなたの考えを二百字以内で書きなさい。

【資料1】自分が生まれ育った地域の方言を使う場面と程度

生育地の生育方言の場面別使用程度

	よく使う	使うことがある	使わない	わからない
家族に対して使う	34.2%	29.0	30.0	6.8
同じ地域出身の友人に対して使う	32.9%	32.3	26.2	8.6
他の地域出身の友人に対して使う	12.2%	27.2	48.5	12.1

（国立国語研究所論集　田中ゆかり，林直樹，前田忠彦，相澤正夫「1万人調査からみた最新の方言・共通語意識『2015年全国方言意識Web調査』の報告」より作成）

【資料2】方言の活用事例

・駅や空港などで観光地を紹介するポスターや看板
・地域の特産品の品名や、それらを販売する商業施設の名前
・会社やスポーツチームなどの団体名
・自分の生育地以外の方言を使うこと
（例「がんばれ」などのメッセージを相手の地域の方言でおくる）

〈条件〉

(1) 二段落構成で書くこと。
(2) 前段では、地元の人々に着目して【資料1】から読みとったことをふまえ、方言の活用は地元の人々に対してどのような効果があると考えられるか、【資料2】の活用事例をもとにあなたの考えを書くこと。
(3) 後段では、他の地域の人々に着目して【資料1】から読みとったことをふまえ、方言の活用は他の地域の人々に対してどのような効果があると考えられるか、【資料2】の活用事例をもとにあなたの考えを書くこと。
(4) 前段、後段とも【資料2】から選ぶ活用事例は同一のものとする。なお、どの事例を選んでも、そのこと自体が採点に影響することはない。

〈注意事項〉

(1) 氏名や題名は書かないこと。
(2) 原稿用紙の適切な使い方に従って書くこと。ただし、〜や——などの記号を用いた訂正はしないこと。

〔千葉〕

課題作文問題

解答 ➡ 別冊64ページ

※解答欄は省略します。

1 ある中学校で、国語の時間に行った、類義語に関する学習で、場面や状況に応じた適切な言葉づかいについて、意見文を書くことになった。次の文章は、ある中学生が「美しい」と「きれいだ」の違いについて調べてまとめたものの一部である。これを読んで、あとの(1)～(3)に従って文章を書きなさい。

> 　私は形容詞の「美しい」と形容動詞の「きれいだ」の違いについて考えました。「ひたむきな姿が美しい」は、しっくりしますが、「ひたむきな姿がきれいだ」は、変な感じがします。「床をきれいに掃く」は、しっくりしますが、「床を美しく掃く」は、やはり変な感じがします。「美しい風景」と「きれいな風景」は、どちらも言えそうですが、場面や状況が異なるように感じられます。

(1) 題名を書かないこと。
(2) 二段落構成とし、第一段落では、「美しい」と「きれいだ」の違いについて気づいたことを書き、第二段落では、**そのことをふまえて、自分の意見**を書くこと。
(3) **百五十字以上、二百字以内**で書くこと。

〔青森〕

2 あなたは、生徒会の活動で、教室を清潔に保つことを全校生徒に呼びかける張り紙を作ることになり、その張り紙にどのような言葉を書くかを話し合った。次のA～Cは、話し合った結果、張り紙に書く言葉として出た案である。あなたは、どの言葉が最も効果的に伝わると考えるか。あとの条件1～3に従って、あなたの考えを原稿用紙に書きなさい。

A　教室もあなたの心も美しく
B　いつもていねいに掃除をしよう
C　きれいに使ってくれてありがとう

〈条件1〉 A～Cの三つの言葉から一つを選ぶこと。
〈条件2〉 条件1で選んだ言葉が、最も効果的に伝わると考える理由を書くこと。
〈条件3〉 百八十字以内で書くこと。
　※三つの言葉をそれぞれA、B、Cと表してもよい。

〔大阪〕

重要 **3** あなたのクラスでは、国語の授業で、次の□の中の新聞記事が紹介された。この記事について感想を述べあったところ、「言葉がもつ本来の意味や使い方を大切にするべきだ。」という発言をした人がいた。そこで、この発言について、それぞれが賛成、反対の立場に立って意見を述べることになった。あなたならどちらの立場で、どのような意見を述べるか。そう考える理由も含めて、あなたの意見を書きなさい。ただし、次の〈条件1・2〉に従って書くこと。

〈条件1〉 一マス目から書き始め、段落は設けないこと。

〈条件2〉 字数は、百五十字以上、百八十字以内とすること。

「なし崩し」理解2割

借金の「なし崩し」や、「げきを飛ばす」の本来の意味を理解している人が2割程度にとどまり、指揮をすることを意味する「采配を振る」を「采配を振るう」と認識している人は5割超を占めることが、文化庁の二〇一七年度国語に関する世論調査でわかった。

〈慣用句などの意味や使い方〉

（○が本来正しいとされる使い方・意味）

意味	なし崩し	**○少しずつ返していく**	19.5%
		なかったことにする	65.6%
	げきを飛ばす	**○自分の考えを広く人々に知らせ同意を求める**	22.1%
		元気のないものに刺激を与えて活気づける	67.4%
使い方	チームや部署に指図を与え、指揮する	**○采配を振る**	32.2%
		采配を振るう	56.9%

（二〇一八年九月二十六日付の新聞記事による。）

〔静岡〕

4 **国語の授業で、次の古典の文章を読んで、論理的でわかりやすい話し方について話し合い、そこで出た意見を参考にして、文化祭のクラス企画について意見文を書くことになった。次の1～3について、あとの問いに答えなさい。**

1 古典の文章

昔、孔子車に駕して其の道に行く。三人の七才なる童有り。土の城を作りて遊戯す。時に孔子来りて小児に告げて云はく、「小児、汝等、道を逃けて吾が車を過ぐせ」と。小児等嘆きて曰はく、「未だ車を逃くる城をば聞かず。城を逃くる車をば聆く」と。仍りて孔子、車を却けて城の外より過ぐ。敢へて理を横にせず。

（注）土の＝土をこねて作った　駕して＝乗って　遊戯す＝楽しく遊んでいた　云はく＝言うには　汝等＝お前たち　逃けて＝空けて　過ぐせ＝通せ　曰はく＝言うには　聆く＝聞いたことがある　仍りて＝そこで　却けて＝よけて　敢へて理を横にせず＝決して道理を曲げることはしなかった

2 グループでの話し合い

（一郎）今日は、古典の文章をもとに、相手を説得する方法について話し合います。

（花子）古典の文章には孔子と子どもの会話が書かれていますね。孔子は、子どもに道を空けるように言っています。

（次郎）子どもは、城は車をよけることはできない、と孔子に言っていますね。孔子を説得するために効果的なのは、どういう点だったのでしょうか。

（明子）孔子は、子どもの理屈を聞いて、本物の城でも、子どもが作った土の城でも同じことだと思ったのですね。文章にも「敢へて理を横にせず」と書いてあります。

（一郎）相手を説得するためには、筋道の通った話をすることが大切なのですね。

（花子）　以前、国語の授業で、どういう順序で話すのかということを考えることが重要だと学びました。それに加えて、異なる立場からの反対意見も想定して、反論を考えていくことも必要だと思います。

（次郎）　今の意見は、学級会で文化祭のクラス企画について意見を発表するときに生かすことができそうです。

（明子）　そうですね。自分の意見に賛成してもらえるように発表するときに役に立ちそうです。

（中略……このあとも話し合いは続いた。）

（一郎）　いろいろな意見が出ましたね。では、話し合いで出た意見を参考にして、学級会で発表するための意見文を書いてみましょう。

3 文化祭のクラス企画について、一回目の学級会で出た案

文化祭のクラス企画について

- 文化祭のテーマ
  「心を一つに」
- クラス企画の発表日時
  10月31日（土）　10：00～14：00

●クラス企画の案

1　お化けやしき
　場所：教室
　内容：昔話を元にしたお化けやしきにする。お化けの姿に仮装して驚（おどろ）かす。

2　ミュージカル
　場所：体育館ステージ
　内容：地域に伝わる伝説をテーマにしたミュージカルを演じる。

3　学習成果の発表
　場所：教室
　内容：地域の伝統文化について各班で調べた内容をまとめて展示する。

4　美術作品の展示
　場所：１階多目的室
　内容：文化祭のテーマに基（もと）づいた大きな美術作品を制作して展示する。

問　授業のあと、文化祭のクラス企画を一つ決める二回目の学級会が開かれることになっている。学級会では、希望するクラス企画について、それぞれが意見を発表したあと、話し合いによって企画を決定する。あなたが希望するクラス企画を**3**の中から一つ選び、**1**と**2**を参考にして、あなたの考えを書きなさい。
ただし、以下の条件に従うこと。

(1) 百六十字以上、二百字以内で出くこと。（句読点を含む。）
(2) 二段落構成とし、第一段落には、あなたが希望するクラス企画とその理由を書くこと。第二段落には、自分の希望するクラス企画に、賛成を得られるような内容を、他のクラス企画一つと比較（ひかく）して書くこと。
(3) 題名と氏名は書かないこと。
(4) 正しい原稿（げんこう）用紙の使い方をすること。
(5) 〜〜や＝＝の記号（符号（ふごう））を用いた訂正（ていせい）はしないこと。
(6) 文体は、「です・ます」体で書くこと。

〔茨城〕

高校入試予想問題

解答⇩別冊66ページ

時間 50分
得点　　点
合格70点

月　日

1 **次の文章は、『古今和歌集』（『古今集』）の和歌のレトリック（表現技法）について書かれた解説文である。これを読んで、あとの問いに答えなさい。**

「掛詞」と「縁語」は、いずれも『古今集』において発達したレトリックである。

「掛詞」は、「同音異義を利用して、一つのことばに複数（通常は二つ）の語を重ねるレトリックである」と定義することができる。具体例を見てみよう。在原業平の歌である。

唐衣着つつなれにしつましあればはるばるきぬる旅をしぞ思ふ

「唐衣」は本来中国風の衣装の意であるが、転じて衣一般の美称となった語で、和歌の中にしばしば用いられる。「なれ」には身になじんだ衣の糊気がとれて柔らかくなる意の「萎れ」と、人と慣れ親しむ意の「馴れ」が掛かる。「つま」には「褄（着物の端の部分）」と「妻」、「はる」には「張る（衣を洗い張りする）」と「遥々」、「きぬる」には「着ぬる」と「来ぬる」が、それぞれ掛かっている。そして掛けられた二語のうち、一方は「唐衣」にまつわる物象のことば——萎れ・褄・張る・着ぬる——もう一方は妻を思う心情表現のことば——馴れ・妻・遥々・来ぬる——であることも見えてくる。

業平の歌の中には、「唐衣・萎れ・褄・張る・着ぬる」という「唐衣」に縁のある語群が、掛詞を介してちりばめられていた。このようなレトリックを縁語という。縁語とは、「一首の歌の中の複数のことばが、文脈上のつながりとは別に、何らかの連想関係によって結びついていること、あるいは、そのような関係にある語群のこと」である。

一首の歌の中に掛詞・縁語によって持ち込まれる［X］は、必ずしも［Y］の比喩や象徴であるとはかぎらない。けれども、この歌の場合は、「唐衣」語群から、都に残してきた妻を思い浮かべてもよいのだろうと思われる。布を染め、裁断し縫い合わせて、季節ごとの衣装を整えるのは、妻の役目であった。業平の旅装も、妻が用意してくれたのであろう。糊気のとれた衣の柔らかさは、妻のやさしさ、懐かしさともつながっていよう。

（鈴木宏子『「古今和歌集」の創造力』）

＊美称＝物を美化していう言い方。
＊糊気＝着物のしわを伸ばすために使う洗濯用の糊を含んでいる様子。
＊洗い張り＝着物をいったんほどいて水洗いした後、板などに張って糊付けしてしわを伸ばすこと。　＊物象＝物の姿、形。

(1) 「思ふ」とあるが、「おもふ」の読みを、現代仮名遣いを用いてひらがなで書きなさい。［　　］

(2) ［X］、［Y］にそれぞれ入る言葉の組み合わせとして最も適切なものを次から選び、記号で答えなさい。

ア X 物象　Y 同音異義　**イ** X 物象　Y 心情表現
ウ X 文脈　Y 同音異義　**エ** X 文脈　Y 心情表現
［　　］

(3) 解説文を読んだ健助さんは、わかったことを次のレポートにまとめた。［Ⅰ］～［Ⅳ］に入るのに適切な言葉を、［Ⅰ］は一字、［Ⅱ］は四字、Ⅲは六字で、それぞれ解説文から抜き出して書き、Ⅳは解説文の言葉を用いて十字以内で書きなさい。

【健助さんのレポート】

【在原業平の和歌に用いられている掛詞と縁語】

からころも　きつつ　**なれ**にし　**つま**しあれば
　はる**ばる**　**きぬる**　たびをしぞおもふ

掛詞　{馴れ／萎れ}　{妻／褄}　{遥々／張る}　{Ⅰぬる／着ぬる}

※——のことばは「唐衣」とⅡによってつながっている語群（縁語）

【和歌の解釈と鑑賞】

「糊気がとれ、柔らかくなってⅢ唐衣のように慣れ親しんだ妻を、都に残してきたので、はるばるとやってきたこの旅がいっそう感慨深く思われることだ」というこの和歌は、たくさんの掛詞と縁語を組み合わせた技巧的な歌です。しかし、これらの表現技法は単なることば遊びではありません。掛詞によって歌に詠み込まれた「萎れ」「褄」「張る」「着ぬる」はすべて「唐衣」の縁語であり、その「唐衣」を着た詠み手が、旅先でⅣことにつながっていて、和歌に込められた思いに、より深みを与えていると思います。

Ⅰ　Ⅱ　Ⅲ　Ⅳ

〔岡山―改〕

2 次の文章を読んで、あとの問いに答えなさい。

太平洋戦争のさなか、「孝次郎」は「初代」と結婚したが、その妻を遺して中国に出兵していた。そして、戦争は終わりを迎えた。

いよいよ夢に考えていた終戦となった。いつの日にかは祖国へ送られる日が来る……。だが、まだ、故国へ着くまでには遠い山河があるのだ。孝次郎は自分の両手を眺めて、よし、もう一息だと言いきかせた。いまは廃墟と化しているという祖国へ、泳いでもかえりつかなければならないのだ。行って来いよ。御奉公頼むと言った人たちに、孝次郎は腹を立てていた。みんな虚栄心ばかりで生きているような人たちに対して、孝次郎は哀しいものを感じた。——早くかえって何よりも花のような美しい絵を描きたい。美しいものを見ないではいられない、うまいものを食べないでは生きられない、女を愛さずにはいられない、これが人間の生き方なのだ。Ⅰどんなにもがいたって、人間はたった五十年しか生存できないとすれば、人間のいままでの発明は、あまりに人間を惨めに落としすぎるものばかりではないだろうかと、孝次郎は、こうした異常な生活をくりかえしている人間の浅はかな生活をおかしく思わないではいられない。Ⅱ呟くように、孝次郎は自分がいつの間にか二十九歳になったことを何度も心に反芻していた。Ⅲ原隊にいる時、毎日筏を組んで死ぬ訓練をさせられていたある日、一人の上官は、なまけている兵隊を叱って、「死ぬことを思えば何だってできるはずだっ」と言っていたのを孝次郎はいつまでもおぼえていた。生きようと思うからこそ何でもできるのであって、死ぬと思えば、いまそこで舌を噛んで死んだほうが至極簡単だよと、叱られていた兵隊が蔭で言っていたけれども、孝次郎も同感だった。死ぬる苦しみと人々は言うけれど、死ぬる苦しみと言うことは孝次郎には漠としてとらえどころがない。生きる苦しみと考えた方が孝次郎のような男には実感があった。

一月×日朝、まだ夜のしらじら明けに佐世保へ上陸して、孝次郎は土に落ちている①煙草の空箱をひらった。パラピン紙に包まれた箱には駱駝の絵が描いてあった。黄いろい沙漠と、黄いろいピラミッドと、三本の椰子の木の模様はいかにもアメリカの煙草の箱らしく垢抜けのしたものだった。CAMELという白い文字もすっきりしている。祖国へ着いてこれが最初の色彩だった。

残務整理で、どうしても佐世保へ一泊しなければならなかったので、孝次郎は、変り果てた祖国の姿を見て沁みるような淋しさを感じた。子供のように涙があふれてくるのをせきとめることができなかった。一緒にかえって来た兵隊もみな泣き出したいような表情をしていた。こんな不運にはいったい誰がしたのだ。……こんなになるまで、どうしてみんな黙って我慢をしていたのか孝次郎には不思議でならない。白々とした廃墟の姿は日本人の本当の告白を表現しているようでもある。②この景色は厳粛でさえあった。港に兵隊が上陸したせいか、いろいろな姿をした人たちが彷徨うていた。小雨が降っていた。③孝次郎たちは寒いも暑いも感じないほど季節には鈍感になっていた。――兵隊は、何となく、何も彼もに少しずつ嫌悪の心を深めていっている。人生に対するさまざまな哀しみがこれほど一度に兵隊たちの心におそいかかって来たことはあるまい。家がないだろうと案じている者、肉親が生存しているだろうかと案じている者、これから職業がみつかるだろうかと不安になっている者、④戦場での空想は、祖国へ上陸してみれば、いまはみんな儚いうたかたのようなものであった。

三日目の夜、孝次郎は松代に着いて駅に出迎えている父親に逢った。逢うなり、孝次郎は父親にひっぱられるようにして暗い畑道の方へ出て行った。孝次郎は雪道を歩きながら泣いていた。何かものを言えばすぐ涙になるのだ。

「お前が生きとったんでびっくりした」

「一生懸命、自分は、生きてかえりたいと思ったんです」

「お前は死んだことになっとったんだぞ。お前の隊の者は、おおかた南の海で戦死したと言うことだし、役場の知らせもあってな」

「いつのことです?」

「去年の春だよ」

「戦死したことになっているんですか?」

昏い山々はひしめきあって風を呼びあうかのように、どこからともなくごおうとすさまじい音をたてている。頬を凍らすような霙混じりの寒い風が吹いた。今夜は吹雪になるのかも知れない。父親は町の方へ歩いて行った。孝次郎は不思議だと思いながら、父親の後から荷物を背負ってついて行った。

「家へは行かないんですか?」

「ああまあ、支度がしてあるので、一杯飲もう」

小さい旅館のような家へ父親は入って行った。割合広い梯子段を上って、奥まった部屋へ入って行くと、炬燵の上に広蓋が乗っていて、その上には徳利や盃が置いてあった。薄暗い灯火の下で父親はインバネスをぬいだ。

「それでも、よく生きていたぞ。夢のようださ。痩せもせずにようかえってくれた……」

「自分はねえ、どんなことがあっても生きていたいと思いましたよ。生きて、お父さんやお母さんに逢いたいと思いました」

父の作太郎はちょっと眼をしばたたいた。二年逢わないうちに、父もだいぶ年をとっていた。

「辛かったろうなあ……」

父がふっとそう言った。孝次郎は急にハンカチを出して顔に当てるとくっくっと声を出して泣いた。生きてかえったことが嬉しくてたまらなかった。⑤不安な臆測が何となく影のように心の中を去来していたが、そんなことも父の言葉ですっと消えてしまった。ただ嬉しくて嬉し涙がふつふつとたぎって来る。

「お母さん丈夫ですか？」

「ああ丈夫だとも、皆、うちのものは元気だ……」

「そうですか……そればかり案じていました」

「さあ、寒かったろう、一杯どうだ」

ぬるくなった徳利を持ちあげて作太郎が盃を差した。大きい盃に酒はなみなみとつがれた。父は息子につがして、自分も盃を二三杯いそいであけた。しばらく妙な沈黙がつづいた。孝次郎は少しばかりまた不安になってきている。

「実は、あの電報をおふくろさんが受け取ってわしに見せたんだが……わしはあの電報を見てな、毎日考えあぐねていたのさ……戦争が済んですぐな、初代は総三郎の嫁にしてしまったんだよ、――お前にどうして申し訳したらよいかと心配してなあ……」

孝次郎はああそうだったのかと、しばらく黙って膳の上をみつめていた。＊小女が鰊と昆布の煮た皿を運んで来た。障子がひとところびりびりと風に鳴っている。

総三郎は孝次郎の次の弟で、＊日華事変で二年ばかり兵隊に行ってかえると、家にいて百姓を手伝っていた。実直者で、孝次郎は一番好きな弟だった。自分が戦死したとなれば、どうしても総三郎が家を継がなければならなかった。

「初代は元気ですか？」

「ああよく働く女で、総三郎と二人で馬車馬みたいに働いとるでなあ……」

作太郎はこうした因縁になったことを正直に委しく話してくれた。――孝次郎は二人が不憫であった。初代は総三郎よりたしか二つ年が上のはずだったが、兄の女房を押しつけられて馬車馬のように働いていると言うことを聞くと、孝次郎は誰も憎めなかったのだ。戦地で、毎日空想していた子供のような数々の思いからすっと虚脱したような空白な心になっていた。作太郎が便所へ立って行った。障子を二三寸開けたままで出て行ったので、そこから肩をさすような寒気がすうっと吹き込んで来る。孝次郎は畳の上にごろりと寝転んで眼を閉じた。瞼の中に大きい駱駝の絵が浮かんだ。白々と酒の酔いも醒めたようだった。父から委しいことを聞いて、かえっていまでは清々した気持ちでさえある。初代のおもかげも何となく霧の中に消えてとらえどころがない。体が疲れているせいか、肉体的な苦しみもなく、すべては何も彼もいまは藻抜けの殻になっている感じだった。

（林芙美子「雨」）

＊ひらった＝「ひろった」と同義。　＊広蓋＝料理などを載せる台。
＊インバネス＝袖のない男性用のコート。
＊小女＝料理屋などで働く若い女性。　＊日華事変＝日中戦争のこと。

(1) Ⅰ～Ⅲに入る適切な文を、それぞれ次から選び、記号で答えなさい（同じ記号は二度使えません）。

ア 戦場に放浪していたこの月日が惜しまれてならない。

イ 孝次郎は、動物たちが山谷の自然にたわむれて無心に生きてゆく生活を羨ましく空想していた。

ウ 短い寿命を、いい生き方で埋めきれない人間生活の運命を不思議に考えるのである。

Ⅰ〔　　〕　Ⅱ〔　　〕　Ⅲ〔　　〕

(2) ――線部①と対照的に描写されているものの象徴的な表現を、次の「残務整理」で始まる段落から十字以内で抜き出して書きなさい。

(3) ――線部②について、次の解説文の[a]～[e]に入る適切な語句をそれぞれあとから選び、記号で答えなさい（同じ記号は二度使えません）。

[a]が[b]となったことは、「どうしてみんな我慢していたのか」という[c]の[d]を初めて[e]で告白しているように思えるから。

ア 祖国　イ 故国　ウ 兵隊　エ 予期せぬ不運
オ 日本人　カ 沁みるような淋しさ　キ 沙漠の中
ク 神の前　ケ 変わり果てた姿　コ 本当の思い

a［　］ b［　］ c［　］ d［　］ e［　］

(4) ――線部③について、この三文はどのように構成されているか。その説明として最も適切なものを次から選び、記号で答えなさい。

ア 天候の不順と季節の推移が、孝次郎をはじめとする兵隊たちに少しずつ虚無感を抱(いだ)かせて、兵隊たちはこれからの人生に対する絶望感を深めている。

イ 港町での冬の雨の冷たさが、今の季節に対する違和感(いわかん)を孝次郎たちに抱かせて、兵隊たちは出兵前との断絶感にさいなまれていると推測している。

ウ 孝次郎など一人ひとりの心に、漠然とした不安な気持ちが思い浮かんで、兵隊たちの心にはこれから起こるであろう我(わ)が身の不幸が推測されている。

エ 孝次郎たち個々人の身体感覚が、兵隊の漠然とした心情の説明となり、それが多くの兵隊たちに通底するより一般的(いっぱんてき)な心情の推測として深められている。

オ 身体感覚に過敏(かびん)になっている孝次郎たちの気持ちの変化が、兵隊の投げやりな心情として表現され、さらに兵隊たちに共有されたものとして表現されている。

［　］

(5) ――線部④について、「戦場での空想」を具体的に語っている部分を冒頭(ぼうとう)の段落から連続する二文で抜き出し、その最後の十字を書きなさい。ただし、句読点等は字数に含(ふく)める。

(6) ――線部⑤について、それはどういうことか。七十字以内でわかりやすく説明しなさい。ただし、「不安な臆測」と「父の言葉」とが孝次郎にとってどのようなものであるのかを明らかにして説明すること。

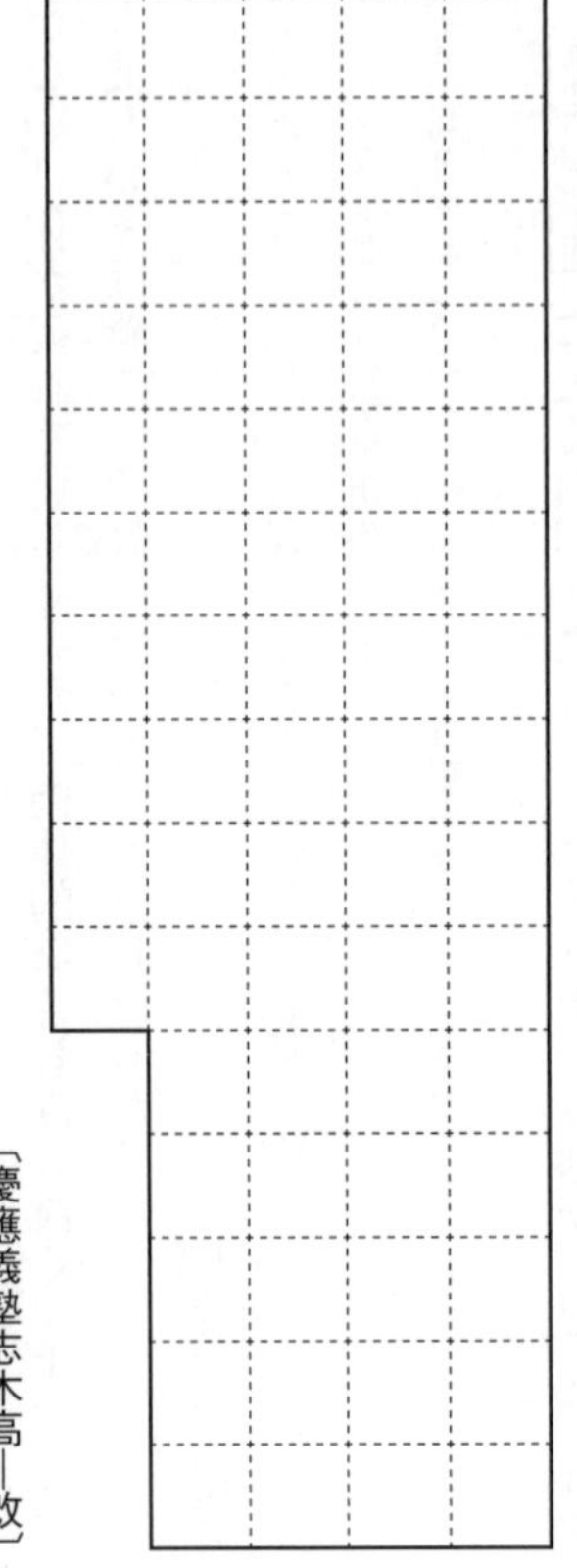

〔慶應義塾志木高―改〕

解答解説

受験研究社

中学
自由自在問題集
国語

解答解説目次

Contents

1 現代文　論説文

読解のポイント
筆者の主張と具体例の関連をとらえる。具体例を挙げることで、筆者がどのようなことを明らかにしようとしているのか考える。両者の関連を考えさせる問題が多く出題されている。

STEP 2 実力問題

本冊⇩8～9ページ

1 次の文章を読んで、あとの問いに答えなさい。

①日本人の伝統的な文化観に「見立て」がある。日本人は、この見立てという比喩的な美意識が好きである。

見立てとは、あるものを別のものになぞらえることである。つまり、ある状況を、それとは別の状況や物事の様子から見て取ることである。日本文化には、この見立ての表現が、多岐にわたって存在する。

例えば、日本独自の造園に枯山水がある。植物や水を一切用いず、石や砂だけで自然を表現する。ここでは、石は山を表し、砂や小石は大海原を表現する。また、落語では、噺家が手ぬぐい一本を用いて様々な情景を表現し、客もこれを想像しながら見立てを楽しむ。

見立てという切り口から日本の文化を総覧すると、その理解なしに日本文化の真の理解は得られないと言ってよいほど、見立ての表現は、数多く存在する。

私たちの祖先は、大陸文化を移入して以来、徐々に独自の美意識に目覚めて日本文化を作り上げてきた。その中でも、特に日本文化に大きな影響を与えたのが見立てであったと言える。日本文化には、見立てのかたちに託した美学が多く息づく。日本人の日常生活には、古くから、縁起を担ぎ、祈願を込めた様々な見立てのかたちが取り入れられている。単に形状が似ているという理由で、また、色や語呂合わせから、祝意を表すものも多くある。

正月のおせち料理を見ても、見立てのオンパレードである。昆布は巻き物に似ていることから、文化・教養を表す。きんとんは金色で、すなわち、財の見立てである。黒豆はまめまめしく働くという［　］から勤労を、数の子は子宝を、鯛は「めでたい」から、というように見立てづくしである。

茶の湯の茶室は、千利休が*草庵と呼んでいるように、簡素な造りであった。利休は、できる限り野趣に富んだ演出を心がけ、壁はわらがむきだしの荒壁のままで、天井には*いぶしたすす竹を、床柱にはゆがんだままの木を用いた。さながら洞窟のような風情である。これらはすべて、茶室という閉じられた住空間に、大自然の姿を再現するための演出と言える。

このように、②日本人は、古くからありとあらゆる見立てに囲まれながら生きてきたと言ってもよいだろう。

先に、おせち料理における見立ての例を見た。おせち料理にとどまらず、日本料理には、見立てを目で楽しみながら味わうといった、他国にはあまり見られない料理の慣習がある。色とりどりの旬の食材と陶器や漆器などによる、かたちや色柄の組み合わせは見事というほかない。

最近、アニメ、ゲームなど、日本発の大衆文化が*「クール・ジャパン」として世界中から好感をもって受け入れられている。クール・ジャパンの流行によって、伝統的な日本文化が世界から注目を浴びているが、このことには③日本料理も一役買っている。日本料理は、色かたちや盛りつけに心を砕いており、食後のスイーツも、和菓子ならば、四季おりおりの花鳥風月に見立てた細工や工夫が見られ、情緒深さを感じさせてくれる。

このように、日本独自の見立てという美意識は、対象をストレート

ココをおさえる
冒頭に筆者の主張が提示されている。どのようなことについて書かれているのかを見定めたうえで続きを読む。「見立て」について書かれた文章である。

(1)「見立て」の定義が述べられている。

(2)筆者の主張と直接的に対応させながら、以降で「見立て」の具体例が挙げられている。

(3)黒豆は、「豆」と「まめまめしい」の「語呂合わせ」にあたる。

ココをおさえる
「枯山水・落語・おせち料理・茶の湯の茶室」という四つの具体例が挙げられたあと、一旦、ここでのまとめが述べられている。

(2)おせち料理は、日本料理に含まれる。

(4)直後の内容に注目。日本文化が世界から注目を浴びるのに、「見立て」がふんだんに取り入れられ、目で楽しめる日本料理も、「一役買っている」と述べられている。

(1)**注意** 「見立て」の定義が、冒頭よりさらに詳しく述べられていることに注意する。こちらの方が指定字数にふさわしい。

※STEP 1 まとめノート の解答は左ページ。

ココをおさえる
文章後半では、「見立て」が築いた日本文化の国際的評価について述べられている。

に風流とかきれいなどとは表現せず、別のものの様子をその対象に見立てることによって間接的に美を表現する高度な方法で表されてきた。この間接的な方法によって表されてきた見立てという美意識は、日本人がもっている粋という美意識につながっているのではないだろうか。

粋は、上品で優雅な感覚の上に、あでやかさとしゃれ心がとけ合って生まれた日本人の美意識であり、私たちの祖先は、生活の中に、常に粋を求め続けてきた。季節の花を生け、四季の花々の文様で飾られた衣装を身に付け、色やかたち、素材などを楽しむ食器で食事をする。自然の美を身の回りに再現して見立てを楽しむことに心を砕いて生活をしてきたのである。

今、見立ての粋という日本人の美意識は、現代ファッションやデザインなどに生かされ、魅力的なメイド・イン・ジャパンが生み出されている。現在、日本文化が世界から注目を浴びていることには、こうした日本人の美意識が深く関与しているのではないだろうか。

（三井秀樹「かたちの日本美　和のデザイン学」）

*草庵＝わら、かやなどで屋根をふいた小さな家。
*いぶしたすす竹＝煙を当ててすすで黒くした竹。
*クール・ジャパン＝海外で評価されている日本文化を指す言葉。クールは、格好がよい、すばらしい、などの意味。

重要
(1) 〔主題〕――線部①「日本人の伝統的な文化観に『見立て』がある」とあるが、「見立て」について次のように説明したとき、□に入る適切な言葉を、文中から五十五字でさがし、はじめと終わりの五字を抜き出して書きなさい。

見立てとは、情景や季節の風物などを□という、日本人の好む比喩的な美意識である。

はじめ ストレート　終わり を表現する

重要
(2) 〔具体例〕――線部②「日本人は、古くからありとあらゆる見立てに囲まれながら生きてきた」とあるが、「見立て」について詳しく説明されている具体例を文中から四つ、それぞれ抜き出して書きなさい。

［枯山水］［落語］
［日本料理（おせち料理）］［（茶の湯の）茶室］

(3) 〔空欄補充〕文中の□に入る適切な言葉を、文中から五字で抜き出して書きなさい。

語呂合わせ

(4) 〔具体例と主張〕――線部③「日本料理も一役買っている」とあるが、その理由について述べたものとして最も適切なものを次から選び、記号で答えなさい。

ア 料理の味わいがとても洗練されていると絶賛を浴びたから。
イ 目で楽しみながら味わうことが魅力的だと評価されたから。
ウ アニメやゲームと同様、模範的な文化であるとされたから。
エ 世界中の人々が、独自の味つけの工夫に関心を持ったから。

［イ］

〔愛媛―改〕

STEP 1 まとめノートの解答

本冊⇨6〜7ページ

① 主張　② 説明　③ 問題提起　④ 接続語　⑤ エ
⑥ 日本人がコミュニケーション下手だと決めつけることはできない

(2) 「見立て」について詳しく説明されている、という条件を読み落とさないこと。

(4) イ「目で楽しみながら味わう」＝「見立てを楽しむ」と判断できる。

1 現代文　論説文

読解のポイント
筆者の主張と説明（具体例など）の関連をとらえる。長い文章では、複数の話題が文中に提示されている場合もあるので、おのおのの節目とその関連をおさえつつ、構造を把握することが重要である。

STEP 3　発展問題

本冊 ⇨ 10〜13ページ

1　次の文章を読んで、あとの問いに答えなさい。

君はこう考えたことはないか？

世界中の人がみんな同じ言葉で話せたらいいのにな。私も外国でなかなか自分の言うことが通じないときなど、外国語が恨めしく思うときがある。でも、世界には無数の言葉があった方がいいと思いなおす。なぜなら、言葉が同じなら、誰もが同じようなことしか考えられなくなるからだ。自分と似たことを言ったり、やったりする奴が世界に何万人もいたら、自分なんてこの世にいなくたって済むではないか。人と違う言葉を話す……それ自体が価値を生むのだ。

たとえば、日本語の「幸せ」に当たる言葉は、英語ではハッピーという、ロシア語ではスチャースチエという。しかし、その単語を発音しても、幸せのニュアンス*は伝わらない。ハッピーはどこか快楽と結びつく感じがし、スチャースチエは神に願いをかなえられた感じがあり、幸せは慎ましく、ほのぼのした願いといった感がある。このズレこそがコミュニケーションの楽しみである。▲

私は外国語を話すのが好きだ。たとえば、ケニアのサバンナでマサイの人にアサンテ・サーナと言えば、カリブーと返事が返ってくる。ありがとう、どういたしまして、という意味だ。あるいは、フィンランドのラップランドで、ハウスカ・トゥトゥストゥアと言えば、サー*ミは喜んで君を家に迎え入れてくれるだろう。それはお会いできて嬉しいです、という意味になる。初めは君の耳に全く無意味な音の連なりとしか聞こえない外国語も、実際に使ってみると、相手に通じるばかりか、特定の反応を示してくれる。

英語を流暢に話す人も、フランス語が得意な人も、最初は恐る恐る使ってみて、少しずつ慣れてゆくものなのだ。言葉が違えば、考え方も違う。人は外国語を学ぶたびに、新たなものの考え方や、ものの見方をも学ぶ。外国語学習の第一歩は、子どものようになって、その言葉で使われている文字や音に慣れることから始まる。それは二度三度と子どもに戻るレッスンになる。そして、気づいてみれば、君は複数のものの考え方やものの見方を身につけている。

今、君が使っている日本語には、明治時代や江戸時代には想像もできなかったほどたくさんの外来語が入り込んでいる。英語のままのもの、フランス語やイタリア語から入ったもの、さらにはロシア語やドイツ語から紛れ込んできたものなど数え切れないほどある。君がよく口ずさむ歌も英語だらけだ。いざ、君が一切の外来語を使わずに、話をしようとしても、ほとんど不可能だろう。なぜ、こうなってしまったのか？　一つには、南蛮貿易の時代とは比べ物にならないくらい大量の情報と物とが絶え間なく交錯しているからだ。日本が外国との貿易関係なしには存在できないのと同じように、①日本語も外国語との結びつきなしにはあり得ないのだ。

しかし、ここで注意しなければならないのは、日本語の中に英語がたくさん入っていることと、私たちが英語を流暢に話すこととは全く別のことだということだ。日本語の文法は相変わらずで、英語の単語や短い言い回しがそのまま、テニヲハで接着されているだけだからだ。日本語はちょうど、輸入品をたくさん取り揃えているデパートのようになっている。

②ザビエルや黒船が日本に来た頃と較べたら、日本語はあらゆることを表現できるようになったかもしれない。しかし、使える言葉があり過ぎて、案外、自分の頭を使って考える機会が失われているかもしれ

---

(5) はじめの二段落で筆者の主張が述べられている。▲までの文章構造をとらえるようにする。

ココをおさえる 以降では、外国語を学ぶことは有意義なことであるという話題について説明されている。

ココをおさえる ここから話題は日本語へ移っていく。

(1) 「たくさんの外来語」の流入によって日本語は外国語と切っても切れない関係になったのである。

ココをおさえる 一つ前の段落で提示された話題に対して筆者の考える注意点が述べられる。論の展開と文章の構造をとらえよう。

ない。自由とか神経といった言葉は、江戸時代にはなかった。たとえば、自由という言葉を使わずに、それが意味することを表現してみろと言われたら、かなり苦労するだろう。

日本語は最初からそんなに便利な言葉だったわけではない。君の先祖たちがさまざまな体験、試行錯誤、誤解、対決を通じて、少しずつこしらえてきたものだ。その恩恵を忘れてはならない。*シェイクスピアの『ロミオとジュリエット』を読めるのも、吹き替えにしろ、字幕スーパーにしろ、ハリウッドの映画を見て、感動したり、首を傾げたりできるのは、先祖たちが日本語の改良に努めたからだ。君の爺さん、婆さん、曾爺さん、曾婆さんたちも、今君が使っている日本語を作ってきたのだ。君も名前くらいは聞いたことはあるだろう、樋口一葉、森鷗外、夏目漱石、芥川龍之介、谷崎潤一郎くらいは。彼らもまた、日本語を使って、世界と戦い、世界に通用する生き方、考え方を編み出してきたのだ。

日本語には、単に喜怒哀楽を表現する以外にもさまざまな利用法があることを忘れてはならない。

私自身も日本文学の末端で、日本語と日々格闘している者だ。私の小説は必ずしも、読みやすいものではないけれども、それは③言葉が持っている二重、三重の意味作用にこだわるからだ。

たとえば、タイムマシンという言葉。その意味は六歳の子どもも、ドラえもんなどを通じて知っている。思い通りに過去や未来に旅ができる一種の乗り物だが、私は全く違うタイプのタイムマシンを考えたことがある。それはベニヤ板でできていて、見た目は犬小屋にそっくりだ。とてもゆっくり時空を越えて行くタイムマシンで、二十年後の未来へゆくのに二十年もかかる。それじゃ、タイムマシンに乗らなくてもいいじゃないか、と君は思うかもしれない。普通に二十年間暮らしていても、二十年後の未来に行くことができるのだから。けれども、そのタイムマシンに乗っていると、昼と夜が逆転したり、一分が一時間に感じられたり、一週間が一日に感じられたり、時間の感覚が狂う。また、暗闇で外界と遮断されているうちに、自分の過去をじっくり回想することもできるので、過去へ旅するのも容易だ。このタイプのタイムマシンは誰でも作ることができる。タイムマシンの*定義を、「時間の感覚を狂わせる機械」という風に変えてしまえば。

小説家は言葉をこんな風に用いる商売でもあるので、時に言葉の魔術師だとか、詐欺師などと呼ばれもする。しかし、世の中にはもっと巧妙に人を欺く人々がいる。判りやすく、聞いていて気持ちのいい言葉には嘘があると言っても過言ではない。君たちは下手に言葉に騙されないよう、自らを訓練しなければならない。その訓練の手伝いに、小説が少しでも役立てばいい、と私は思っている。そして、きょうはどの言葉の定義を変えてやろうかと考えている。

現在、日本語は、中国や韓国、東南アジアの国々やオーストラリア、アメリカなどでも多くの人々に学ばれている言葉だ。今後も、私たちは日本語をあとから学ぶ人たちと出会う機会が増えるだろう。私たちは、彼らに言葉を教える立場になる。教える立場になってみて、君は初めて、日本語はどういう言葉なのかを知ることになるだろう。外国人が頭を悩ませる日本語のテニヲハや敬語や主語の省略について、改めて考える機会を持つことになるだろう。そのとき、君は、外国語との比較で日本語をとらえ直すことができる。

その意味では、古典の勉強もまた、日本語を外国語のように扱うところがある。『源氏物語』や『平家物語』を読むとき、敬語の規則や動詞の活用を学んだ覚えがあるけれども、なかなか面倒だった。しかし、昔の日本人がどのように日本語を使っていたかを知るためには、文法の学習だけでは足りない。生活上の流儀や趣味、恋の作法、自然との関係、その他多くのことを言葉の向こうに読み取らなければなら

(2) この段落で、日本語を便利にした先祖たちの苦労について述べられている。

ココをおさえる 日本語の言葉の利用法について、具体例を挙げて説明されている。

(3) ここまでに述べられた、日本語には「さまざまな利用法がある」ということを前提としながら、これ以降に挙げられている「タイムマシン」の具体例と関連づけて考える。

ココをおさえる ここからは結論へと展開する部分。日本語がとても影響力のある言語になったと事実をまとめる一方で、それによって改めて、日本語について考えさせられるだろうということや、そのせいで外国語を学ばなくなれば、日本語自体が貧しくなってしまうといったメッセージに続いていく。

(4) 日本語を深く知るために必要な態度・姿勢は、「外国語の学習」においても「同じ」であると述べられているので、両者の共通点を考える。

ない。④それは外国語の学習も同じだ。

日本語はとても影響力のある言語になった。日本語がどこでも通じるようになれば、便利だと思うかもしれないが、外国語を学ぶ動機がますます希薄になるとしたら、それは日本語自体も貧しくする結果になってしまう。

（島田雅彦「いまを生きるための教室　死を想え　国語・外国語」）

＊ニュアンス＝言葉の微妙な意味合い。
＊サーミ＝ラップランド地方に住む民族。
＊シェイクスピア＝イギリスの詩人・劇作家（一五六四〜一六一六）。『ロミオとジュリエット』はその代表的戯曲。
＊定義＝言葉でものの意味や内容を限定して説明したもの。

(1) ――線部①「日本語も外国語との結びつきなしにはあり得ない」とあるが、その説明として最も適切なものを次から選び、記号で答えなさい。

ア 日本語がずっと昔から外来の漢字を使っているように、外来語の流入は近年になって始まったわけではないため、今さら日本語から外来語を排除することは考えられなくなっている。

イ 世界中で情報と物の交錯が絶え間なく進行し、国や言葉の境界があいまいになってきたため、日本語と外国語も文法の変化を伴って融合することが当然の成り行きになっている。

ウ 他の国々と大量の情報や物の行き来が盛んな時代になって、外国語が大量に日本語の中に流入しているため、外来語を用いない日本語の表現は考えられなくなっている。

エ さまざまな分野で国際化が進む中で、日本も必要な情報や物の多くを海外に依存せざるを得ない状況にあるため、これからの日本人には外国語の習得が必要不可欠になっている。

［ ウ ］

(2) ――線部②「ザビエルや黒船が日本に来た頃と較べたら、日本語はあらゆることを表現できるようになった」とあるが、その説明として最も適切なものを次から選び、記号で答えなさい。

ア 明治時代以降の日本語を改良していく歴史において、先祖があらゆる外来語をそれ以前からある日本の言葉に置き換えて表現してきたことにより、日本語の表現能力が飛躍的に向上した。

イ 多くの外国語を日本語の中に取り込んだり、それまでの日本になかったものや考え方を表現できるようにしたりした先祖たちのおかげで、より多様な日本語の表現ができるようになった。

ウ 古来日本が言葉を使わなくても心が通じ合う文化を持っていたために、日本語は表現力が乏しかったが、流入した外来語を活用して現在のような高い表現能力を持つ言葉に生まれ変わった。

エ 先祖たちが苦労して改良した日本語を、文学者が文学作品という形にして世界と戦えるように示してくれたおかげで、日本語は世界を代表するすぐれた表現ができる言葉になった。

［ イ ］

(3) ――線部③「言葉が持っている二重、三重の意味作用」とあるが、その説明として最も適切なものを次から選び、記号で答えなさい。

ア 誰もが知っている意味だけでなく、新たに意味を与えることで表現の可能性が広がること。

イ 誰でも言葉の定義は変えられるので、どんなに言葉を選んでも複数の解釈が生じること。

---

(1) 文中では、「南蛮貿易の時代とは比べ物にならないくらい大量の情報と物とが絶え間なく交錯している」から、外来語を一切使わずに話をすることは不可能だと述べられている。**ウ**の内容と一致する。

(2) **イ**「先祖たちのおかげで、より多様な日本語の表現ができるようになった」という部分に着目する。文中でこのことは「恩恵」と表現されている。

(3) **ア**「新たに意味を与えることで表現の可能性が広がる」という部分が、直後の「タイムマシン」の具体例に合う。

(4)
エ「文法の学習」だけでなく、身につけようとする言葉の「さまざまな背景を理解する必要がある」という部分が、日本語の学習と外国語の学習の共通点の説明として正しい。

(5)
条件①
筆者の考え…世界に言葉は無数にあった方がよい。
その根拠…言葉が同じなら、誰もが同じようなことしか考えられなくなる。
人と違う言葉を話すことそれ自体が価値を生む。
これらを条件②も満たしながらまとめる。

ウ 小説家によって古い言葉をもとに次々と新しい表現が生み出されて言葉が豊かになること。
エ 言葉で世界と戦うことで世界に通用する考え方を身につけ、多様な場面で活用できること。

［ ア ］

(4) ——線部④「それは外国語の学習も同じだ」とあるが、筆者がそのように考える理由を説明したものとして最も適切なものを次から選び、記号で答えなさい。

ア 言葉の本質をとらえ流暢に使いこなすためには、十分な文法の学習とともに、絶えず教える立場に立って言葉を繰り返し考えるという経験が重要だから。
イ 言葉を習得するためには、まず文法を学習したうえで古典の本質を知り、現在の言葉との比較において言葉をとらえ直そうとすることが近道だから。
ウ 言葉がそれぞれの国でどのように使われているかを知るためには、文法の学習以上にその言葉を使っている人々の生活様式をまねするしか方法がないから。
エ 言葉を身につけるためには、文法の学習だけでなく、その言葉を使っている人々の生活や習慣などその言葉のさまざまな背景を理解する必要があるから。

［ エ ］

記述 難問 **(5)** 文章のはじめから▲までの内容を要約しなさい。ただし、次の①・②の条件を満たし、全体で四十字以上五十字以内の一文で書くこと。
①世界中の人が同じ言葉を話すことに対する筆者の考えとその根拠に触れること。
②文末は句点（。）で終え、これも字数に含めること。

例 人と違う言葉の使用が価値を生み、同じ言葉だと思考も同様になるので、世界に言葉は無数にあった方がいい。

思考力 **(6)** 国語の授業の中で、生徒たちがいくつかのグループをつくり、この文章の内容について話し合った。次の**ア**〜**エ**は、あるグループでそのときに出された意見の一部である。これらの中から、筆者が文中で述べている内容に合わないものを一つ選び、記号で答えなさい。

ア「これまで覚えてきた英語の単語も、そのまま日本語に置き換えられるものだと思っていたけれど、生活習慣や考え方も違うのだから私たちの感覚とは微妙なズレもあるんだね。」
イ「日常でも英語はたくさん使っているけれど、だからといって英語を上手に話せないのは、実際の英会話に必要な単語や言い回しがまだ日本語の中に定着してないからだったんだね。」
ウ「小説を読むっていうことは、小説家が作品の言葉の中に込めた意味をつかむことを通して、私たちが日常生活の中で人の言葉が本当か嘘かを判断することにも役立つんだね。」
エ「日本語がたくさんの外来語を取り入れてきた背景には、先人がそれだけたくさんの新しい考え方を吸収して日本語を便利にしてきた歴史があるということも言えそうだね。」

［ イ ］〔神奈川〕

---

(6)
イ「英語を上手に話せないのは……まだ日本語の中に定着してないからだったんだね」の部分が、文中の「日本語の中に英語がたくさん入っていることと、私たちが英語を流暢に話すこととは全く別のことだ」という部分と合わない。

2 現代文 小説

読解のポイント

主人公の人物像と心情・考え方の変化に注目する。特に心情の変化の過程では、その人物の心理や考え方に大きな影響を与えた出来事、および、その人物が発見・理解した内容をとらえよう。

※ STEP 1 まとめノートの解答は左ページ。

STEP 2 実力問題

本冊 ⇩ 16～17ページ

1 次の文章を読んで、あとの問いに答えなさい。

三郷心は工業高校の一年生で、コンピューター研究部〈コン研〉に所属している。ある日、ものづくり研究部〈もの研〉の顧問に頼まれ、文化祭の販売品の製作を手伝うことになった。製作にはものづくり研究部一年生の吉田と亀井、二年生の原口、技術指導をする熟練工の小松さんがあたっていた。文化祭を翌日に控え、完成した販売品の大きさのちがいが気になった心が、そのことを原口に指摘する場面である。

最初から疑問だったのだ。マシニングセンタは、コンピューター制御の切削機械だ。コンピューターにデータを入力して作動させると、自動的に同じ形に切削していく。今回つくったペーパーウェイトだって、もっと大量生産に適したデザインにして、マシニングセンタにかければ時間も労力も半分以下ですんだだろう。どうしてそれをしないで、少人数でてんてこ舞いして助っ人まで頼んだのか、心にはさっぱり理解ができない。

「そんなことしたら、〈もの研〉の意味がないやろ」

あきれたような原口の声が言った。

「あのね。〈もの研〉は、〈コン研〉とちがってコンピューター任せの＊部活やないと。人の技術を追求するための部活なんっちゃ」

「コンピューター任せって……」

悪意の混じったような発言に、心はむっと顔を上げた。

「削り方、磨き方にだってそれぞれの個性が出るやろう」

「①だからそれでは工業製品の意味がないです」

声を荒らげかけた時、気の抜けるような声がした。

「おー諸君、今日はもうよかったんやったかね」

小松さんだ。

「うん。あとは明日の準備だけやけん、おれらでやれるわ。小松さん、長いことありがと。小松さんがおってくれたおかげでほんとたすかった」

原口は満面の笑みを小松さんに向けて言った。心に対するあてこすりみたいな笑顔だ。

嫌味全開。ほんとに感じが悪い。

心は舌打ちをかみ殺したが、

「いやいや、なんの」

原口に愛想よく言われて、小松さんは上機嫌で作品を手に取り始める。

「お、これは原口、これは亀ちゃんやな。それからこれはわしや。うーんいい仕事してますなあ。あと、こっちのまだまだは吉田」

自分の子を眺めるような目つきだ。

心はぴくりと眉を寄せた。

製作者がわかるのか。

確かに自分の目から見ても、ひとつひとつちがうのはわかったから、小松さんくらいの職人なら製作者もわかるものかもしれない。けれどこうも簡単に言いあてられるものだろうか。

「そんなことわかるんですか」

「そりゃ、見りゃわかるわ」②

不思議に思ってきくと、小松さんはこともなげにそう言い、製作者

ココをおさえる　三郷心は①工業高校の一年生②〈コン研〉に所属しているという人物の基本情報をあらかじめおさえておく。

(1) これらの部分から、心の「工業製品には個性は許されない」という考え方（人物像）を読みとる。

ココをおさえる　心の考え方と相容れない考え方。ここもおさえておく。

ココをおさえる　「小松さん」の登場によって場面が大きく展開する箇所。時間・場所・登場人物が変わるところに注目し、場面の展開を正確にとらえる。

(2) 「見りゃわかるわ」と、こともなげに言いながら作品の製作者を見分ける小松さんの姿から、心が気付きはじめたことが描写されている。小松さんの言動が心の心情や考え方に大きな影響を与えていることがわかる。

(3) 心自身の作品も小松さんに言いあてられたうえ、手から作品の自分らしさがしっかり伝わることで、今までの考え方が揺さぶられている。心の言葉や行動から心情をとらえる。

(1) 個性は許されない、という内容であれば正解。

の選別を続けた。

「亀ちゃん、原口、原口、わし、わし、吉田……」

鼻歌でも歌うようにより分ける。

半信半疑で顔をしかめていたが、やがて心は小松さんの手元に注視した。よく見ると、確かに製品にはそれぞれ特徴があるような気がしてくる。同じ製作図、同じ材料、そして同じ機械を使ったはずの製品なのに。

よりわけていた小松さんの節くれだった手がふと止まった。

「あ、それからこれはあんたやね。みさと選手。なかなかいいね。はい、敢闘賞」

小松さんは、サイコロ型のペーパーウェイトをひとつ持ち上げると、心につき出した。思わず受け取る。

③ずしんとくる。

確かに自分がつくったものだと心にもわかった。それも初めてつくったものだ。あの時の感覚がよみがえった。心細さや、製作中の胸の高鳴りや、できあがった時の充足感が。

「いいんですか」

つい、口が勝手に答えてしまって、心はうろたえた。けれどどうしてか、手放したくはない。

「よかばい、わしが買うちゃる」

小松さんは胸をどんとたたいた。

鏡のように輝く鉄の表面を、心はそっとなでてみた。

（まはら三桃「鉄のしぶきがはねる」）

＊部活やないと＝ここでは「部活ではないぞ」という意味。

記述

(1) 〔人物像〕——線部①「それでは工業製品の意味がない」とあるが、この部分からわかる心の考え方を、二十五字以内で書きなさい。

例 工業製品にはちがいがあってはならないという考え方。

重要

(2) 〔行動の理由〕——線部②「小松さんはこともなげにそう言い、製作者の選別を続けた」とあるが、この小松さんの行動について説明した次の文の A ・ B に入る適切な言葉を、それぞれ文中から五字で抜き出して書きなさい。

心は、製品にはそれぞれ A ことに気付きはじめているが、それは製作者の B ということだと、小松さんは心にさりげなく示そうとしている。

A 特徴がある　B 個性が出る

(3) 〔心情〕——線部③「ずしんとくる」とあるが、このときの心の心情として適切でないものを次から一つ選び、記号で答えなさい。

ア 自分の手で作った作品を特別なものだと感じている。

イ 今までこだわってきた考えを揺さぶられて戸惑っている。

ウ 作品を作り上げたときの達成感が思い出されている。

エ 作品をもらっても良いものかと迷って遠慮している。

〔エ〕

STEP 1 まとめノート の解答

本冊⇨14〜15ページ

①人物像　②出来事　③心情　④うしろめたさ　⑤行動　⑥表情　⑦ウ　⑧雨はすっかり上がり、きれいな夕やけ空が広がっていた

(2) 注意 空欄の前後をよく読み、A・Bを逆にしないように注意する。

(3) 注意 適切でないものを選ぶことに注意する。

2 現代文 小説

読解のポイント
作品の盛り上がる場面に注目し、主題をとらえよう。主題は作品の中で明示される場合と、読者の想像にゆだねられたりそれとなく示されたりする場合とがある。作品の底流を流れるメッセージを読みとろう。

STEP 3 発展問題

本冊⇨18～21ページ

1 次の文章を読んで、あとの問いに答えなさい。

明治二十八（一八九五）年の夏、気象学者の野中到は正確な天気予報を行うために、富士山頂で越冬して気象を観測しようという熱意を抱き、山頂に観測小屋を建てた。その妻の千代子は、一人で観測するという夫を支えるため、家族や到の先輩である和田先生など周囲の反対を押し切って、自分も富士山頂へと同行した。

「身体がだるいだろう。顔の浮腫が引けないうちは、さっぱりとはしないものだ。しかし、もうそろそろ浮腫がなくなってもいいころだがな。」

到は云った。やはり、千代子には、空気が稀薄な富士山に長く滞在することは無理なのかもしれない。

「私の顔もいくらかむくんでいるようですけれど、あなただってふだんとは違いますわ。」

千代子は、彼女の身の廻り品を入れてある箱の中からⓐ手鏡を出して、到の顔の前にさし出した。髯の中で眼ばかり輝いている到の顔と千代子の顔が並んで映った。

「ね、あなただって、いくらかむくんでいるでしょう。気圧のせいだわ。」

そうかなと云う到に、そうですよと納得させるとすぐ千代子は、ずっと前から考えていたことを云った。

「私に観測をさせて下さいませんか。」

「お前に？　なぜお前が観測をやる必要があるのだ。」

「そのわけは、これですわ……。」

千代子は、にこっとすると、ⓑ一度手元に戻した鏡を、もう一度到の顔の前にさし出して、鏡の中の、落ちくぼんだ到の眼のあたりをゆびさして云った。(1)

「寝不足よ。こんなことをしていると、あなたは一冬越さないうちに死んでしまいます。だから、あなたのかわりに、私が昼間のうちだけでも観測をいたします。あなたは夜の観測があるのだから昼は寝ていなければいけませんわ。そのうち馴れたら、私が夜の観測をいたしますから。」

しかし、到は、なにをばかなことをという顔で

「お前が来てくれて、雑用を引き受けてくれるし、ほんとうに眠いときは、お前が起してくれるので、安心して、眠れるようになった。これ以上お前に手伝って貰うことはない。だいいち、お前に観測ができるものか。」

「私が女だからですか。」

千代子はそのとき、きつい眼で到を見た。そういう眼つきをされたことのない到は、あきらかに、それが、自分を非難している千代子の眼ざしだとわかるだけに、そのあとの*継穂のしようがなくなって、ストーブの上にかけてある薬罐の湯をコップについで飲んだ。味のまったくないまずい湯であった。

「あなたに、ぜひお見せしたいものがあるわ。」

千代子は、ふところから、洋紙を何枚か重ねて折って作った、自製のノートを出して、開いて見せた。そこに細かい気象観測値が記入してあった。

「これはいま観測したばかりの数値ですわ。あなたが観測した数値と比較して見ていただけませんか。」

到は千代子の観測記録と彼女の顔とを見較べた。さっき彼が定時の気象観測をしたあと、風力計（現在の風速計）の具合を見に外へ出て

ココをおさえる
時代背景が明治二十八年であること、野中到が気象学者であるという人物の基本情報をあらかじめおさえておく。

ココをおさえる
妻の千代子が「周囲の反対を押し切って」まで富士山頂へ同行した理由が述べられている。このように前書きには重要な情報が詰まっていることが多い。

(1) これらの発言から、千代子が夫の前に「鏡をさし出した」行動の理由(目的)を考える。

ココをおさえる
このあとの千代子の行動や発言にも注目し、夫を支えたいという強い思いを読みとる。

いた間に観測した記録だなと思った。到が観測するときに千代子がその後をついて廻っていることはよくあった。彼が＊野帳に記入するのを覗きこんでいることもあった。しかし、一度も、観測方法を教えてくれと云ったことはなかった。その千代子が、どうやって観測をしたのであろうか。千代子の自製の野帳には、数回の観測記録が、その年月日、観測時刻と共に書きこんであった。

①到は、彼女がどうやって観測法を覚えたかを知るまえに、まずその観測値が正しいかどうかを確かめようと思った。彼は、彼女が観測した値と彼の観測値とを比較した。ほとんど同じ値を示していた。気温に〇・一度の差があったが、それは読取り誤差の範囲であった。

到が驚いたことには、気圧がちゃんと観測してあった。風向、風速、気温の観測はそうむずかしいことではないが、気圧の観測は、誰にでも容易にできるというものではなかった。見よう見真似で、象牙の針と水銀面を合わせて、水銀柱の高さを読み取ることは、まあまあできるとしても、測定した値に＊器差補正、温度補正、重力補正を加えるなどということは、気圧というのがどういうものであるか、その物理的意味をひととおり知っていなければできないことであった。

「千代子、お前は気象観測の仕方を誰に教わったのだ。」

到は、そう云って、ちらっと頭の中に＊博多のことを思い浮べた。千代子が九州の実家に帰っている間にどこかの測候所にでも行って、気象観測のやり方を教わって来たのかとも思った。

②「あなたから教わったのですわ。」

千代子はそう云って、おかしそうに声を立てて笑った。到は更にわからないという顔をした。

「観測の仕方はあなたの後をついて廻っている間に覚えたのですけれど、気象観測に関する専門知識は、あなたが、和田先生から戴いた気象観測という本を何度か読みました。」

千代子はちょっと恥かしそうな顔をした。夫の知らない間に夫の本を盗み読みしたことをとがめないでくれと云いたそうな顔だった。

「何度も読んだんだって？」

「はい、東京にいる間にも読んだし、＊御殿場にいる間にも読みました。温度計の示度を読み取る場合は眼と水銀柱又はアルコール柱の頂とを結ぶ線が、温度計のガラス面に直角でなければならないなどというところも読んだし、気圧計の補正がなぜ必要なのかも読んで覚えました。でも、実際、あなたの観測するところを見なかったら、私ひとりで観測することはできなかったと思います。」

到はあきれた。千代子が勝気で＊怜悧であることは知っていたが、③こうまで、先の先を読んでいたのだと思うと、いまさら、観測をやってはならないとも云えなくなった。④自分の身体が、急に力持ちになった千代子の手によって高いところにふわりと持ち上げられたような気持だった。

「あきれたやつだよ、お前は。そういうわけなら疲れたときは交替して貰うことにするか。その前に、ひととおりは器械類の説明をしておこう。」

到は千代子を、野中観測所の観測員にすることに決めると、妻にではなく、所長が観測所員に説明するような言葉づかいで、ひととおり観測のやり方と、気象器械について説明して廻った。

千代子は、熱心に見て廻り、質問もした。ときには到が＊辟易するような問題を出して彼を閉口させた。

到は千代子が彼の助手として申し分がないと分ったときに、肩の重荷が一つおりたような気がした。二時間置きの観測はつらかった。それも、いざというときには千代子に替って貰えると考えただけで気が楽になった。それでも到はなお二日ばかりは、千代子に見習い観測をさせて、そして、その翌日の昼間、到は朝十時の観測が終ってから、

(2) 正確な観測をすることに余念がない、客観的な数値に重きをおく、仕事に対してまじめで慎重である、といった到の性格が読みとれる。

(3) 到の発言と考えた内容が描写されている。到の発言を妻の千代子がどのように受けとったのかを考える。

(4) ここまでの千代子の発言や、①夫の観測する姿から技術を学んでいた②以前から夫の本を読んで知識を蓄えていた、といったこれまでの行動を受け、「こうまで、先の先を読んでいた」とまとめられている。

ココをおさえる ここから先に描かれている、到の心情の大きな変化をとらえる。作品の盛り上がる場面から、主題を読みとる。

(5) 「急に力持ちになった千代子」、「高いところにふわりと持ち上げられたような」という、それぞれの表現がたとえている内容を明らかにする。

(2) この部分からも――線部①と同様、到の慎重な性格を読みとることができる。

(6)――情景描写に着目する。「真赤な夕陽」が象徴する内容を考える。

観測を千代子にまかせて、六時間あまりぐっすり眠った。眼を覚ましたときはもう日没に近い時刻であった。戸を開けて外に出ると、⑤真赤な夕陽が山の向うに沈むところだった。濃紫色の影となった山並みの手前にできた雲海は、夕陽をうけてバラ色に染まり、富士山頂へつながる光の軸を中心に輝いていた。そこで見る夕陽は水平線に沈む太陽のように大きくは見えなかったが、なんと美しい色をした太陽だろうと思った。そして、静かな、なんと雄大な落日の景観であろうかと思った。彼は千代子を呼んで、外套を着て出て来た千代子と肩を並べて、しばらくはその景色に見入ったままだった。

（新田次郎「芙蓉の人」）

*継穂＝とぎれた話をつなぐきっかけ。　*野帳＝野外での記録用ノート。
*器差＝測定器が実際に示す値と本来示すべき値の差。　*博多＝福岡県の地名。
*御殿場＝静岡県北東部の地名。富士山のふもと。　*怜悧＝頭の働きが鋭いこと。
*辟易＝勢いに押されてたじろぐこと。

記述

(1) ――線部ⓐ「手鏡を出して、到の顔の前にさし出した」、――線部ⓑ「一度手元に戻した鏡を、もう一度到の顔の前にさし出して」とあるが、千代子がこのようにした理由を、五十字以上六十字以内で書きなさい。

例 初めは自分と同様にむくんだ到の顔を、次に到の顔だけを映して、疲れていて助けが必要なことを本人に自覚させたかったから。

(1)
①**行動の目的**
…助手の必要性を訴えたい。
②**その手段**
…鏡を使って、到の顔のむくみ・やつれという事実を映して見せる。
以上二点が入っていればよい。

(2) ――線部①「到は、彼女がどうやって観測法を覚えたかを知るまえに、まずその観測値が正しいかどうかを確かめようと思った」とあるが、この表現から読みとれる到の性格が最もよく表れている箇所を、これよりあとの文中から一文でさがし、はじめの五字を抜き出して書きなさい。

それでも到

(3) ――線部②「千代子はそう云って、おかしそうに声を立てて笑った」とあるが、千代子が「おかしそうに声を立てて笑った」ときの心情として最も適切なものを次から選び、記号で答えなさい。

ア 夫から教えてもらったといっても直接教わったわけではなく、夫の本を読んだり観測の仕方を見たりして、独学で身に付けたことを得意に思っている。
イ 夫が自分のいない時に他の測候所で気象観測を教わって来たことを知らずに、夫だけから学んでいたと思っていることをほほえましく思っている。
ウ 夫の本を目の前で読んだり観測の仕方を夫の後について見たりしているのに、夫が鈍感でちっとも気が付いていないことを滑稽に思っている。
エ 夫が自分以外のだれかから気象観測の仕方を学んできたのだと思い込み、夫自身が間接的に教えていたのに気付いていないことを愉快に思っている。

［ エ ］

難問　思考力

(4) ――線部③「こうまで、先の先を読んでいたのだ」とあるが、千代子の行動が「先を読んでいた」と言える理由として最も適切なものを次から選び、記号で答えなさい。

ア 夫の反対を考えてすぐに手伝う意志を告げず、正確な観測を行うために本で情報を得るだけではなく、入念な準備をした上で話す機会をうかがっていたから。

イ 夫の書いた本を盗み読みしたことを打ち明けるとしかられるだろうと予期し、充分に観測ができるようになってから話そうと、ひそかに練習をしていたから。

ウ 夫が元気なうちは観測の手伝いを申し出ても断られてしまうだろうと予測し、夫が疲れ切ってしまうまで待ってから提案しようとして、様子を見ていたから。

エ 夫に手伝いを申し出ても女性には無理だと断られてしまうだろうと推測し、充分に練習を積んだ上で、女性でも観測できることを示そうと準備をしていたから。

［ア］

難問　記述

(5) ——線部④「自分の身体が、急に力持ちになった千代子の手によって高いところにふわりと持ち上げられたような気持だった」とあるが、この表現は到のどのような心情をたとえているか。六十字以内で書きなさい。

例 妻が気象観測の技術と知識を陰で習得していたことを心強く感じ、一人で観測を続ける負担から解放されることを期待する心情。

思考力

(6) ——線部⑤「真赤な夕陽」が沈むときの情景描写について述べたものとして適切なものを次から二つ選び、記号で答えなさい。

ア 心強い助手を得られたことで、到が気象観測士として偉大な成功を確信する様子がうかがえる。

イ 根気と体力のいる気象観測を一人で背負う辛さから解放された到の安心した気分が感じられる。

ウ 女性の助けを借りるのは悔しいが、一人でできる限界まで頑張ろうと決意する到の胸中が察せられる。

エ これからは観測が円滑に進むであろうため、和田先生にも顔向けができるという安堵感が伝わってくる。

オ 聡明な妻の力強い手助けによって夫婦の絆がいっそう深まる様子が投影されている。

［イ・オ］

思考力

(7) この文章の表現の特色として最も適切なものを次から選び、記号で答えなさい。

ア 到と千代子のささやかな心情の交わりや心の揺れを描くとともに、人間の小さな感情とは関係のない大自然の雄大な情景を描き対比している。

イ 到と千代子の行動がそれぞれ描かれているが、心理的な描写は到の心の中に限られており、到の目から見た一人称による描き方になっている。

ウ 科学的な用語や説明を多く用いるとともに、会話を多用して到と千代子のやりとりを生き生きと描くことで、状況が分かりやすく説明されている。

エ 到と千代子の心情については描写が少なく読みとりにくくなっているが、気象観測については科学的な用語を多く用いて分かりやすく描いている。

［ウ］

〔都立戸山高—改〕

(5) ①**急に力持ちになった千代子**…千代子の存在が頼もしく思えた。②**高いところにふわりと持ち上げられたような気持**…肩の重荷、一人で観測をし続ける負担から、解放されたような心情。以上二点が入っていればよい。

(6) 主題は「妻・千代子の力強い手助け」である。この内容を軸に選択肢をしぼる。

(7) **ウ**が正解。特に「会話を多用して到と千代子のやりとりを生き生きと描く」という箇所に着目する。

読解のポイント

筆者の体験と感想から主題をとらえる。筆者が随筆の中で複数の体験を紹介している場合、それらを読み比べることで主題がはっきりすることが多い。

※STEP 1 まとめノートの解答は左ページ。

STEP 2 実力問題

本冊⇩24〜25ページ

1 次の文章には、「私」が五歳くらいの頃、母と弟と共に風呂屋に行き、膝に抱いた見知らぬ赤ん坊に浴衣を汚されてからあとのことが書かれている。この文章を読んで、あとの問いに答えなさい。

ⓐ▼母は私の汚れた着物を持って、

「すぐに迎えに来るから、ここで待っていなさい。」

と、弟を連れて行った。夏のことで、浴衣一枚しか着ていなかったから、その一枚を持って帰られると、着るものがなかった。裸で帰るわけにもいかず、私は家人の迎えを待っていた。だが、わが家からはなかなか迎えに来てはくれない。私は子供だったから、待てなかったのかも知れない。短い時間が長く思われたのかも知れない。私は裸でいつまでもその場にいるのが不安になった。私はついに帰ることにした。帰るといっても着るものはない。真っ裸で帰るわけにはいかない。と、どうしたことか、母は私の着物だけを持って、私の*三尺帯を置いて行ったことに気づいた。私はその三尺帯を肩から斜めに体に巻きつけた。か細い子供の体である。幅広い三尺帯である。ゆったりと膝のあたりまで巻きつけることが出来た。あの時の、*橙色のちりめんの帯の感触は今も私は覚えている。多分その姿は、珍妙であったにちがいない。

風呂屋にいる人たちが笑っているのを子供心に感じながら、私はまだ明るい夕方の街に出た。▲銭湯のすぐそばで、半裸の男が道路に水を撒いていた。男は驚いて、二メートルほどの長い柄の柄杓を持ったまま、まじまじと私の姿をみつめた。私は広い道路の真ん中を、悠々と歩いて帰って行った。恥ずかしい気がした。が、一方、裸ではないのだという気持ちがあって、誇らしい思いもあったような気がする。つまり、三尺帯を巻きつけるとは、われながら名案と言いたいところだったのだろう。

家まで、あと*半丁という所まで来た時、風呂敷包みを抱えて、私を迎えに来た姉に出会った。姉は私の奇妙な姿を見て、

「まあ！」

と、実に何ともいえない優しい笑顔を見せた。そして、ふだんより何倍も優しい語調で私を慰め、太い柳の木の下で、ぐるぐる巻きの帯を取り、風呂敷の中の浴衣を着せてくれた。私はこの時、初めて姉の姉らしさに触れたのである。私がようやく、自分以外の人間を意識する年齢になっていたからであろうか。①きょうだい愛をたっぷりと私は浴衣と共に着たのであった。

その後、この姉らしさはたびたび感ずるようになった。それは必ずしも「優しさ」となって現れるとは限らなかった。これはその翌年くらいの頃のことであったろうか。夏休みで、近郊に住む従姉妹たちが、私の家にしばらく来ていた。彼女たちの住む家のそばには、*滔々たる*灌漑溝があって、従姉妹たちは水泳が巧みであった。が、私の家に来ては、そう手近な所に水遊びをする場所はない。一キロほど離れた辺りに*忠別川が流れていた。そこにみんなで行ったわけだが、私には生まれて初めての遠距離であった。帰り道、私は水遊びと太陽の暑さで疲れていた。歩き方がおぼつかなかったのだろう。姉と同じ齢の従姉が、いきなり私に背を向けて屈み、

「さ、綾ちゃん、おんぶしてあげる。」

ココをおさえる いつ頃の体験であるか、あらかじめ情報が得られる。

(1) 大人になった筆者が三尺帯を巻きつけた当時の自分を客観的に見ている様子がうかがえる記述である。

ココをおさえる 感想がつづられている。主題へと直接結びつく内容である。

(2) 右の感想とあわせて、——線部のたとえを説明する。「姉の優しさを実感した」という趣旨で答える。

ココをおさえる 筆者はこの段落以降、子供時代の体験をもう一つ紹介しているので、二つの体験を読み比べてみることが大切である。

と言ってくれた。やれうれしやと、私はためらわずに従姉の肩に手をかけた。途端に姉の百合子の声が飛んだ。

「恵美ちゃん、おんぶしないで！ 癖になるから。」

＊毅然とした声だった。いつもの優しい姉の声ではなかった。私はひどくきまりの悪い思いで、今かけた手を従姉の肩からはなした。

「そうかい。」

従姉も立ち上がった。私は、

「おんぶしないで！ 癖になるから。」

と言った言葉を、その時実によく納得がいって受け入れた。私は疲れてはいたが、歩けば歩くことが出来た。疲れてはいたが、誰かに背負って欲しいと思うほどではなかった。だから私が従姉に背負われようとしたことは甘えであった。私は子供なりに、姉の言った「癖になる」という言葉を、誤りなく受け取ったように思う。自分はもうだいぶ大きくなったのだ。いつまでも人におんぶしてもらってはならないのだ、という自覚があの時与えられたような気がする。その後私は、誰かがおんぶしてあげようと言っても、「癖になるから」と、姉の言葉をそっくり使って、断るようになった。私にとって、裸に三尺帯を巻きつけて歩いた時よりも、姉にこの言葉を言われた時のほうが恥ずかしかった。そして、②優しい姉にもまして、この時のきびしい姉に、姉らしさを感じたのだった。

（三浦綾子「草のうた」）

＊三尺帯＝長さ約百十四センチメートルの子供用の帯。
＊ちりめん＝表面に細かなしわのある織物。　＊半丁＝約五十メートル。
＊滔々＝水がさかんに流れる様子。　＊灌漑溝＝田畑に水を引き入れるための水路。
＊忠別川＝北海道にある川の名。　＊毅然＝意志が強く動じないさま。

ココをおさえる 一つ目の体験とは対照的なきびしい姉の姿が描かれている。

(3) 姉のきびしさに対して感じたことがまとめて書かれている。これらの部分も含めて、きびしい姉に「姉らしさ」をいっそう感じた理由を考える。優しい姉の姿が描かれている箇所とも読み比べてみる。

(1) 【感想】文中のⓐ▼ ▲で示した部分には、大人になった筆者が、周囲から見たそのときの自分の様子を想像して表現した一文がある。その表現として最も適切な一文をさがし、はじめの五字を抜き出して書きなさい。

［多分その姿］

重要 (2) 【主題】——線部①「きょうだい愛をたっぷりと私は浴衣と共に着た」とは、どういうことをたとえているか。二十字以内で書きなさい。

記述 例 ［姉の優しさを心から実感したということ。］

重要 (3) 【感想と主題】——線部②「優しい姉にもまして、この時のきびしい姉に、姉らしさを感じた」とあるが、その理由として最も適切なものを次から選び、記号で答えなさい。

ア 姉のきびしい発言は、一緒に遊んでいた従姉妹たちを圧倒するほど強いもので、以前にもまして姉らしさを感じたから。
イ 人間として成長するために必要なことをきっぱりと教えてくれた姉から大きな愛情を感じ、素直に尊敬できたから。
ウ きびしい姉の発言は、「私」にとって心から納得のいくもので、この日以降、姉という理想像が心に刻まれたから。
エ 自分以外の人間を意識することが、浴衣を届けてもらったときよりも、もっとできるようになっていたから。

〔静岡―改〕 ［イ］

(2) ——線部のたとえを的確にとらえる。

(3) 人間として成長するために必要なことを教えてくれる姉の姿勢に、よりいっそう、愛情と尊敬の念を感じたのである。

STEP 1 まとめノートの解答

本冊⇩22〜23ページ

① 体験 ② 感想 ③ 生きるうえで大切なことを学んだ、苦い思い出である ④ 背景 ⑤ 主題 ⑥ 村社会の子供たちの知恵にはっとさせられる（のである）

3 現代文 随筆

読解のポイント
前半では筆者の体験を通して「桜の季節」の日本人の心のあり方が述べられ、後半ではその心のあり方に「子どもとの時間」の心のあり方を重ねている。筆者が体験を通して感じたことをおさえる。

STEP 3 発展問題

本冊⇨26〜27ページ

1 次の文章を読んで、あとの問いに答えなさい。

さくらさくら
さくら咲き初め咲き終り
なにもなかったような公園

デンマークの高校生に、短歌の話をしたことがある。学校の教室だったが、きちんと椅子に座ってではなく、生徒たちは思い思いのスタイルだった。床で膝を抱えていたり、机の上にぴょんと腰掛けて足を組んでいたり。それだけで私にはカルチャーショックだったが、みな熱心に話を聞いてくれて、結果、何の問題もなかった。

古典の短歌は古めかしく見えても、そこに詠まれた心情は、今に通じるものがある……その例として「世の中にたえて桜のなかりせば春の心はのどけからまし（この世に桜というものがなかったなら、春の心はどんなにのどかなことだろう）」という①在原業平の一首を紹介した。日本人は今でも、桜の季節が近づくとそわそわし、咲いたら咲いたで高揚し、散ればまた気がぬけたようになる。まさに、この花のために、のどかではない春を過ごしている。

だが、彼の地の高校生たちは、②ぽかんとしていた。なぜ大の大人が、花ごときにそんなに振り回されるのか、という顔をしている。補足のために「*桜前線」のことを話すと、ゲラゲラ笑い出す始末。「花が咲きそうかどうかがニュースになるなんて」というわけだ。

考えてみれば、ずいぶん呑気な話かもしれない。しかし春の私たちは、呑気というよりやはり、桜に心乱されているというのが実感だ。

桜の季節が過ぎると、なんだか夢から覚めたような気分になる。いつになったら歩くんだろう、いつになったらしゃべるんだろう。そわそわ待っていた時期から、大喜び大騒ぎの時期がきて、やがては何もなかったように日常に戻ってゆく。成長した姿のほうが、当たり前になるからだ。

小学生になる、中学生になる、そういう節目節目にも、きっと同じような「桜騒動」があるのだろうなと思う。そんな時間を重ねながら、若木だった子どもも、いつしか大木になってゆくのだろう。

逆光に桜花びら流れつつ感傷のうちにも木は育ちゆく

③子育ての「桜騒動」には、嬉しいこと楽しいことばかりではなく、辛いことと大変なことも多い。私はまだ経験していないけれど、子どもの受験などは、その典型かもしれない。

夜中に何度も起こされ、寝不足で*へろへろになっていた時期。どうしてもオムツでないと、ウンチができなかった時期。何を言っても「イヤイヤ」ばかりの反抗期……。*渦中にいるときは、振り回されるばかりで「いつまでもこの状態が続くのだろうか」と悲観的になってしまう。心に余裕がなくて、先が見えない不安でいっぱいだ。けれど「明けない夜はない」。過ぎてみると「そんなこともあったっけなあ」という感じ。感傷に浸るまもなく、目の前には、さらに成長を続ける子どもがいる。

大変な時期には、つい「あの頃はラクだったなあ」とか「早く大きくなってほしいなあ」とか、過去や未来に目がいきがちだ。けれどそういうとき、必ず思い出される言葉がある。

母親としても歌人としても大先輩の河野裕子さんと、子どもについて話していたとき、河野さんが、まろやかな微笑みをたたえつつ、自

ココをおさえる 一つ目の体験は、デンマークと日本の文化の違いが紹介されている。

(1) 「その例として」が手がかりになる。

(2) 「だが」という接続語を手がかりにして、デンマークの高校生たちと日本人の感じ方の違いを読みとる。「だが」の前には桜の季節における日本人特有の感じ方が述べられ、後ろにはデンマークの高校生が、日本人の感性をまったく理解できない様子が描かれている。

(5) 桜が咲き終わり、桜の季節が過ぎ去ったあとの心情が表現されている。

ココをおさえる 以降、二つ目の体験が紹介されている。「桜の季節」と「子どもとの時間」の話をそれぞれ読み比べ、共通点を把握しよう。

(3) 「子育て」の時期のそわそわする感情や高揚する感情、子どもが成長すると「何もなかったように日常に戻」る感覚を、「桜騒動」になぞらえて表現している点をおさえる。

(4) 河野さんが、何を「不思議だ」と言っているのかを、二人のやりとりから読みとる。

信に満ちてこう言われた。

「子どもはね、いつも、そのときが一番かわいいの」

赤ちゃんだったあのときも、一年生になったそのときも、もちろんかわいかったけれど、とにかく子どもというのは「いま」が一番かわいいのだという。

「ええっと、じゃあ今も、一番ですか？」と思わず私は聞き返してしまった。河野さんの二人のお子さんは、もう社会人と大学院生だ。

「そうなの！ ④不思議だけどね、これは真実よ」

いつまでもかわいい、というのとはニュアンスが違う。「いつも、そのときが、一番かわいい」。子どもとの「いま」を心から喜び、大切にしてきた人ならではの実感であり、すばらしい発見だ。息子との時間が、いっそう愛おしいものに見えてくるまじないのような言葉でもある。

（俵万智「たんぽぽの日々」）

＊桜前線＝日本国内各地の桜の開花日をつないだ線。
＊へろへろ＝弱々しく威力のない様子。
＊渦中＝ごたごたした事件の中。もめ事などの中心。

(1) ――線部①「在原業平の一首を紹介した」とあるが、筆者が平安時代の歌人・在原業平の歌を引用したのはどのようなことを述べるためか。最も適切なものを次から選び、記号で答えなさい。

ア 昔の人のほうが、自然のとらえ方が巧みであること。
イ 今の人のほうが、細やかな感受性をもっていること。
ウ 昔から、日本人は落ち着きがない国民であること。
エ 古今を問わず、日本人に通じる感じ方があること。

〔 エ 〕

記述
(2) ――線部②「ぽかんとしていた」とあるが、デンマークの学生たちがこのような反応を示した理由を、「心を乱される」という言葉を用いて「…から。」の形で三十字以内で書きなさい。

例 日本人が桜の花に心を乱される理由がまったく理解できないから。

難問 記述
(3) ――線部③「子育ての『桜騒動』」とあるが、筆者は、子育ての時期がどのような点で桜の季節に似ていると考えているのか。文中の言葉を用いて六十字以内で書きなさい。

例 母親が子育てする時期は、心がそわそわしたり、高揚したりするが、一定の時期が過ぎると何もなかったように感じるという点。

記述 思考力
(4) ――線部④「不思議だけどね」とあるが、河野さんはどのようなことについて「不思議だ」と述べているのか。わかりやすく書きなさい。

〔例 自分の子どもはもう大人に成長しているにもかかわらず、今が一番かわいいと思えること。〕

(5) ――線部「なにもなかったような公園」という表現が表している心情として適切な言葉を、文中から十一字で抜き出して書きなさい。

夢から覚めたような気分

〔富山―改〕

(2) 注意 「心を乱される」という指定語句を必ず用いること。

(3) 「桜の季節」と「子育て」の時期の共通点は、「そわそわ」する時期や、「大喜び大騒ぎ」の「高揚」する時期が過ぎ去ると「何もなかった」ような気分になるというところにある。

(4) 子どもはもう大人になっているが、やはり「いま」が一番かわいい、という趣旨でまとめる。

理解度診断テスト①

本冊⇒28〜29ページ

読解のポイント
筆者が指摘している現代社会の問題点をとらえる。また、その問題点を解決するためにどんな対策が必要だと述べられているのか、筆者の主張を読みとる。

理解度診断 A…80点以上、B…55〜79点、C…54点以下

1 **次の文章を読んで、あとの問いに答えなさい。**

かつては「必要は発明の母」であった。技術は物質的な欲望から出発したのは事実だが、[A]という精神の飢えが[B]という物質的生産へと導いたことを忘れてはならない。精神が物質をコントロールしていたのだ。しかし、現代は「[C]は[D]の母」となった。発明品を改良して新たな機能を付加することにより、人々に必要であったと錯覚させ、消費を加速したのである。必要と発明の関係が逆転し、物質が精神を先導するようになったと言える。でも、それでは真の*イノベーションはあり得ない。精神的欲望は時間を区切らないが、物質的欲望は短期の目標で進む。現代科学を底の浅いものにしているのは、物質的欲望を第一義としてきたためだろう。現代科学は物質的欲望に*翻弄されていると言えるかもしれない。大量生産・大量消費・大量廃棄こそが現代社会を構築している基本構造であり、買い換え・使い捨てが奨励されている。そして、科学や技術をそれに動員することこそが至上命令になっている。（中略）

確かに、科学は物質的基盤がなければ進歩しない。実験の技術開発があればこそ仮説が実証され、それを基礎にして新たな知見が得られていくからだ。あるいは、実験によって思いがけない新現象が発見され、それによって科学の世界が大きく広がったこともある。しかしながら、あくまで科学を推進しているのは好奇心や想像力、つまり創造への意欲であり、精神的欲望がその出発点なのである。それが萎えてしまえば科学は立ち枯れてしまい、技術的改良のみのつまらない内容になってしまうだろう。（中略）

もう一つ、物質的欲望の*昂進は必然的に偽物の横行を招くことになる。全く異なった物質であるにもかかわらず、見かけ上似たものが多いから*真贋の区別がつきにくい。そこにだまそうとする人間の作為が入る。物質的欲望に目がくらんだ者を相手にするのだから、ごく単純な操作で本物と思わせることができる。それを暴くためには科学的な検証が不可欠だが、手が込んでいると一般の人々には簡単に見破ることができないから、結局体よくだまされてしまうのである。もっとも昨今は、安ければ偽物でもいい、どうせ本物と見分けがつかないのだから、というわけで偽物も大手を振ってまかり通るようになっている。こうして本物と偽物が堂々と共存するようになり、人々もこだわらなくなった。科学的真実に対する態度にも①それが現れるようになっていると言えば、それは*うがちすぎだろうか。科学であろうと非科学であろうと、おもしろければそれでいいと。

偽物を作る手口を最初に科学的に暴いたのは*アルキメデスであった。ヒエロン王から、完成した王冠を前にして、その王冠を作製するために細工師に与えた金すべてを使ったのか、鉛や銀を混ぜて金との差額を*瞞着したのか、それを明らかにするよう命じられたのだ。科学の出発点は疑いを抱くことであり、ヒエロン王は見える部分について形式が整えられていることは知りつつ、見えない部分についても真実を知りたいと追求する、明敏な頭脳の持ち主であったことがわかる。その命令では、王冠を壊してはならないとの条件がついていた。腕力ではなく頭脳の力を使え、というわけだ。これもヒエロン王の明敏さを表している。王冠の重さは与えた金と同じであり、見かけ上は区別がつ

ココをおさえる
筆者は冒頭から現代科学における問題点を述べている。筆者の考えを把握したうえで以降の筋道を追う。

(1)「かつては……しかし、現代は……」という形に着目する。

(4)「確かに……」と譲歩した直後で、「しかしながら、……」と主張を述べている形に注意する。科学が進歩するために必要なものは、「物質的基盤」と「創造への意欲」であるとわかる。

ココをおさえる
現代科学における問題点をもう一つ挙げている。文章構造がはっきりと見える言葉である。

(2)二つ目の問題点と対応する筆者の主張をおさえる。「物質的欲望」に目をくらませるのでなく、「科学的真実」を追求する姿勢を貫いてほしいという筆者の願いをふまえ、指示内容を考える。

かない。壊すこともできない。うまい方策が見つからず、悩んだアルキメデスは公衆浴場に行って湯船に体を浸し、そこで*インスピレーションを得た。水中に沈んだ体積と同じ量だけの水があふれることだ。この当たり前と思っている事実が大きなヒントとなった。重さは同じであっても、金だけでできた王冠が排除する水の量は少なく、鉛や銀を混ぜれば体積が大きくなり、水は多くあふれることになる。これに気づいてアルキメデスは見事に細工師の*詐術を見破ることができたのだった。

科学とは、疑いを抱くことから始まり、厳しい条件を克服して、真実を見抜く行為である。現代人は時間が加速されているせいか、この手続きを踏むことを省略するようになってしまった。物質的欲望に駆られているから、一足飛びに結論を得ることを望むのである。科学の時代であるにもかかわらず、アルキメデスの時代と比べて、②むしろ科学とは縁遠くなったと言うべきなのだろうか。

（池内了「科学と人間の不協和音」）

＊イノベーション＝ここでは、技術革新のこと。　＊翻弄＝もてあそぶこと。
＊昂進＝高ぶって進むこと。　＊真贋＝本物と偽物。
＊うがちすぎ＝必要以上に推測すること。
＊アルキメデス＝古代ギリシアの数学者・物理学者。　＊瞞着＝ごまかすこと。
＊インスピレーション＝ひらめき。　＊詐術＝人をだます策。

(3) 直前で述べられている「ヒエロン王」と「アルキメデス」の話は、偽物にだまされず、科学的真実を追求してほしい、という筆者の主張の正当性を説明するために筆者が用いた具体例である。この点に着目して、現代に生きるわれわれの問題点を読みとる。

(1) [A]と[D]、[B]と[C]にはそれぞれ同じ言葉が入る。最も適切な言葉を、第一段落の文中からそれぞれ二字で抜き出して書きなさい。（各15点）

A・D　必要　　B・C　発明

(2) ——線部①「それ」が指している内容として最も適切なものを次から選び、記号で答えなさい。（20点）

ア 値段が安ければ偽物でもよいという考えを押し通すこと。
イ 本物と区別がつかないほど巧妙な偽物を作って人をだますこと。
ウ 偽物がまるで本物のように存在していても気にしないこと。
エ 物質的な欲望にとらわれていることに気づいていないこと。

［ウ］

記述　難問
(3) ——線部②「むしろ科学とは縁遠くなった」とあるが、その理由を、「手続き」「物質的欲望」という二つの言葉を用いて、「現代人は、……から。」という形になるように、六十字以上七十字以内で書きなさい。ただし、二つの言葉はどのような順序で用いてもかまわない。（30点）

例　現代人は、物質的欲望に駆られているため、疑いを抱き、厳しい条件を克服して真実を見抜くという手続きを踏むことを省略するようになったから。

思考力
(4) 筆者はこの文章で、科学が進歩するために必要なものを二つ挙げている。その内容として最も適切なものを次から選び、記号で答えなさい。（20点）

ア 物質的欲望と実験の技術　　**イ** 物質的基盤と創造への意欲
ウ 技術的改良と真贋の区別　　**エ** 明敏さとインスピレーション

［イ］

〔愛知—改〕

(2) 指示語の位置にあてはめて文意が通じるか確認してみる。

(3) 注意　指定語句を必ず用いること。

理解度診断テスト②

本冊⇨30〜33ページ

読解のポイント

文学的文章では、正確な心情理解が問われる。時代背景と人物像、ならびにそれぞれの場面の状況を正しく把握し、心情を理解しよう。特に今回の文章では、「私」の「過去の経験」が、今の言動に与える影響に注目しよう。

理解度診断 A…75点以上、B…55〜74点、C…54点以下

1 **次の文章は、昭和四十年代を舞台としているため、物価が現代とは異なっている。この文章を読んで、あとの問いに答えなさい。**

ある夜、私は中国料理店に、数人の連れと一緒に卓を囲んでいた。現在、東京は世界で一番旨い中国料理を食べることのできる場所だ、という話である。才能のある中国人の料理人が故国では腕をふるいようがないので、東京へ集ってきているという話だ。

私たちが卓を囲んでいたのは、そういう料理人のいる店の一つで、いわゆる高級料理店である。したがって、［　※　］。卓の上には、鱶の鰭の料理の皿が運ばれていた。メニューには、終りにちかい頁に、中華ソバや焼飯の項目もあるが、やはりこの種の店で、ラーメンやチャーハンだけを注文するのは場違いといえよう。

鱶の鰭の煮込みが上出来で、私は熱心に食べていたのだが、ふと気付くと大学生が一人、隣の卓に坐ったところだった。学生服に折鞄を持ち、無帽である。身なりはみすぼらしくはないが、富裕な家庭の子弟ではないことが分かる。贅沢をして、五目ソバでも食べようと考えて、この店の扉を押したことが分かる。

①「困ったことになったぞ」

と、私はおもった。

二十年ほど昔、私自身が学生の頃、②こういう立場に追いこまれたことがあったような気持ちになった。記憶を探ったが見つからない、しかしその気持ちだけは鮮明である。

椅子に坐った青年の横顔が見える。

やや気取った手つきでメニューを開いた。間もなく、横顔が緊張してゆくのが分かった。メニューには、料理の金額が記入してある。ところどころ「時価」と書いた項目もある。金のないとき、「時価」という文字を見るのは厭なものだ。私の体験では、それは、途方もなく高価、という替りの文字としてしか、目に映ってこない。

青年の指が、メニューの頁をめくった。③頬から顎にかけて並んでいるにきびの痕が、目立つ。彼は自分の置かれた事態を察したようだ。同じ頁を眺めているその時間が、ひどく長く感じられた。

もしも私が彼だったら、どうする。椅子から立上がり、

「勘違いをして入ってしまったから、帰る」

と言い残して、戸口に向かおう。財布に金が乏しいのは、恥ずべきことではない。場違いの場所で、なんとか辻褄を合わせようとするほうが醜態になる。しかし、そうと分かっても、私が彼だとして、そのように闊達に振舞えるだろうか。振舞いにくい年頃といえる。

それが出来ないとすれば……。彼の手にあるメニューを、あと二枚ほど繰れば、中華ソバの項目が出てくる。なるべく廉いソバだけ注文しても、拒否することは店の側としてはできない。

しかし、彼はメニューを閉じて、白いテーブルクロスの上に置いた。

「馬鹿」

と、私はおもった。刺戟的気分になっているのが分かる。あらためて、彼のにきびの痕に視線を当ててみる。④残酷な興味も動いているのに気付いた。

彼は、女給仕を呼んだ。

「何か、麺類はありませんか」

ココをおさえる

時代背景が説明されている。その内容をふまえて小説を読む。

(1) 「高級料理店」とあることに着目する。青年がどう振る舞うのか、青年の財布の金が足りるのか、このあと「私」は見守ることになる。

(3) 「私」が青年の事情をどのように推測していたのかを読みとる。

(5) 青年が高級料理店の客としては不釣り合いな様子であった点や、「私」が青年を自分と重ね、なりゆきを心配している点をおさえる。

(6) 青年に対する「私」の心情は単純でない。青年をわが身のように心配する一方で、この追いこまれた情況でどのように振る舞うのか、ひとつ見届けてやろう、という意地悪な気持ちも入り交じっていたのである。

(4) 青年の様子を眺めるうちに「私」の記憶が呼び覚まされ、「そのとき、」以降で「私」が青年と同じような情況に追い込まれた苦い経験が詳しく述べられている。

(9) 当時、「私」が喫茶店でどのような情況に追い込まれたのかをとらえ、原因を作った自分自身に対してどのように感じていたのかをおさえる。

⑤よろしい、その調子で頑張りたまえ、と私はおもう。その言い方に気取りがあるのが気にかかるが、そのくらいはやむをえまい。女給仕は背をかがめて、［A］。メニューの上に指を当て、そのままの姿勢で顔を彼の方に向けて何か言っている。その恰好から、親身の感じが漂った。

一区切りついたと私はおもい、自分の料理の皿に戻った。

白い陶器の碗に入ったソバを食べ終り、青年は折鞄を提げて、出口に向った。その鞄は、それまで彼の椅子の傍の床の上に置いてあった。

出入り口の横に、勘定場があり、レジスターのうしろに少女が坐っている。

白い細長い紙片と一緒に、＊小額紙幣が二枚、少女の前に置かれた。⑥じつに素早く、置かれた。少女が紙片を調べ、何か彼に話している。彼は頷いて、［B］。

勘定場と私の卓との間には、かなりの距離があるのに、青年の様子を仔細に眺めている自分に、ふと嫌悪の気持ちが動いた。しかし、私の中にある記憶が私を刺戟しつづけ、眼が彼から離れない。

その記憶……。そのとき、私は雑誌記者をしていた。原稿の催促のために、＊国電に一時間ほど乗って、近県の町で降りた。降りたその場で帰りの切符を買ったのは、どういうつもりだったのか、思い出せないが、虫が知らせたということかもしれない。

用件を済ませ、駅前の喫茶店に入って、コーヒーを飲んだ。はげしい空腹を覚えたので、ケーキを注文した。酒に興味をもっていた時期で、喫茶店でケーキを食べるのは、何年ぶりのことだった。

食べ終ったとき、ふと厭な気持ちがした。ポケットの金をかぞえると、五円足りない。残っている金の額は、いつも頭に入っているはずなのに、五円足りないのである。どこかで計算違いがあったようだ。はじめての町で、なじみのない喫茶店である。

勘定場へ行き、事情を話した。レジスターのうしろにいる少女は、［C］。咎める眼ではない。呆れたような、事情がよく嚥み込めないような眼である。⑦五円硬貨一つのために、そして甘ったるいケーキのために、こういう情況になったことが私を腹立たしくさせ、やがて気持ちが滅入りこんだ。

……そのときから十五年後の現在、勘定場の前に立った彼は、ポケットを探っている。

やがて、何枚かの硬貨を摑んだ手が少女の前に置かれ、彼は無事にその店を出た。少女は近くに立っている同僚と眼を見合わせ、笑い顔になり、ゆっくり［D］。

少女の気持ちは、青年に味方している。しかし、その心の片隅には、高級料理店の一員という立場から出てくる優越感に似たものがある。「間違って飛び込んできて、手数がかかって仕方がないわ」という心持ちが含まれている……。⑧そういうことを感じさせる少女の素振りだった。そして、その少女に、私の気持ちも似ていたかもしれない、とおもった。「あの青年の食べたソバは旨かったろうか」

あとになって、時折、私はそういうことを考えてみる。旨いものでも、旨いと感じる心の余裕がなかったのではあるまいか、という意味である。

しかし、他人の心は計りがたい。あの青年は、私が観察して判断したとは全く違った心の動き方をしていたかもしれないのだ。

（吉行淳之介「食卓の光景」）

＊小額紙幣＝額面金額の小さい紙幣。当時は百円紙幣があった。
＊国電＝日本国有鉄道の略称「国鉄」の電車のこと。国鉄は、現在のＪＲにあたる。

(10) 直前に書かれている「少女」の気持ちへの推測から、「私」の気持ちを類推してまとめる。

(2)
空欄(くうらん)の前後をよく読んで考える。

(1) 文中の[※]には、これ以降に起こる出来事に関わる重要な表現が入る。最も適切なものを次から選び、記号で答えなさい。（8点）

ア 店はとても広い
イ たいそうにぎやかだ
ウ 勘定も高い
エ 料理の味も確かにおいしい

［ウ］

重要
(2) 文中の[A]～[D]に入る表現として適切なものをそれぞれ次から選び、記号で答えなさい。（各5点）

ア ポケットを探りはじめた
イ 黙(だま)って私の顔を見ている
ウ 卓の上のメニューを開いた
エ 胸を撫(な)でおろす手つきをしてみせた

A［ウ］ B［ア］ C［イ］ D［エ］

記述 難問
(3) ――線部①「困ったことになったぞ」とあるが、どのような点が「困ったこと」なのか。五十字以内で書きなさい。（10点）

例 店に入ってきたのが高級料理店の客としては不釣り合いな様子の青年で、代金を払えず恥をかきそうである点。

(4) ――線部②「こういう立場に追いこまれたことがあった」とあるが、そのときの記憶について、具体的に記されている部分をさがし、はじめと終わりの五字を抜き出して書きなさい。（完答8点）

そのとき、～りこんだ。

思考力
(5) ――線部③「頬から顎にかけて並んでいるにきびの痕が、目立つ。」という一文のもつ効果の説明として適切なものを次からすべて選び、記号で答えなさい。（完答8点）

ア 青年のもつ若さを視覚的に強調している。
イ 青年と過去の「私」の重なりを暗示している。
ウ 青年が抱(かか)えている大きな悩みを象徴(しょうちょう)している。
エ「私」が青年に注目していることを明示している。

［ア・エ］

記述 難問
(6) ――線部④「残酷な興味も動いているのに気付いた」とあるが、「残酷な興味」とは、誰(だれ)のどのような心情か。四十字以内で書きなさい。（10点）

例 「私」の、青年が困った情況からどう脱出するのか見届けてやろうという意地悪な心情。

(6)
「青年がこの情況をどう乗り切るのか見てやりたい」という趣旨(しゅし)で、「残酷な」という表現に合うようにまとめる。

(7) ――線部⑤「よろしい、その調子で頑張りたまえ」とあるが、このときの「私」の心情を説明したものとして最も適切なものを次から選び、記号で答えなさい。(8点)

ア 人生の先輩として若い青年に指導した気になり、満足している。
イ 場の雰囲気をわきまえない青年の未熟さに、内心失望している。
ウ 青年の立場を理解していただけに、感情移入が深くなっている。
エ 傍観者として、青年に店と交渉する度胸が欲しいと思っている。

〔ウ〕

(8) ――線部⑥「じつに素早く、置かれた」とあるが、なぜ青年はこのような行動をとったと「私」は考えているのか。最も適切なものを次から選び、記号で答えなさい。(8点)

ア 他の客の目にとまらないようにしたかったから。
イ 自分を馬鹿にした店員たちを見返したかったから。
ウ 自分の行動を注視していた「私」に反発したから。
エ この困った情況から急いで脱出したかったから。

〔エ〕

(9) ――線部⑦「五円硬貨一つのために、そして甘ったるいケーキのために、こういう情況になった」という表現について述べた内容として最も適切なものを次から選び、記号で答えなさい。(10点)

ア 金もないのに、うっかり高価な食べ物を注文した自分の軽率さが、青年の情況と重なることを示している。
イ わずかな金額、おいしくもない食べ物のせいで困った情況に陥った自分のうかつさを責める気持ちが表れている。
ウ 自分が恥をかくことになった原因を一つ一つ確認しながら、未練がましく言い訳しようとする心情が読み取れる。
エ たった一つの硬貨や好きでもないケーキが、自分を苦しめた原因だったのだと驚きあきれる様子が描かれている。

〔イ〕

記述 難問

(10) ――線部⑧「その少女に、私の気持ちも似ていたかもしれない」とあるが、どのような点で似ていたのか。五十字以内で書きなさい。(10点)

例 青年が困った状況を切り抜けたことに安心する一方で、ずいぶんと気をもませる厄介者だととらえている点。

〔筑波大附高―改〕

(7) 「私」は青年が「どう乗り切るのか」を見ていたのであり、指導してやる気があったわけではないので、アは、誤り。

(8) 設問はあくまで「私」の主観を問うている。「私」が、青年の立場や心情をどのように理解しているかを考える。

(9) 思考力 回想の場面なので、アの「青年の情況」は無関係である。

(10) 二つの心情を対比させながらまとめる。

4 詩・短歌・俳句 詩

STEP 1 まとめノート

本冊⇩34〜35ページ

①視点　②情景　③たとえ　④主題　⑤擬人法

STEP 2 実力問題

本冊⇩36〜37ページ

1
(1) **Aカリリッ　B海の香り**
(2) 例 **ヒマラヤは海の底であった(12字)**
(3) **貝は**

2
(1) **A本　B私に会ひに来る**　(2) **①ア　③エ**
(3) **充ちあふれ(〜)余儀ない命**　(4) **ウ**

解説

1
(1) 詩と鑑賞文をそれぞれ対照させて読み、空欄に入る言葉を答える。
(2) 貝は「海の底」に暮らす生き物であり、化石に出会ったことで、高いヒマラヤの地も、二億年前は深い海の底であったことが確かに感じられたのである。
(3) 現実の世界と空想の世界（作者の心情）をそれぞれ区別する。作者の「目の前の化石が生き返り、自分と向き合っているかのように」感じている心情が、「貝はぼくをみているようだ」という**たとえを用いて**表現されている。

2
(1) A直後の表現をふまえて読むためのものをさがす。B詩の中の「あなた」という表現に着目し、「あなた」がすることをとらえる。ともに字数に注意。
(2) ――線部①は、人間ではない「日の光」が**あたかも意思をもった人間であるかのようにたとえて表現されている**。――線部③は、「又嬉嬉として」のあとに「(あなたは私に)会ひに来る」と繰り返されるべき言葉が省略されている。
(3) 「空疎」は内容が乏しいことを表し、それを「聯想してはいけない」のはなぜかというと、内容が充実しているからであると考えられる。詩の前半に「充ちあふれた我等の余儀ない命である」と説明している。
(4) 「画もかかず……仕事もせず」に「あなた」と「笑ひ……抱き」「数日を一瞬に果す」ことは、「充ちあふれた我等の余儀ない命」であるという思いが込められた詩である。「浪費に……豊富さ」や「あの山の……勢力」が「無駄づかひ」ではないのと同じように、「本を抛つ……聯想してはいけない」と訴えている。そのことを他人に推奨しているわけではないので、**ア**は「すべて放棄して……するべきだ」が誤り。**イ**は「仕事に嬉々として取り組める」が読みとれない。**エ**は「空疎な恋愛」が詩の内容と合わない。

ポイントチェック
擬人法…人間以外のものを人間にたとえる。
省略法…言葉を省略することで、読者に想像させたり余韻を残したりする。

STEP 3 発展問題

本冊⇩38〜39ページ

1
(1) **安易な自己完結**
(2) 例 **互いに欠如を満たすなどとは知らず、無関心でいられるように(作った。)(28字)**
(3) **ある人の幸・不幸の結実を知らずに助けたり(すること。)(20字)**
(4) **ウ**

解説

1
(1) 直後の一文で、――線部①の内容を指して「その安易な自己完結」と述べられている。
(2) まず、何を「作った」のかを考える。一文を読むと、「世界をこのように作った配慮は」とあるので、**作者が「世界」をどのような仕組みになっていると考えているか**をとらえ、まとめる。
(3) 「虻」がたとえている内容を、解説文を参考にしてとらえる。「私も、あるとき、……ある人の幸・不幸の結果を知らずに助けたり、また私の見知らぬ誰かが、私の結実を助けてくれる虻や蜂や風なのです」と述べられている。

(4) **ウ**の「世界のゆるやかなしくみ」という箇所が、詩の中の「世界がゆるやかに構成されている」という部分にあたり、また、解説文で、このような『他者同士』の関係」は、「ここがいいのです」と肯定的にとらえられている。

5 詩・短歌・俳句 短歌・俳句

STEP 1 まとめノート

本冊⇩40～41ページ

①**五・七・五・七・七** ②**句切れ** ③**体言止め** ④**五・七・五**
⑤**句切れ** ⑥**切れ字** ⑦**季語**

STEP 2 実力問題

本冊⇩42～43ページ

1 (1) **D** (2) **A** (3) ①**吹き割る** ②**ウ**

2 (1) **A イ B エ** (2) **ア** (3) **ア** (4) **夕されば君きまさむ**

解説

1 (1) Dの俳句は「何ならむ（=何なのだろう）」が**自分自身への問いかけ**を、「何か急かるゝ（=何か急かされる）」が**漠然としたあせり**を表現している。

(2) 「木がらし」は冬の初めに吹く冷たい北風のことなので、**冷たく乾いた風の吹きすさぶ様子**と合う。また、「や」は**切れ字**であり、「目刺」が**小さなもの**、「いろ」が**色彩**と合う。

(3) 「垂直に流れ落ちる水」とは滝のことなので、**Eの俳句の鑑賞文**だとわかる。

①最初の[I]の直前にある「力強い風の様子」から、「(滝を)吹き割る(風)」という風の特徴をつかむ。

②[II]には、滝を「吹き割る」風の規模の大きさを表す言葉が入る。また、この風は「未来より」来ていることをおさえる。

2 (1) A現代語訳を参考にする。「今も寝ねかてにする」は、「(夜の)なごりぞ」の主部として働いているので、通常とは語順が逆になっている。B結句が「山風」という体言（名詞）で終わっている。

(2) Bの短歌中に「春」とあるので、春に咲く花を選ぶ。**イ**「朝顔」は秋、**ウ**「萩」は秋、**エ**「水仙」は冬に咲く花である。

(3) 「雅経は」とあるので、[②]にはBの短歌の解説が入る。「春の風」に「花びら」を「吹きとめて」「もうしばらくあたりを彩っておくれ」と頼んでいることから、花を良いものととらえ、散ったあともまだ留まっていてほしいという気持ちがうたわれていることを読みとる。**イ**は「春の風がうらめしい」が、**ウ**は「春の風に慰められる」が、**エ**は「そのなごりを吹き飛ばす」が読みとれない。

(4) 直前に「残っているのはつまるところ『待つ心』にほかならない」とある。「待つ心」とは『夕方になるとあなたがいらっしゃる』と待っていた」作者の想いなので、短歌中から該当部分を九字で抜き出す。

STEP 3 発展問題

本冊⇩44～45ページ

1 (1) **ア** (2) **エ** (3) **A イ B ア** (4) **イ**

2 (1) **イ** (2) **(季語)牡丹 (表現技法)ア**
(3) **A × B ○ C ○**

解説

1 (1) 「春の名残」から、春が去り、余韻だけが残されている様子がわかる。

(2) 「たんぽぽの花」と**体言(名詞)で終わっているので**、**体言止め**である。

(3) 「昆布干場のたんぽぽの花」という情景描写がある下の句（下句）がAに、「春の名残となりにけり」と詠嘆が表されている上の句(上句)がBに入る。

(4) **イ**「たんぽぽの可憐さをうたうことは……」という部分が誤り。

2
(1) **イ**が与謝蕪村の句であるということも重要であるが、他がすべて**松尾芭蕉**の句であるということもおさえておこう。
(2) 「牡丹」は五月頃に咲くため、**夏の季語**である。結句が「二三片」という体言（名詞）であり、**体言止め**が用いられている。
(3) **A**「数を計算する目で見る見方もまた必要不可欠」が、本文九～十行目の「数を……雰囲気はつかめない」と合わない。**B**本文十七～十八行目の「蕪村の句の……正確なのだ」と合う。**C**本文末尾の「そういう選択が……注意して欲しい」と合う。「そういう選択」とは直前の「幾時にどこそこで会いましょうというのと幾時ごろ会いましょうというのと」という、「ごろ」を使わない「数学的な見方」と「ごろ」を使う「芸術的な認識」との選択を指している。

理解度診断テスト ③

本冊⇨46～47ページ

理解度診断　A…70点以上、B…50～69点、C…49点以下

1
(1) **イ**
(2) 例 **先が見えない状況にあっても、理想を見失わずに生きようとする(29字)**
(3) **ア**

2
(1) **ア**　(2) **決意**　(3) **エ**

解説

1
(1) 「わが胸の奥」に「大空への思慕」がうめいているとある。
(2) 「**大樹」に自分自身の姿を重ねている**ことに着目する。「光の消え行くような夕暗」であっても、「わが正しき生命の影」を曳いて生きていくことを決意している。それぞれが何の比喩であるかをとらえる。
(3) 「大樹」の姿を第一連で描き、第二、第三連で、その姿に自分自身を重ねている。第二連の最初に、「わが胸の奥にも」とあることに着目する。

2
(2) 「今は、懐かしいその記憶を振り切って、その先への一歩、人生の新しい段階への一歩を踏み出す」と「決意」するのである。
(3) **この短歌の主題は「決意」である**ことをおさえる。

6 古典 古文の基礎知識

STEP 1 まとめノート

本冊⇨48～49ページ

①文語　②歴史的仮名遣い　③いとおし　④かかく　⑤ようよう
⑥かよいたまいし　⑦おわします　⑧つこうまつれり　⑨よくない
⑩そのまま〔すぐに〕　⑪かわいらしい　⑫係り結び
⑬か　⑭けん　⑮こそ　⑯なれ　⑰十二支

解説

⑥・⑦語頭と助詞以外の「**は・ひ・ふ・へ・ほ**」は「**わ・い・う・え・お**」に直す。
⑧「ア段の音＋ふ（う）」は「オ段の音＋う」になるので、「かう」を「こう」に直す。
⑬・⑭「何事か」の「か」が**係助詞**である。「か」の結びは過去の推量を表す助動詞「けん（けむ）」の**連体形**になっている。
⑮・⑯「神へ参るこそ」の「こそ」が係助詞である。「こそ」の結びは断定を表す助動詞「なり」の**已然形**になっている。

STEP 2 実力問題

本冊⇨50～51ページ

1 (1) **ウ**　(2) **イ**　(3) **エ**　(4) **イ**　(5) **オ**
2 (1) **言うよう**　(2) ⓐ**ア**　ⓑ**ウ**　(3) **るなれ**　(4) **イ**
(5) 例 **（絵の女が、）夜、屋敷に現れる女であることを確かめる（ため。）(19字)**

解説

1 (3) 「二、三羽ここに下りて」とあるので、「ここ」の指す内容は一つ前の文の「水鳥の下るところ」、つまり、「雪のすこし消ゆるところ」である。

(4) 「雁の」の「の」は「〜が」と訳す**主語を表す格助詞**、「かく」は「このように」という意味の**指示語**で、「雁のかくする」とは、雁が糞を残して食べ物があるところの目印をつけることである。これは「雁の代見立」と言われ、「友鳥」にえさのあるところを知らせるための行動である。

現代語訳 二月になっても野山は一面の雪に閉ざされているが、清水が流れている箇所は水が温かいため、雪が少し消えているところもあって、これが水鳥の下りるところである。雁がこれを見つけると、まず二、三羽がここに下りて、自分が初めにえさを求め、そして、糞を残して食べ物があるところの目印とする、方言でこれを「雁の代見立」と言う。雁がこのようにするのは仲間の鳥たちを集めてきて、それらにも（えさを）あさらせようと思ってである。（雁が）友人に対して誠実さがあることは、人間も恥ずかしく思わねばならないことである。

2 (1) 語頭と助詞以外の「は・ひ・ふ・へ・ほ」は「わ・い・う・え・お」に、「やう」は「よう」に直す。

(2) ⓐは「傍の人（＝仲間の侍）」を呼んだ人物なので小侍、ⓑは「見せ給ふ（＝お見せになる）」という**尊敬語**が用いられているので宰相殿が主語である。

ココに注意

古文では、主語、主語を表す助詞「が」「は」などが省略されることが多い。まずは登場人物をおさえて、相互関係を整理すること。

(3) 「言ふやう」は「言うことには」という意味。「**とて**」は「……と言って」「……と思って」「……と書いて」などの意味を表し、**会話文や心の中の言葉、引用文の直後に用いられる**ことが多い。

ポイントチェック

・**会話文の始まりの見つけ方**
「いはく」「言ふやう」「申すやう」などの言葉に注目する。

・**会話文の終わりの見つけ方**
「と」「とて」などの言葉や、会話文の文末に用いられる「……ぢや。」「……よ。」などの表現に注目する。

(5) 小侍が、「近頃お屋敷内の人が不思議に思っていた女は、この絵の中にいるに違いない」と疑っていることを読みとる。絵の中の女の頭に紙切れをはっておき、夜な夜な屋敷に現れる女の頭にも同じ紙切れが付いていれば、同一人物であることを確かめられるのである。

現代語訳 ある一人の年若い侍が、あの屏風を見て言うことには、「近頃お屋敷内の人が不思議に思っていた女は、この絵の中にいるに違いない」と言って、仲間の侍を呼んで（屏風を）見せると、たしかに夜ごとに見たとおり子供を抱いている女が（描いて）ある。不思議に思って、その絵の（女の）頭に細い紙をはっておいたところ、その夜からは例の女は、頭に紙が付いたままで、中庭の植木の間を歩き回っていた。「思ったとおりだ」と言って、そのことを宰相殿に申し上げたところ、（宰相殿が）絵師たちをお呼びになってその屏風を（絵師たちに）お見せになると、みな驚いて、「これは土佐光起の絵で、すばらしく描いたものであるので、そのような奇怪なこともあったのだろう」と申し上げたところ、それ以降は（屏風を）大切にしまっておかれたということだ。

STEP 3 発展問題

本冊⇩52〜53ページ

1 (1) (あ)イ (い)ウ (う)ア　(2) ①ウ ②ア　(3) イ

2 (1) ウ　(2) あたえき　(3) 例 立派な装束を身に付けた宇治の関白殿の姿。(20字)　(4) エ

解説

1 (1) 「おの」「我」「吾」は、すべて「私」を表す一人称の代名詞。それぞれの会話文の発言者をとらえればよい。

(2) ①の「やんごとなき」は「たいへん高貴だ」「特別だ」「なおざりにできない」などの意味。②の「参る」は、ここでは「行く」「来」の謙譲語ではなく、「食ふ」「飲む」の**尊敬語**で、「**召し上がる**」という意味である。

! ココに注意
古文では、「参る」は謙譲語だけでなく、尊敬語の場合もある。

(3) 「**え……まじ**」は、**不可能**を表す「え」と、**打ち消しの推量**を表す「まじ」が組み合わさって、「……できないだろう」「……できるはずがない」という意味。鮒は今にも死にそうなので、荘子が二、三日後に江湖に行くのを待っていては、とても命がもたないと訴えているのである。

現代語訳 今ではもう昔のことだが、中国に荘子という人がいた。家がたいへん貧しくて、その日の食べ物もなくなってしまった。隣に監河侯という人がいた。その人のところへ（行って）、今日食べるための玄米を求めた。

河侯が言うには、「あと五日たっておいでください。千両の金が手に入るはずです。それを差し上げましょう。どうして（あなたのように）尊く立派な人に、今日召し上がるだけの玄米を差し上げましょう。（そんなことをしたら、）どう考えても私の恥であるでしょう」と言うと、荘子が言うことには、「昨日道を歩いていたところ、後ろから呼ぶ声がした。振り返って見ると人がいない。ただ馬車のわだちのくぼんだところにたまったわずかな水（の中）に、鮒が一匹ばたばたしている。何の鮒であろうと思って、近寄って見ると、少しばかりの水（の中）に、とても大きな鮒がいる。『何の鮒だ』と尋ねると、鮒が言うことには、『私は河の神の使いで、江湖へ行くのである。それが飛び損なって、この溝に落ち込んでしまったのだ。喉が渇いて死のうとしている。私を助けろと思って、呼んだのだ』と言う。（荘子が）答えて言うことには、『私はあと二三日して、江湖というところに遊説に行こうとしている。そこに連れて行って放そう』と言うと、魚が言うことには、『とてもそれまでは待つことができないだろう。ただ今日おけ一杯ほどの水で、（私の）喉をうるおせ』と言ったので、そのようにして助けた。鮒の言ったことは、（今）我が身に思い知った。とても今日の命は、物を食べなければ保つことができない。あとになってからの千両の金はまったく役に立たない」と言った。それから、「後の千金」ということが評判になった。

2

(1) ——線部①は、まず直前の「これ」の指す内容を考える。「これ」とは「君子」、つまり、王宮に参上していた孔子のことである。その「顒々として威勢」のある姿を見て、弟子入りしようとやって来た「かの俗」が主語である。

(4) この文章では、「愚かなる者の人を貴ぶこと、かくのごとし」という教訓を示すために、孔子に弟子入りしようとした人と、宇治の関白殿に気づかなかった鼎殿の話を紹介している。この二人に共通する人物像をとらえる。

! ココに注意
古文では、実際にあった出来事を例に挙げて、そこから得られた教訓や筆者の考えを示すことが多い。最後の一文には特に注意すること。

現代語訳 昔、孔子のもとに、一人の人がいて弟子入りするためにやって来た。孔子が問うて言うことには、「あなたは、何によってやって来て私に帰服するのか。」と。その世間並みの普通の人が言うことには、「孔子（＝あなた）が王宮に参上する時、これ（＝あなた）を見たところ、おごそかな様子で人を威圧する勢いがあった。それで、これ（＝あなた）に帰服するのです。」と。孔子は、弟子を使って、（出仕の時の）乗り物・衣服・金銀・宝物などを持ち出して、これを与えた。「あなたは、（これらの物品に帰服したのであって、）私に帰服したのではない。」

また、宇治の関白殿が、ある時、（宮中の）湯を沸かす所に来て、火をたくところを見た。湯を沸かす役人が（関白殿を）見て言うことには、「何者だ、断りなしに宮中の湯を沸かす所に入るのは。」と言って、（関白殿がそこから）追い出されたあと、前の見苦しい衣服を脱いで取り替えて、おごそかな様子で（関白の）装束を身に付けて出ていらっしゃる。その時、先程の湯を沸かす役人は、遠くから見て、恐縮して逃げてしまった。その時、関白殿は、（着ておられた）装束を竿に掛けなさって、拝礼なさった。人々が、これ（＝その理由）を尋ねた。（関白殿がそれに）答えて言うことには、「私は、人々に敬われているが、（それは）私の生まれつきの品性（によるの）ではない。ただ、この装束のせいである。」と。

愚かな者が人を敬うことは、このようである。

7 古典 古文

STEP 1 まとめノート

本冊⇩54～55ページ

①省略　②紫式部　③つれづれに候ふに、さりぬべき物語や候ふ　④ない　⑤だろう　⑥主体　⑦謙譲語　⑧お思いになる　⑨お聞きになる　⑩申し上げる　⑪助動詞　⑫ⓐ

解説

③会話文の直後には、「**～と**」または「**～とて**」という**引用**を表す格助詞が用いられることが多い。ここでは「候ふとたづね申させ給ければ……」の部分に着目する。次に、この会話の始まりを見つける。紫式部がお仕えする中宮（帝の后）である彰子に、大斎院が「つれづれに候ふに、さりぬべき物語や候ふ（＝退屈でございますので、読むのにちょうどよい物語がございますか）」と質問していることを読みとる。

現代語訳　今ではもう昔のことだが、紫式部が、一条天皇の中宮彰子のおそばで和歌の優れている者としてお仕えしているときに、大斎院から春ごろに、「退屈でございますので、読むのにちょうどよい物語がございますか」とお尋ね申し上げなさったので、（中宮彰子が）書物などを取り出しなされて、「どれを差し上げたらよいだろうか」など（と言って）、選び出しなさるところに……

⑫「**内**」とは内裏、つまり、帝のいる**宮中**のこと。帝の后である宣耀殿の女御が宮中へ参上する場面である。后であっても帝よりは身分が低いので、ⓐ「**参り**（＝参上し）」という**謙譲語**が用いられている。ⓑ～ⓔは、いずれも女御に対する**尊敬**の意を表している。

ポイントチェック

・**敬語の種類を見分ける**

ⓐの「参り（参る）」は「参上する」という意味の謙譲語、ⓑの「たまふ」は尊敬の補助動詞。この場合、「参り」で女御の動作をへりくだらせて、宮中にいる帝を高めつつ、あとに「たまふ」をつけて、女御にも敬意を表している。

現代語訳（宣耀殿の女御は）宮中へ参上なさると言って、お車にお乗りになったところ、（女御の）お体はお乗りになったけれど、（その）髪の端は、（まだ）寝殿の中央の間の柱の元におありだった（それほど見事な長い髪でいらっしゃった）。

STEP 2 実力問題

本冊⇩56～57ページ

1 (1) あいて　(2) ウ　(3) 中なる人　(4) イ

2 (1) 能わず　(2) A 例 致忠が庭石にする石一つを一両という大金で買ったということ(28字)　B エ　(3) イ　(4) 致忠　(5) ア

解説

1 (2) まず、文中の注を参考にして、直前の「知識を」は「賢人を」という意味だということをとらえる。直後の「よき友に近付きて、習ひ学ぶべし（＝よい友と親しくなって、見習い学ぶべきである）」に自然につながる内容を考えると、**ウ**の「訪ね」が最もふさわしい。「**とぶらふ**」は多くの意味をもつ重要古語だが、ここでは「**訪ねる・訪問する**」という意味になる。

ココに注意

「とぶらふ（訪ふ）」には「①問う・②訪ねる・③さがす・④安否を問う」などの意味がある。「弔ふ」と書く場合は、「死をいたむ」という意味になるので注意する。

(3) 「かからん人」は「このような人」という意味なので、これより前の部分に注目して、指示語の指す内容をとらえる。直後に「よき友を求め、善縁に近付くべし（＝よい友を求め、よい巡り合わせに近付くべきである）」とある。自分でよい友人をさがし、よい縁を求めなければならない人とは、

「縁」によってよくも悪くも影響を受けてしまう、「中なる人（＝中くらいの人）」だと考えられる。

ポイントチェック

・古文中の指示語

「こ（＝これ）」「か（＝あれ）」「さ（＝それ）」「かく（＝このように）」などはすべて指示語であり、現代文と同様に、古文でも指示語の指す内容を正確にとらえることが読解のポイントになる。指示語の指す内容は、それより前の部分に書かれていることが多いことを覚えておく。

(4) **イ**は、他人との縁によってよい影響を受け、欠点もよくなるという筆者の考えに合致する。**ア・ウ・エ**のような内容は、文中には書かれていない。

現代語訳 人それぞれに欠点があるけれども、自分の欠点は忘れ、人の欠点は見えるのであろうか。自分の顔の傷は見えず、他人の傷が見えるようなものである。鏡を見て自分の欠点を映して見るべきだ。あるいは仏典以外の書物、あるいは仏典などを手本とし、賢人を訪ね、よい友と親しくなって、見習い学ぶべきである。「すぐれた賢者は教えられることなく、愚かな者は変わりようがない。」と言って、生まれついて賢い人は、他人の教えを待たず、ひとりでに人として行うべき正しいことを守る。非常に愚かな者は、どんなに教えても従わない。中くらいの人は、（他人との）巡り合わせによって悪くもなり、よくもなる。このような人は、よい友を求め、よい巡り合わせに近付くべきである。古代の聖人が書いた書物に言うことには、「善人と一緒にいることは、雨露の中を行くときに、ひとりでに服が濡れるような（よい影響を受ける）ものである。」と。

2 (2) まずは――線部②から、「石を売る商人」が致忠の家に「奇巌怪石」を運んできたことをとらえる。もちろん石を売ることが目的である。**A**には「この事」の指す内容が入るので、一つ前の文にある「金一両をもつて石一つを買へり（＝一両という大金で石一つを買った）」の部分を現代語でまとめればよい。**B**には、「石を売る商人」の思惑が入る。商人は、致忠は石一つを一両で買ったのだから、珍しい形の石ならもっと高い値段で買ってくれるだろうと期待してきたのである。

(3) 「じ」は打ち消し推量・打ち消し意志を表す助動詞だが、ここでは、自分の行為である「買ふ」についているので、「**〜しないつもりだ**」という**打ち消し意志**がふさわしい。

ココに注意

助動詞「じ」には、打ち消し推量（〜ないだろう）・打ち消し意志（〜ないつもりだ・〜まい）の二つの意味がある。

(5) **イ**は、石を買ってくれないとわかった商人が、あっさり石を捨てて帰ったことに合わない。**ウ**は、商人は仕方なく石を置いていったので誤り。**エ**は、「痛快さ」が誤り。**ア**にあるように、致忠は巧みに企てたのであり、石を置き捨てられて困ったり、一杯食わされたりはしていない。

現代語訳 備後の国の長官である致忠は、閑院という邸宅を買って住まいとした。池と庭石で趣深い庭を造ろうと思うが、まだ庭石にする石を手に入れることができないでいた。そこで一両という大金で石一つを買った。そのことが都中にうわさとなった。このような（石を売る）ことを職業とする者が、このことを伝え聞いて、（先を）争って奇岩怪石を車に載せて運び、それをその（致忠の）家に来て売ろうとした。ここで致忠が答えて言うことには、「今となってはもう買うつもりはない」ということである。石を売る人はすぐに門の前に（持ってきた石を）投げ捨てたということである。その後、（致忠は）その（投げ捨てられた石のなかから）趣のあるものを選んで（庭に）立てた。

STEP 3 発展問題

本冊 ⇩ 58〜59ページ

1 (1) **ⓐ** (2) **とうとき** (3) **エ**

(4) 例 **父が自分の食べ物を少なくして友達に多く与えることを心配し、父に多く食べてもらうため。**

2 (1) **ア** (2) **問わせたまえば**

(3) 例 **男が年老いた母を背負って、光圀殿の狩りを見せていたこと。(28字)**

(4) 米銭なむあまたたまはりける（13字）
(5) イ
(6) 例 まねであっても親孝行がよいことに変わりはないと考えたから。（29字）

解説

1

(1) 登場人物の人間関係を正確に読みとる。「曾哲これを食して……といへる」とあるので、ⓐの主語は曾哲。それ以外は、曾哲の息子の曾子の動作である。

ココに注意
古文の物語の読解では、まず登場人物の人間関係をおさえて、それぞれの動作の主体を正確にとらえること。

(3) 「味はひよき食物」はもう残っていないにもかかわらず、曾子は「いまだたくさんにあり（＝まだたくさんある）」と答えたのである。あとに「父の心をよろこばしめたり（＝父の心をよろこばせた）」とあることから、自分が手間を惜しまずもう一度作ってあげることで、父の希望をかなえたかったのだと考えられる。

(4) 曾子の息子、すなわち、曾哲の孫が曾花元である。父に味のよい食べ物をさしあげ、「まだこの食べ物はあるか」と聞かれたのは、曾哲と曾子の場合と共通している。しかし、曾子の場合はもう食べ物がなかったが、曾花元の場合は実はまだ食べ物は残っていたのである。それをあえて「なし。」と答えた理由は、「曾子は少なう食して……わが父に多くまゐらせんために」の部分に書かれている。曾花元は自分の父にたくさん食べてほしかったので、まだ食べ物があることを正直に伝えると、父が友人に多くふるまうために自分の分を減らしてしまうのではないかと心配したのである。最後の一文では、曾子と曾花元の逸話を比較して、曾子のほうがより孝行者だと人々が評価したことを述べている。

ポイントチェック

・古文の構造
古文では、事実や具体例を紹介したあと、最後に筆者の感想や結論、そこから得られる教訓などをまとめて述べていることが多い。実際にあった話の部分と、筆者の考えを述べた部分とに分けて読めば、文章の構造を理解しやすい。

現代語訳 昔、孔子の弟子に、曾子といって、立派な孝行者がいた。その親である曾哲を養っていたときに、味のよい食べ物をさしあげた。曾哲はこれを食べて、「まだこの食べ物があれば、私の友達にも、（家に）呼んでふるまいたい。」と言ったところ、曾子は、もうないけれども、「まだたくさんある。」と答えて、友達を呼ばせて、また（味のよい食べ物を）作ってさしあげ、父の心をよろこばせた。

曾子の子の曾花元が、曾子を養っていたときには、味のよい食べ物を、（曾子が）「まだこの食べ物はあるか。」と言うので、あるけれども「ない。」と答えて、またあとで（曾子に）さしあげた。これは、（曾子が）友達にふるまおうと思って（息子に）聞いたのだが、（曾花元は）曾子が少なく食べて友達に多く与えなさることを思い（＝心配し）、自分の父に多くさしあげようとするために、まだある食べ物を、まず「ない。」と申し上げたのである。

この、曾花元の孝行の考え方は、曾子の孝行には劣っていると、（人々の間で）評価された。

2

(1) 「**いかなる**」は「**どのような・どういう**」という**疑問**の意味を表す言葉。「あやしの男」を知っている者が「彼は人に知られたる孝行の者にて（＝彼は有名な孝行者で）」と答えていることからも、**ア**が適切である。

(3) 水戸中納言光圀殿が感動したのは、「知れる者」の話を聞いたからである。よって、直前の「母を負ひて御狩りの体を拝しさぶらふなり」という話の内容をまとめる。その場合、解答の文の主語は「彼」のままでは説明として不十分なので、一行目の「あやしの男」に着目して、「男が……」とするとよい。

(4) 直前の「彼」とは、「同じ様なる者」のことで、最初に出会った孝行者と同じように、母を背負っていたのである。そのため、家来たちは、最初の孝行者が光圀殿から「米銭なむあまたたまはりける（＝お米やお金をたくさんいただいた）」ことを聞いてうらやましく思い、そのまねをして、「彼」も物をいただこうとしているのだとみなしているのである。

(5) 「ささやきければ」という表現から、本人には聞こえないように気遣いつつ、「同じ様なる者」の行為を非難しているのだと考えられる。

(6) 光圀殿の言葉の意図を正確にとらえる。「孝子をまねるは孝子のたぐひ（＝親孝行な子をまねるのは親孝行な子の仲間）」「よきことのまねをする奴かな（＝よいことのまねをするやつだなあ）」などの言葉から、たとえ動機は不純であっても、よい行いをまねて実行したという事実を評価していることがわかる。

ココに注意

登場人物の考えや気持ちをとらえる問題では、人物の行動や会話の内容を丁寧に読みとることが大切である。

現代語訳 水戸中納言光圀殿が、狩りにお出かけなさったときに、身分の低い男が、年老いた女を背負って、道の辺りに休んでいたが、（光圀殿が）「どのような者であるか。」とお尋ねになると、（彼を）知っている者がいて、「彼は人に知られた（有名な）孝行者で、母を背負って（光圀殿が）狩りをなさるお姿を拝見しているのです。」と言う。光圀殿はたいへん感動なさって、（男は）お米やお金をたくさんいただいた。その後またある所で、同じような者に出会って（光圀殿がその人に）お尋ねになると、母を背負ってどこそこへ行くことを申し上げる。家来たちが「彼は先日のことを聞いてうらやましく思い、それをまねて物をいただこうとするようだ。」とささやいたので、光圀殿は笑って、「愚か者をまねるのは愚か者の仲間、親孝行な子をまねるのは親孝行な子の仲間である。よいことのまねをするやつだなあ。彼らに物を与えよ。」と言って、先日（の例）と同じようにお米やお金をお与えになった。

8 古典 和歌・古典俳句

STEP 1 まとめノート

本冊⇩60〜61ページ

①和歌 ②短歌 ③句切れ ④行く ⑤手紙
⑥枯れ ⑦切れ字 ⑧かな ⑨季語 ⑩名月 ⑪秋

解説

⑥「人めも草も」が「かれ（ぬ）」の前にあることに注意しよう。冬の寂しい山里の様子を詠んだ歌であるので、冬になって人が「離る」、つまり、人が訪れなくなり、草も「枯れ」てしまうということである。

ココに注意

掛詞は、一つの言葉に、同音で意味の異なる二つの言葉の意味をもたせたもの。同時に複数の意味を表すため、平仮名で書かれている場合が多い。

⑧「かな」は句の最後にきて、**詠嘆を表す切れ字**。漢字で「哉」と書く場合もあるので覚えておく。

⑩・⑪「名月」は秋の季語。「名月や」と切れ字が使われているので、初句に**感動の中心**があることがわかる。

現代語訳 ⑥山里は、特に冬が一段と寂しさが募ることだ。今まで訪れていた人も来なくなるうえに、草も枯れてしまうことを思うと。

⑧春の海を前にすると、一日中ゆるやかな波が寄せたり引いたりして、いかにものどかなことだ。

⑩・⑪中秋の名月を鑑賞したが、月が池に映っている辺りを何度もめぐって、つい一夜を過ごしてしまった。

STEP 2 実力問題

本冊⇩62〜63ページ

1 (1) 四(句切れ) (2) 掛詞 (3) ①D ②B ③A

2
(1) **A哉　Bや**
(2) **C置ごたつ・冬　D朝顔・秋　E田植・夏**

3
(1) **例 雨に降られたので、みのを借りたかった(から。)(18字)**
(2) **イ**　(3) **ウ**

解説

1
(1) **五・七・五・七・七**で分けると、「わが背子が／古き垣内の／櫻花／いまだ含めり／一目見に來ね」となる。「いまだ含めり(＝まだつぼみのままです)」で**いったん文が終わっている**ので、四句切れである。
(2) 「ふる」は雨が「降る」と時が「経る」を、「ながめ」は「長雨」と、「物思いにふける」という意味の「眺め」を掛けている。
(3) ①の「体言止め」は、Dの歌だけに使われている。最後の「世の中」が体言(名詞)である。②の「皮肉ともとれる複雑な手法」とは、はかなく散りゆく桜に揺り動かされる気持ちを「桜がなかったならば、春の心は穏やかだっただろうに」と詠んだ、Bの歌の説明である。③の「呼びかけの言葉」とは、Aの歌の「一目見に來ね(＝一目見においでください)」のことである。Aの歌が掲載されている**「万葉集」には、技巧を凝らしていない、素朴な歌が多い。**

現代語訳 A あなたが住んでいた古い屋敷の桜の花はまだつぼみのままです。一目見においでください。
B 世の中にまったく桜がなかったならば、春の人々の心は穏やかだっただろうに(桜があるために、こんなにも人々の心は乱れるのです)。
C 花の色はすっかり色あせてしまったことだなあ。咲いたかいもなく、むなしく長雨が降り続いていた間に(同じように、私の容色も年をとって衰えてしまったなあ。無駄に年月を過ごし、物思いにふけっている間に)。
D 世の中のはかなさを、もう他のものにたとえて言うのはやめよう。桜の花が咲いてもすぐにはかなく散ってしまった。ああ、まさに、はかないこの世の中そのもののようだ。

2
(1) 切れ字には、「や」「かな」「けり」などがある。AとEの句は句末が切れ字の「哉」で終わっているので、**句切れなし**になる。

ポイントチェック
・**句切れ**
意味やリズムによって俳句の流れが切れることを「句切れ」という。初句の終わりで切れる場合は「初句切れ」、第二句の終わりで切れる場合は「二句切れ」という。また、「句切れなし」や、第二句の途中で切れる「中間切れ」なども ある。

(2) Dの季語は「朝顔」。現代では代表的な夏の花だが、陰暦では**七月から九月が秋**なので、「朝顔」の季節は秋になる。Eの季語の「田植」は、現代では四月から六月頃にかけて行われることが多く、春の行事の印象が強いが、陰暦では**四月から六月は夏**である。

現代語訳 A 雪がとけて春になったので、長い間、外で遊ぶことができなかった子どもたちが村いっぱいに飛び出して、思いがけなくたくさん遊んでいることだなあ。
B 夜がほのかに明けようとする頃に浜辺に出ると、漁師の網の中に一寸ほどの白魚が光っているのが見えたが、清潔そうで、白さを凝縮したかのようだ。
C 冬に門人たちの家を転々としたとき、どこの家でも出してくれる置きごたつは非常にありがたい。しかし、旅に出ている身なので、どこでも落ち着いた気分ではあたれなかった。
D 咲きそろっている朝顔の中に、一輪だけ藍色の花がある。それは、底知れない深い淵を思わせるような色だ。
E 離縁されたばかりの若い女が、田圃の中に入り込んで、つらく悲しい気持ちを振り払おうとでもするかのように、一心不乱に田植えをしている。

3
(1) 「ある小屋に入りてみのを借らんといふに(＝ある小屋に入って雨具のみのを借りたいと言うと)」とある。「借らん」の「ん」は**希望の意を表す助動詞で、「……したい」という意味**になる。
(2) 「若き女」の「山吹の花一枝折りて出」すという行為が、雨具の「みの」

を借りにきた持資への返事であったことをとらえる。和歌の「みの一つだに無きぞ悲しき（＝みの一つさえないので貸せないのです）」という内容から、女は古い歌に託して、みのを貸すことができないことを示唆したのだとわかる。なお、「山吹のみの」は、山吹の「実の」と雨具の「みの」という二つの意味を掛けた**掛詞**になっており、「山吹が幾重もの美しい花びらを持つ花を咲かせながら一つも実を結ばないのと同じように、私も残念ながらみの一つさえ持っていません」という意味になる。女は、みのがないことを口頭で率直に伝えるよりも、はるかに趣のある対応をしており、教養の深さと機転のよさがうかがえる場面である。

(3) 持資が山吹の花を差し出した女に怒って帰ってしまったのは、古歌の知識がなく、山吹の花に込められた意味を理解できなかったからである。しかし、「これを聞きし人」から意味を教えられた持資は、和歌のすばらしさを実感し、それ以来和歌に関心を寄せるようになったのだと考えられる。

現代語訳 太田左衛門大夫持資は上杉宣政に仕える家臣である。（持資が）鷹狩に出かけて雨に降られ、ある小屋に入ってみのを借りたいと言うと、若い女が何も物を言わないで、山吹の花を一枝折り取って差し出したので、（持資は）「花を求めているのではない」と怒って帰った。

この話を聞いた人が、「それは、

七重八重の多くの花びらのある美しい花は咲くけれども、山吹が実を一つも結ばないのは悲しいことです（同じように、私の家にもみの一つさえないので貸せないのです）。

という古い歌の内容を言ったのであろう」と言う。持資は驚いてそれから和歌の道に心を寄せたということだ。

STEP 3 発展問題

本冊 ⇩ 64〜65ページ

1 (1) イ　(2) ア　(3) エ

2 (1) かかえ　(2) ア　(3) エ

解説

1 (1) **「思し忘る」は「お忘れになる」**、**「おはします」は「いらっしゃる」という意味の尊敬語**であることから、主語は御門（＝醍醐天皇）であるとわかる。醍醐天皇は、「花おもしろくなりなば、かならず御覧ぜん（＝花が趣深くなったら、必ず見に行こう）」と季縄と約束したにもかかわらず、そのことを忘れて、大井に行かなかったのである。

(2) 季縄が「病づきて、すこしおこたりて、内裏に参りたりけり（＝病気になって、少しよくなって、宮中に参上した）」ときの発言であることから考える。**「かく」は「このように」という意味の指示語**で、ここでは季縄が参内できるほど病気が快復したことを指している。

(3) まず、それぞれの和歌が、誰から誰に送られたものかをとらえる。Aの前には「少将」、Bの前にも「少将が許より」とあることから、どちらも少将（＝季縄）が天皇に送った歌だとわかる。よって、**ア・イ**は誤り。Aの歌は、「花が散ってしまったならば残念なことなのに。大井川の川岸の山吹の花は今が盛りです。早くおいでになってください」という意味で、「大井川の状況を内裏に報告したもの」ではないので、**ウ**も誤りである。

ココに注意 和歌では、直前に出てくる人物に特に注意して、誰から誰に送られた歌であるかを丁寧に読みとろう。

現代語訳 今ではもう昔のことだが、季縄少将という人がいた。（少将が）大井に住んでいたころ、天皇がおっしゃったことには、「花が趣深くなったら、必ず見に行こう」とおっしゃったが、（天皇は）お忘れになって、（大井に）いらっしゃらなかったので、少将は、

A 花が散ってしまったならば残念なことなのに。大井川の川岸の山吹の花は今が盛りです。早くおいでになってください。

（と詠んだ。）

この季縄が、病気になって、少しよくなって、宮中に参上した。今の右大弁である源公忠が、まだ掃部助で、蔵人だった頃のことである。（季縄は）「病気は、まだよくは治っておりませんが、（仕事が）気にかかって、参上いたしました。後々

のことはわかりませんが、このように（今は参内できるまでに）なりました。明後日頃にまた参上しましょう。よいように（天皇に）申し上げなさいませ」と言って帰っていった。三日ほどして、少将のところから、

B　残念なことには後日お会いしましょうと約束したことです。今日が最後のお別れですと申し上げればよかったのに。

（という歌を送ってきた。）

ところで、（少将は）その日に亡くなってしまったということだ。気の毒なことである。

2

(2)「庭掃いて出でばや寺に散る柳」の**季節は秋**。通常、「柳」は柔らかく芽吹く若葉の美しさから春の季語だが、ここでは「庭中の柳散れば……」とあることに注意する。季節がわからない場合でも、前の「よもすがら秋風聞くやうらの山」の句に着目すれば、秋に詠まれたものだとわかる。**ア**の季語は「天河」で秋、**イ**は「五月雨」で夏、**ウ**は「雛」で春、**エ**は「蝉」で夏。よって、**ア**が正解。

！ココに注意　俳句では、まず季語を見つけ、季節を理解することで句に込められた情景を読みとろう。

(3) 句を詠んだのは芭蕉と曾良の二人なので、**ア**は誤り。**イ**は「僧たちは曾良のことを思い」の部分が誤り。芭蕉が曾良のことを思って過ごしたのである。「庭掃いて……」は、追いかけてきた僧たちのために芭蕉が詠んだ句なので、**ウ**も誤り。「心早卒にして堂下に下る」「とりあへぬさまして、草鞋ながら」などから、次の旅に心がはやり急いでいたことがわかるので、**エ**は文章の内容と一致する。

現代語訳　大聖寺藩の城下町の、全昌寺という寺に泊まる。（ここは）まだ、加賀の国である。曾良も前の夜にこの寺に泊まって、

（寝床に入ってもなかなか寝られず、）一晩中裏山に吹き渡る秋風の音を聞いていたことだなあ。

と（一句を）残す。（曾良とは）一夜離れているだけであるが、千里も遠く離れているのと同じような（寂しい）気がするものである。私も秋風（の音）を聞いて修行僧の寮で横になっていると、夜明け方近くになって、経を読む声が澄んできて、食事の合図の音が鳴り、食堂に入る。今日は越前の国へ（向かおう）と、心慌ただしく堂の下に下りるのを、若い僧たちが紙や硯を抱えて、階段の下まで追いかけてきた。ちょうど、庭中の柳の葉が散っているので、

（一晩泊めてもらったお礼として、）寺の庭に散っている柳の葉を掃いてから出かけたいものだ。

慌ただしい様子で、わらじのまま書いて渡した。

9 古典 漢文の基礎知識

本冊⇨66〜67ページ

STEP 1 まとめノート

①訓読　②訓点　③歴史的　④返り点　⑤書き下し文
⑥置き字　⑦孔子過グ二泰山ノ側ヲ一
⑧婦人の墓に哭する者有りて哀しげなり

解説

⑦「孔→子」「泰→山→側」は上から下へ順に読んでいるので、「孔」「子」「泰」「山」の字には返り点は不要である。次に、「側→過」は**二字以上返って読む**ので、「側」に**一点**、「過」に**二点**をつける。また、片仮名で送り仮名をつけるのを忘れないようにする。

！ココに注意　下から上に二字以上返って読むときには、一・二点をつける。

⑧返り点のない文字を上から順に書き下していけばよいが、「**於**」「**而**」は**置き字なので**、**書き表さない**ことに注意する。

！ココに注意　「而・矣・於・焉・于・乎」などに訓点がついていない場合は、置き字の可能性が高い。置き字は書き下し文に書き表さない。ここでは「於」「而」は置き字

なので、「婦人」の次に一点のついた「墓」、二点のついた「哭」、上点のついた「者」を読み、下点のついた「有」を読む。

ポイントチェック

・漢文を読むときの順序

上・下点が用いられている場合は、一・二点のついた部分を先に読み、次に上・下点のついた字を読む。

現代語訳 孔子が泰山のそばを通り過ぎた。婦人でお墓の前で号泣する人がいて悲しそうな様子である。

STEP 2 実力問題

本冊⇩68〜69ページ

1 (1) **勇者は必ずしも仁有らず**

(2) ①例 **善言をあらわす人が、必ずしも道徳の備わった人物だとは限らない** ②**エ**

2 (1) **後ニスレバ㆑黒ヲ則チ可ナリ** (2) **漆を下に** (3) **イ**

3 (1) **示スニ㆓玉人㆒** (2) **宝** (3) **エ**

解説

1 (1) 「勇者ハ不㆓必ズシモ有㆑ラ仁㆒」を書き下し文にする。これは前半の「有㆑ル言者ハ、不㆓必ズシモ有㆑ラ徳㆒」に対応した表現なので、この部分の書き下し文を参考にすればよい。**「不㆓必ズシモ……㆒」は「必ずしも……ず」と読み、「必ずしも……とは限らない」という部分否定の意味**を表す表現である。

(2) ①の「有㆑ル言者ハ、不㆓必ズシモ有㆑ラ徳㆒」は、(1)で述べたように後半部分が部分否定を表すので、「善言をあらわす人が、必ずしも道徳の備わった人物だとは限らない」という意味になる。②の空欄Bには「口先だけの善言をあらわす人」を意味する四字熟語が入るので、「言葉を飾り、顔色を取り繕って、人にこびへつらうこと」を意味する「巧言令色」がふさわしい。

現代語訳 道徳の備わった人は、きっと（その徳が）善言となって外へあらわれる。（しかし、）善言をあらわす人が、必ずしも道徳の備わった人物だとは限らない。人としての思いやりがある人物は、必ず勇気がある。（しかし、）勇気のある人が、必ずしも人としての思いやりがある人物だとは限らない。

2 (1) 書き下し文は「黒を後にすれば則ち可なり」なので、「後」の下に**レ点**を付ければ、「黒→後」の順に読むことができる。あとは、そのまま上から下に「則→可」の順に読むだけなので、返り点はつけなくてよい。

(2) この文章では、「染むる者（＝染色をする者）」と「工人（＝職人）」の二つの例を挙げて、結論となる一文「万事此くのごとく……審かにせざるべからず」を導いている。染色をする者の場合は、「青を先にして黒を後に」するという順番が決まっていることを述べている。これと同様に、職人の場合も、「漆を下にして丹を上に」するという順番があることを読みとる。

(3) 最後の一文の「先後上下する所」とは、染色の場合や職人の場合に共通する、物事を行うときの順番を意味している。手順を間違えると失敗することから、この文章では、物事を行う順番を守ることの大切さを述べている。

現代語訳 染色をする者は、青を先に染めて黒を後に染めればよく染めることができる。黒を先に染めて青を後に染めるならばよく染めることができない。（同様に、）職人は、漆を下に塗って丹を上に塗ればよく塗ることができる。丹を下に塗って漆を上に塗るならばよく塗ることができない。物事はすべてこのようなもので、先か後か上か下か（が決まっていること）は、（その順番を）はっきりとしなければならない。

3 (1) 書き下し文では「玉→人→示」の順に読んでいる。最初に読む「玉」の次は「人」で、上から下へ順に読むだけなので返り点は不要。次に「人」から「示」には**二字上に返って読む**ので、「人」に**一点**、「示」に**二点**をつければよい。

(2) まず、宋人が貴重な宝石を子罕に差し上げようとしたのに、子罕がそれを受けとらなかった理由をおさえる。子罕の言葉に「我は貪らざるを以て宝と為す」とあり、欲深く物を欲しがらないことを何よりの宝だと子罕は考えていることがわかる。つまり、子罕が宋人から宝石をもらってしまうと、宋人は貴重だと思っている宝を失うことになり、子罕自身も清廉という宝を失うことになるというのである。

現代語訳 宋の国の人が宝石を手に入れて、これを司城の子罕に献上した。(しかし、)子罕は受けとらなかった。宝石を献上した者が言うことには、「(この宝石を)持って行って宝石職人に見せたところ、宝石職人が宝石だと認めたので、これを献上したのだ」と。子罕が言うことには、「私は欲深く物を欲しがらないことを宝としているのだ。あなたは宝石を宝だと考えている。もし(その宝石を)私に与えたならば、二人とも宝を失うことになる。(それよりも、)人はそれぞれの宝を持っているほうがよい」と。

STEP 3 発展問題

本冊 ⇩ 70〜71ページ

1 (1) **㋑** (2) **オ** (3) **オ** (4) **鮑叔**

2 (1) **ウ** (2) **任座** (3) **君は賢君な(〜)を知るなり**
(4) **A 任座　B 直なり　C 階**

解説

1 (1) ㋑以外はすべて「……が」と訳すことができるので、主語を表す格助詞「の」である。一方、㋑は、「鮑叔の為に」という意味で、連体修飾語を表す格助詞「の」である。

ポイントチェック

・格助詞「の」
　「……が」と訳す場合は**主語**を表す。
　「……の」と訳す場合は**連体修飾語**を表す。

(2) 「賈」とは、もともと店を構えて商売をする者を指す言葉。一方、店を持たずに行商する者を「商」と呼んだ。管仲と鮑叔の二人で「賈」をしたあとに「財利を分かつ」のだから、商売をしたのだと判断できる。

(3) 「三たび戦ひて三たび走る」は「三度戦って三度とも敗走した」という意味で、管仲が戦いに敗れて逃げ去ったことを表している。それでも鮑叔が管仲を「怯(=卑怯者)」と思わなかったのは、管仲には面倒を見なくてはいけない老母がいることを知っていたからである。

(4) 管仲の言葉から、自分はこれまでたくさんの失敗や一見愚かに見える行動をとってきたが、すべて鮑叔は事情を理解し、管仲を否定することがなかったと説明していることがわかる。つまり、管仲のいちばんの理解者は鮑叔だと述べているのである。

現代語訳 管仲が言うことには、「私は、昔貧しかったとき、かつて鮑叔と商売をした。利益を分け合うときに、多く自分に取った。(それでも、)鮑叔は、私のことを貪欲だとは思わなかった。私が貧しいことを知っていたからである。私は、かつて鮑叔のために知恵を貸したが(鮑叔は)さらに貧しくなってしまった。(しかし、)鮑叔は、私のことを愚か者だとは思わなかった。時の流れには有利なときと不利なときがあることを知っていたからである。私は、これまでに(主君に)三度仕えて三度とも主君に追い出された。(しかし、)鮑叔は、私のことを愚か者だとは思わなかった。私がそのとき運がよくなかったことを知っていたからである。私は、これまでに三度戦って三度とも敗走した。(しかし、)鮑叔は、私のことを卑怯者だとは思わなかった。私に老母がいるのを知っていたからである。公子糾が争いに敗れ、召忽は、その戦いで死んだ。私は、(敵に)幽閉されて、恥辱を受けた。(しかし、)鮑叔は、私のことを恥知らずだとは思わなかった。私が小さな節義を恥じることはせず、(自分の)手柄と名誉が天下に知れ渡らないことを恥じることを知っていたからである。私を生んだのは父母であるけれども、私を理解する者は鮑叔である。」と。

2 (1) まず、「君→令」は上から下へと順番通りに読むので返り点はつけない。次の「令→以」は**二字上に返って読む**ので、「令」に一点、「以」に二点をつければよい。さらに、「之→召」は**一字上に返って読む**ので、**レ点**をつける。

ココに注意

一字上に返って読むときには、間にレ点をつける。

(2) 通常、君主は高い壇の上に座っている。直前に「任座入るに」とあることから、**翟黄に連れられて部屋に戻ってきた任座**を、文侯が階段を下りて出迎えたことがわかる。

(3) 「曰はく」は「言うことには」という意味で、会話文の始まりによく用いられる。また、「と」は引用を表し、会話文や引用文の直後に用いられることが多い。

(4) 最終的に、文侯が「忠臣を失わずに済んだ」のは、翟黄が任座の発言を「直なり（＝率直(そっちょく)である）」と評価し、そのような臣下を持つ君主も賢明だと文侯をたたえて、うまく任座を連れ戻せるように働きかけたおかげである。

現代語訳 翟黄が言うことには、「あなたは賢明な君主である。私が聞くことには、君主が賢明であれば、その臣下の発言も率直であると。今任座の発言は率直でした。そのことによって君主が賢君であることを知ったのです」と。（それを聞いて）文侯が喜んで言うことには、「（任座を）呼び戻すことができるだろうか」と。翟黄が答えて言うことには、「どうしてできないことがありましょう。私が聞くことには、忠義を尽(つ)くす臣下はその忠義を尽くして、決して死を恐(おそ)れないと。任座はおそらくまだ門のところにいるでしょう」と。翟黄が（門に）行ってこれを見ると、任座は門のところにいた。君主の命令で任座を呼び戻した。任座が入ると、文侯は階段を下りて任座を出迎えた。最後には任座を特別な高い地位にした。文侯（の家臣）に翟黄がいなかったなら、（文侯は）そこであやうく忠臣を失うところだっただろう。表面では、君主の心に従いながら賢者であることを明らかにしたのは、翟黄だけではないか。

10 古典 漢文・漢詩

STEP 1 まとめノート

本冊⇩72〜73ページ

①論語 ②史記 ③送り仮名 ④熟語 ⑤故事 ⑥蛇足
⑦背水の陣 ⑧五言律詩 ⑨五言絶句 ⑩第四句

解説

⑦「背水の陣」は、「この試合に負けたら引退となるので、背水の陣で臨(のぞ)む」のような使い方をする。

⑨全体の句数が四句で、一句の字数が五字なので「五言絶句」である。

⑩第三句と第四句は、言葉の組み立てや意味が対応している。

現代語訳 静かな夜の物思い　李白
寝床の前を照らす月の光
地上に降りた霜かと見まがうほどである
頭を挙げて美しい山や月を見上げ
頭を垂れて故郷のことを思い出す

STEP 2 実力問題

本冊⇩74〜75ページ

1 (1) 君子を問ふ　(2) 多くの人民
(3) 修己以安人

2 (1) 七言絶句
(2) 李　白　乗(ツテ)レ舟(ニ)将(ニ)欲(ス)レ行(カント)
(3) 辞　(4) ウ

解説

1 (1) 訓読文の「問(フ)二君　子(ヲ)一」の部分を書き下せばよい。まず、返り点がついていない「君」から読む。次に一点のついている「子」、二点のついている「問」の順に読む。

ココに注意 書き下し文にするときには、返り点のついていない字から先に読む。

(2) 「百姓」は、漢文では「ひゃくせい」と読んで、「一般(いっぱん)の人民」を意味する。

(3) 「そうする」の指す内容を【現代語訳】の中からさがすと、「自分を磨いて周囲の人を安心させる」ことだとわかる。この意味を表す【訓読文】の中の言葉は、「修己以安人」である。

2 (1) 全体の句数が四句で、一句の字数が七字なので「七言絶句」である。

ポイントチェック

・漢詩の形式

全体が四句（四行）→**絶句**	一句が五字→**五言絶句** 一句が七字→**七言絶句**
全体が八句（八行）→**律詩**	一句が五字→**五言律詩** 一句が七字→**七言律詩**

(2) 「李白」は上から下へ順に読むだけなので返り点はつけず、「舟→乗」は**一字上に返って読む**ので「乗」に**レ点**をつければよい。「将に」は順番通り読むので返り点は不要。「行→欲」は**一字上に返って読む**ので、「欲」にも**レ点**がつく。**送り仮名は片仮名で書く**ことにも注意する。

(3) 「辞」は、「やめる」「断る」「言葉」などの意味の他に、「別れを告げる」という意味をもつ。「辞去」「辞世」などの熟語を連想する。

ココに注意

漢字の意味を考える際には、その漢字を含む熟語をできるだけ多く思い出し、共通する意味や概念を見つけ出す。

(4) 【A】では第二句と第四句、【B】では第四句に倒置が見られる。

ポイントチェック

・倒置法

主語・述語や、修飾語・被修飾語などの順序を通常と逆にすることで、意味や余韻を強める表現技法。

現代語訳【A】汪倫に贈る

李白（＝私）は舟に乗って今にも出発しようとしている
ふと岸のほとりで、足を踏み鳴らして調子を取りながら歌う声が聞こえてきた
桃花潭の水の深さは千尺もあると言われるけれども
汪倫が私を送ってくれる心の深さには、とうてい及ばない

【B】黄鶴楼の上で孟浩然が広陵に行くのを見送る

古くからの親友である君（＝孟浩然）は西にある黄鶴楼に別れを告げて
春、かすみ立つ三月に揚州へと（舟で）下っていく
一艘の帆掛け舟の遠ざかる姿は青空のかなたに消えて
（あとには）ただ空の果てまで続く長江の水が流れるのが見えるばかりである

STEP 3 発展問題

本冊⇨76～77ページ

1 (1) 例 **詩の文言に使う語を、「推」にするか「敲」にするかということ。（30字）**
(2) **長安** (3) **イ** (4) **エ**

2 (1) 例 **蝶がたくさん集まり（9字）** (2) **主人貧**
(3) **有リ二旧巣ノ燕一** (4) **B栄 C盛** (5) **エ**

解説

1 (1) **「未」は「いまだ……ず」と読み、「まだ……ない」という意味を表す。**ここでは、賈島が「僧は推す月下の門」という句を、「僧は敲く月下の門」に改めるかどうかを「まだ決めていない」ということ。実際に、「推」と「敲」の動作をしてみて、どちらがふさわしいかと悩んでいたのである。

(2) この漢詩が収められているのは「唐詩紀事」なので、唐の都「長安」がふさわしい。

(3) 空欄には、漢文の「欲二改レ推作レ敲一」の部分の書き下し文が入る。一・二点の間の「改レ推」の部分は、空欄の直前に「推すを改めて」と書かれている。残りの字についている返り点に注目すると、「敲→作→欲」の順に読めばよいと考えられる。この順に読んでいる選択肢**ア・イ**のうち、「敲くとしようと思って」という意味の**イ**を選ぶ。

ココに注意

一レ点は、一点がついた字を読む前に、そのすぐ下の字を先に読む。

(4) 「推敲」は、文章などがよりよくなるように練り直すこと。

現代語訳 賈島が科挙の受験をしに行くために都にやってきて、驢馬に乗って詩をつくったとき、「僧は推す月下の門（＝僧が月明かりに照らされた門を押し開ける）」という句を思いついた。（しかし、）「推す」を改めて「敲く」にしようと思い、手を動かして「推」と「敲」の動作をやってみる。（けれども、どちらの字がよいか）まだ決まらず、偶然にも都の長官である韓愈に出会ってしまった。そこで（賈島が決めかねていることの）詳細を説明する。（すると、）韓愈が言うことには、「敲の字がよい」と。結局、（互いの）馬を並べて、長い間、詩について論じ合った。

2
(1) 第一句の「蝶（枝に）満ち」の部分を現代語訳する。
(2) 解説文からわかるように、この詩の「蝶」や「燕」は「世の中の人」をたとえた比喩である。一方、「花」は何をたとえているのかを考える。咲いている花には蝶は蜜を吸いに集まってくるが、しぼんだ花には蝶はめったに飛んでこない。この様子に、裕福なときには人が集まってくるが、貧しくなったらめったに訪ねて来る人がいない状況を重ねているのである。
(3) 書き下し文では「旧巣の燕有り」となっている。「旧→巣→燕」は上から下に順に読むだけなので、返り点はつかない。次に、「燕→有」は**二字以上返って読む**ので、「燕」に**一点**、「有」に**二点**をつければよい。
(4) 「栄枯盛衰」は、「世の中は繁栄と衰退の繰り返しである」という意味の四字熟語。
(5) この詩では、「蝶」と「燕」の対照的な様子が描かれている。貧しくなると去っていく人を「蝶」に、貧しくなっても変わらず訪ねて来てくれる人を「燕」にたとえている。

ココに注意
漢詩や漢文では、比喩表現がよく用いられる。何をたとえているのかを読みとると、主題をつかむヒントになる場合もある。

現代語訳 事に感ず　　武瓘
花が開くと蝶が枝にたくさん集まってくるが
花がしぼんでしまうと蝶はめったに姿を見せなくなる
ただ以前巣を作っていた燕だけは
主人が貧しくなっても、また今年も同じ巣に帰ってくる

理解度診断テスト ④

本冊⇩78〜80ページ

理解度診断 A…70点以上、B…50〜69点、C…49点以下

1 (1) ア　(2) イ　(3) ①第一の事　②エ
(4) この鹿のなく　(5) エ

2 (1) ⓐア　ⓑイ　(2) イ・ケ・シ　(3) 係り結び（の法則）

3 (1) ア　(2) 見二ユ陶公一ニ　(3) 故より種うべし　(4) ウ

解説

1
(1) 「走りて坂を下る輪のごとくに」は、「走って坂を下る車輪のように」という意味の比喩表現で、人がものすごい速さで「衰へゆく」様子をたとえている。
(2) 「捨てじ」の「じ」は「**……ないようにしよう」という意味の打ち消し意志**を表す。筆者は「第一の事を案じ定めて、その外は思ひ捨てて、一事をはげむべし（＝いちばん大事なことを考え定めて、その他は断念して、一つのことだけに精進すべきである）」と説いており、「何方をも捨てじと心に執り持ちては、一事も成るべからず（＝どれも捨てないでおこうとこだわっていては、一つのことも成就するはずがない）」と述べている。
(3) (2)でも説明したように、筆者は「第一の事を案じ定めて……一事をはげむべし」と説いている。自分にとっての「第一の事」、つまり、いちばん大事なことを決めて、そのことだけに「集中して取り組む」べきだと述べているのである。

現代語訳 若いうちは、あらゆることにおいて、成功して、大きな事業をも成し遂げ、芸能も身につけ、学問もしようと、将来に渡って希望を持ち計画するいろいろなことを気にかけながらも、一生をのんびりしたものだと思ってつい怠け

ながら、まず、さしあたっている目の前のことだけに気を取られて月日を送るので、どれもこれも成し遂げることがなくて、（我が）身は年老いてしまう。とうとう（一つの道に）上達することもできず、思ったように立身出世することもなく、後悔はするけれども取り返すことのできる年齢ではないので、走って坂を下る車輪のように（どんどん）衰えていく。

だから、一生のうちに、主として望ましいようなことの中で、どれがまさっているかとよく考え比べて、いちばん大事なことを考え定めて、その他は断念して、一つのことだけに精進すべきである。一日のうち、（また）わずかな時間のうちにも、多くの用事がやってくるであろう中で、少しでも有益なことに励んで、その他のことを打ち捨てて、大事なことを急ぐべきである。どれも捨てないでおこうとこだわっていては、一つのことも成就するはずがない。

2

(1) ⓐは、直前に「壁をへだてたる男」と主語が明示されている。ⓑは「我もしかなきてぞ人に恋ひられし今こそよそに声をのみきけ（＝以前には、私もあなたに、この鹿のようにないて恋い慕っていただいたものでした。それなのに、今では他の場所で、あなたの声だけを聞いています）」という歌を詠んだ人物なので、「もとの女」である。

(2) **陰暦（旧暦）では七～九月が秋**なので、それぞれの異名である「文月」「葉月」「長月」を選ぶ。現在の暦とは一か月ほどのずれがあることに注意する。また、**一～三月が春、四～六月が夏、十～十二月が冬**であることも覚えておく。

ココに注意

月の異名と、陰暦の季節はしっかり覚えておく。陰暦の七月は現在の八月頃にあたり、季節感にも一か月くらいのずれがある。

(3) ——線部には**係助詞「なむ」**があり、文末を**助動詞「けり」の連体形「ける」**で結んでいるので、「**係り結び（の法則）**」が用いられている。

(4) 男が「それをばいかが聞きたまふ（＝それをどのようにお聞きになりましたか）」と尋ねる前に、「この鹿のなくは聞きたうぶや（＝この鹿の鳴くのはお聞きになりましたか）」と尋ねていることに注目する。

(5) 「今こそよそに声をのみきけ」という下の句には、男の心変わりを責めることなく、壁を隔てただけの場所で、じっと耐え忍んでいるもとの女の姿が表現されている。男が歌のすばらしさに感動して女のもとに戻ったことからも、もとの女の優しさや一途な思いが込められた歌であることが読みとれるので、**エ**が正解。

現代語訳

大和の国に男と女がいた。長い年月の間この上もなく互いにいとしく思って一緒に住んでいたが、どうしたことであろうか、（男は他の）女を得てしまった。それだけではなく、（新しい女をもとの女の住む）この家に連れてきて、壁を隔てて隣に住まわせて、自分（もとの女）のほうにはまったく近寄ってこない。（もとの女は）たいへんつらいと思うけれど、まったく口に出して妬まない。秋の夜長に、目を覚まして（外の音を聞くともなしに）聞いていると、鹿が鳴いていた。（もとの女は）ものも言わないで黙って聞いていた。壁一枚を隔てている男が「お聞きになりましたか、西隣さんよ」と言ったので、（もとの女は）「何をですか」と返事をしたところ、「この鹿の鳴くのはお聞きになりましたか」と言うので、「はい、聞きました」と答えた。男は、「それで、それをどのようにお聞きになりましたか」と言ったところ、女はすぐに（次のように歌を詠んで）答えた。

以前には、私もあなたに、この鹿のようにないて恋い慕っていただいたものでした。それなのに、今では他の場所で、あなたの声だけを聞いています。

と詠んだところ、（男は）この上なく心を打たれて、新しい女を送り帰して、もとのように暮らし続けたのであった。

3

(1) ⓐは直前に「陶公」と主語が明示されている。ⓑの主語は「薤の白い部分」を食べ残して植えようとした庾大尉。

(2) 最初に読む「陶↓公」は上から下に順に読んでいくだけなので返り点は不要。次の「公↓見」は二字上に返って読むので、「公」に一点、「見」に二点をつける。

(3) 陶公の「此を用て何をか為す（＝これをどうするのか）」という問いに対する庾大尉の答えは、「故より種うべし（＝もちろん植えるつもりである）」の部分である。

(4) 「風流なるのみに非ず」は「風流であるだけではない」という意味。文中にあるように、陶公自身も倹約家であったため、庾大尉の実務的な能力は政治に向いていると感じ、高く評価したのである。

現代語訳 庾大尉が南方に赴いて陶公にお目にかかった。陶公はもともと（庾大尉のことを）重んじていた。陶公は気質が倹約家である。食事になり、薤を食べ、庾大尉は薤の白い部分を（食べずに）残した。陶公が問うことには、「これをどうするのか」と。庾大尉が言うことには、「もちろん植えるつもりである」と。
そこで（陶公は）庾大尉がただ風流であるだけでなく、実務的な能力も兼ね備えていることを大いに褒めたたえた。

第2章 文法の力

1 文法の基礎

STEP 1 まとめノート

本冊⇨82~83ページ

①文章 ②段落 ③文 ④文節 ⑤単語 ⑥四 ⑦被修飾語
⑧連文節 ⑨主部 ⑩自立語 ⑪付属語 ⑫活用
⑬ア・イ・エ・オ・カ ⑭ウ・カ・キ ⑮用言 ⑯独立語

解説

⑦修飾語が係る文節を、「被修飾語」という。被修飾語が体言の場合、その語を修飾している文節を**連体修飾語**といい、被修飾語が用言の場合、その語を修飾している文節を**連用修飾語**という。

ココに注意

被修飾語は文の成分の種類ではない。「暑い／夏が／来た。」という文の「夏が」は、「暑い」という修飾語に対する被修飾語であるが、文の成分としては主語になる。また、「私は／海へ／行った。」という文の「行った」は、「海へ」という修飾語に対する被修飾語であるが、文の成分としては述語になる。

⑬この一文を**文節分け**すると、「その／木は／だんだん／大きく／なった。」となる。「は」は助詞、「た」は助動詞で、それぞれ付属語。

⑮・⑯「犬が」の「犬」など、名詞は「が」を伴って主語になる。「ゆっくり／歩く」の「ゆっくり」など、副詞は主に用言を修飾する（修飾語になる）。「大きな／車」の「大きな」など、連体詞は体言を修飾する（修飾語になる）。接続詞は接続語になる。感動詞は独立語になる。

STEP 2 実力問題

本冊⇨84~85ページ

1 (1) ①父と／二人で／山頂まで／歩いた。 ②これを／食べたのは／初めてです。 ③風に／吹かれながら／歩いて／きた。
(2) ①五 ②六

2 (1) ①必要なのは ②態度こそ (2) ①誰でも ②私は

3 (1) ①ア ②イ ③エ ④ア ⑤エ
(2) ①思い出される ②ハンバーグは

4 (1) イ (2) エ (3) ウ (4) ア

5 (1) 奇妙な・迎え (2) は・の・を

6 (1) イ (2) カ (3) エ (4) ア (5) ケ
(6) オ (7) ク (8) ウ (9) コ (10) キ

解説

1 (1) 「ネ」などを入れられるところをさがす。②は「初めてです」が一文節であること、③は「吹かれながら」が一文節であることと「歩いてきた」が二文節に分けられることに注意する。
(2) ①は「新しい／犬小屋を／建てたのは／春休みの／ことです。」と分けられる。「建てたのは」が一文節であることと、「こと」の手前に文節の区切りがあること、「ことです」が一文節であることに注意する。②は「昔の／友人が／久しぶりに／会いに／来て／くれた。」と分けられる。「会いに来てくれた」が三文節に分けられることに注意する。

✓ポイントチェック

・文節分け
文を、**発音や意味のうえで不自然にならない程度**に短く区切ったものが文節である。「ネ」などを入れられるところが文節の分かれ目になる。「通り過ぎる」など、**複数の語が結びついて一つの語になっているものは区切らず、**「青く／見える」「走って／くる」などは区切る。

2
(1) 主・述の関係に関する問題は、**述語をもとに主語をさがし、**見当をつけたら**直接つなげて**読んでみるとよい。①は「何が」冒険心ではないのかをさがす。「必要なのは（必要なものは）」「冒険心ではありません」という主・述の関係になっている。②は、「何が」勇気なのかをさがすと、「態度こそ」「勇気です」というつながりがわかる。主語を示す語は「が」「は」だけではないので注意する。
(2) ①は「誰が」上達するのかをさがすと、「誰でも」上達する、とある。②は「誰が」弾き続けたのかをさがすと、「私は」弾き続けた、とある。

3
(1) 修飾・被修飾の関係でも、主・述の関係と同様、直接つなげてみることが重要である。修飾・被修飾の関係の場合、文節でなく単語につなげるほうがわかりやすくなることが多い。①は「いかなる」「困難」、②は「あの」「山」、③は「まさか」「いないだろう」、④は「美しい」「花びら」、⑤は「今では」「少なくなった」とつながる。①の「いかなる」「心」など、形としてならつながる語は他にもあるが、文の意味がつながらないので、これは修飾・被修飾の関係ではない。
(2) ①は、「今でも」「見る」でも一見つながるが、文の意味として「今でも」「思い出される」が適切である。②は、「母が作った」「一口サイズの」「小ぶりな」という三つの文節・連文節が「ハンバーグは」を修飾している。

！ココに注意
(2)の②のように、被修飾語には複数の修飾語（修飾部）がかかることがある。その場合、修飾語（修飾部）どうしは並立の関係になっていることもある。

4
(1)は「（人の心を）震わせる」「演奏」が、「どんな」「何」という関係になり、「震わせる」が「演奏は」を修飾しているといえる。(2)は「みた」は「見た」の意味が薄（うす）れている。ここでは、「試（ため）しに～する」という意味を「読んで」に補っている。(3)は「笑う」という動作と「泣く」という動作を並立している。「泣いたり笑ったり」と語順を入れかえても、文の意味は変わらない。(4)は「誰が」「どうした」という関係になっている。

5
文節分けをすると、「その／奇妙な／物語は／予想外の／結末を／迎えた。」となる。さらにこれを単語に分けると、「その／奇妙な／物語・は／予想外・の／結末・を／迎え・た。」となる。各文節のはじめの単語が自立語で、他が付属語であることをふまえて考えるとよい。

6
品詞分類表を確認（かくにん）しつつ分類するとわかりやすい。まずは自立語か付属語かをとらえ、次に活用の有無（うむ）を確認する。その後、文の成分や言い切りの形などを考える。(2)の「あらゆる」はウ段で終わっているが、「あらゆら」「あらゆり」などのように活用するわけではないので、動詞ではない。

2 自立語の働き ①

STEP 1 まとめノート

本冊 ⇩ 86～87ページ

①用言　②自立　③三　④動詞　⑤ウ　⑥イ　⑦ア　⑧ウ　⑨形容詞　⑩い　⑪だ　⑫補助動詞　⑬補助形容詞

解説
⑥・⑦・⑧それぞれの動詞に「ない」をつけて考える。⑥は「見（み）ない」となり、「ない」の直前が「イ」段なので、上一段活用である。⑦は「始まらない」となり、「ない」の直前が「ア」段なので、五段活用である。⑧は「投げない」となり、「ない」の直前が「エ」段なので、下一段活用である。

STEP 2 実力問題

本冊 ⇩ 88～89ページ

1
(1) **①着け　②買っ**　(2) **イ**　(3) **イ**

(4) ①**オ** ②**エ** **(5)** ①**ア** ②(**記号**) **b** (**活用形**) **連体形**
2 **(1)** **ウ** **(2)** **ウ** **3** **(1)** **イ** **(2)** **エ**
4 **(1)** **よい・新しく** **(2)** **正確に・平易で・簡潔な**
5 **(1)** **ウ** **(2)** **イ**

解説

1 **(1)** ①・②とも**五段活用動詞**で、①は**仮定形**、②は**連用形**になる。

(2) それぞれ**「ない」をつけて確かめる**。「出かける」は下一段活用。**ア**「吹く」は五段活用。**イ**「植え（植える）」は下一段活用。**ウ**「差し（差す）」は五段活用。**エ**「降ら（降る）」は五段活用。

(3) 「〜て（で）」に連なっているので連用形。

ポイントチェック

・動詞の活用形

動詞には、**未然形・連用形・終止形・連体形・仮定形・命令形**の六つの活用形がある。未然形は「〜ない」「〜う（よう）」など、連用形は「〜た（だ）」「〜て（で）」など、終止形は「。」、連体形は「〜こと」「〜とき」など、仮定形は「〜ば」、命令形は「。」に続く。

ココに注意

上一段活用と下一段活用は、それぞれ未然形と連用形の活用語尾が同じ形になる。区別がつかない場合、その動詞を「来る」に置き換えて下の語に続けてみるとよい。「こない」などのように「こ」に置き換えられる場合は未然形、「きた」などのように「き」に置き換えられる場合は連用形である。

(4) ①「〜する」という形の動詞はサ行変格活用。「ウ」段で言い切っているから五段活用、と考えてしまわないよう注意する。②ここで使われている「〜のは」の「の」は、**「こと」と同じ**である。したがって、「〜こと」となるときの活用形を考えればよい。

(5) ①「降らない」など、それぞれ「ない」をつけるとその直前が「ア」段の音になる。②それぞれ、「〜て」「〜効果」「〜たり」「〜ながら」に続いている。「来る」に置き換えると、「きて」「くる効果」「きたり」「きながら」となるので、「〜効果」に続くときだけ活用形が異なっているとわかる。

2 **(1)**の「うれしく」、**(2)**の「暖かく」を終止形に直すと、それぞれ「**うれしい**」「**暖かい**」となるので、どちらも形容詞である。**(1)**は**ウ**に含まれる「**おいしい**」、**(2)**は**ウ**に含まれる「**辛かろ**」が、それぞれ形容詞である。

3 **(1)** 「元気な」は、活用し、終止形が「元気だ」なので、形容動詞である。同じく形容動詞であるのは、**イ**に含まれる「きれいだっ」である。

(2) 「りっぱに」は、「成し遂げた」という**述語に係る**ので、連用形である。

4 文節分けをして自立語を確認し、その中で、「活用し、言い切りの形が『い』になるもの」「活用し、言い切りの形が『だ』になるもの」をさがせばよい。

5 **(1)** それぞれ**終止形に直す**と、「ない」「恥ずかしい」「無責任だ」「いそがしい」となる。他が「い」で言い切っているのに対して、「無責任だ」のみ「だ」で言い切っている。

(2) それぞれ**終止形に直す**と、「持つ」「多い」「受け継ぐ」「違う」となる。他が「ウ」段で言い切っている中で、「多い」のみ「い」で言い切っている。

3 自立語の働き ②

STEP 1 まとめノート

本冊 ⇩ 90〜91ページ

①**名詞** ②**普通名詞** ③**代名詞** ④**固有名詞** ⑤**数詞**
⑥**形式名詞** ⑦**指示** ⑧**副詞** ⑨**ウ** ⑩**連体詞**
⑪**接続詞** ⑫**逆接** ⑬**説明・補足** ⑭**感動詞**

解説

⑨「降ったら」と仮定する表現になっているので、「もしも」が入る。

⑫逆接は、対立する内容をつなぐときに使われる。文章の流れが変わることになるので、文章の中で逆接の接続詞が重要なポイントとなることがある。

STEP 2 実力問題

本冊⇩92〜93ページ

1 (1)エ (2)ウ (3)ア (4)イ (5)オ

2 (1)イ (2)ア

3 (1)エ (2)オ (3)イ (4)ア (5)ウ

4 (1)①オ ②ウ ③イ ④エ ⑤ア (2)①イ ②ア

5 (1)aエ bコ (2)aオ bサ (3)aイ bク
(4)aア bキ (5)aカ bシ (6)aウ bケ

6 イ

解説

1 (1)は「四」という**数字**に着目する。(2)は山の**固有の名前**である。(3)は**一般的な事柄**である。(4)は「私」には本当は名前があるのに、その名前でなく「私」という言葉で自分のことを示している。(5)は「場所」という意味では用いられていないことから考える。

ココに注意

代名詞はすべてが「こそあど言葉」であるというわけではない。例えば「私」や「彼」なども代名詞である。また、「こそあど言葉」がすべて代名詞であるわけでもない。例えば「この」は連体詞、「そう」は副詞である。

2 (1) 転成名詞は、動詞や形容詞など、他の品詞だった言葉が名詞に転成したものである。そのため、一見他の品詞のように思われるが、他の名詞と同じように、「〜が(は)」をつけて**主語になる**ことができる。**イ**の「楽しみ」は、あとに「は」があり、主語となっているので転成名詞。なお、**ウ**の「楽しみ」は、直後に「ます」があるので動詞の連用形である。

(2) **ア**「くやしさ」は、あとに「〜が(は)」をつけて主語になることができる。

3 **文中の他の語との関係**から考える。(1)「**〜な**」という、**禁止**の表現に呼応するものを選ぶ。(2)「**〜かのような**」という、物事を装う表現に呼応するものを選ぶ。(3)「**〜ても**」という、**状況に逆らう**表現に呼応するものを選ぶ。(4)「**〜だろう**」という、**推量**の表現に呼応するものを選ぶ。(5)「**〜しましょう**」という、**勧誘の表現**に呼応するものを選ぶ。

4 (1) どのような意味の語が入るかを考える。①「**すべての**」という意味をもつ**オ**が入る。②「**どんな**」という意味をもつ**ウ**が入る。③「**(今よりあとで)来る**」という意味をもつ**イ**が入る。④「**すばらしい**」という意味をもつ**エ**が入る。⑤「**大変な**」という意味をもつ**ア**が入る。

(2) 連体詞は**活用しない**ということをもとに考える。①**ア**の「ある」は「あった」などと活用できるので、**動詞**である。②**イ**の「いろいろな」は「いろいろだ」「いろいろに」などと活用できるので、**形容動詞**である。

ポイントチェック

・連体詞の識別

連体詞と他の品詞の識別は出題されやすい。基本的に、活用する品詞との識別を問われるので、**活用させられないものが連体詞**、と考えるとよい。

5 **例文を作る**などして考えるとよい。ただし、bについて考える際、場合によっては同じ役割の接続語でも代用できないことがあるので注意する。

6 「ねえ、**(きみ、)** 北が……」と補って考えるとわかりやすい。

4 付属語の働き

STEP 1 まとめノート

本冊⇩94〜95ページ

①**ある** ②**ない** ③**ウ**

解説

③「ぬ」に置き換えられる「ない」は助動詞、置き換えられない「ない」は形容詞である。ここでは**ア**が「泳げぬ」、**イ**が「起きぬ」、**エ**が「出ぬ」に置き換えられるので、**ア・イ・エ**は助動詞である。**ウ**は「ぬ」に置き換えられないので形容詞である。

ポイントチェック

・「ない」の識別

「ない」には**形容詞**と**助動詞**の二種類がある。自立語か付属語かという違いがあるので**文節に分けて考える**こともできるが、さらに手っ取り早く識別する方法として、**「ない」を「ぬ」に置き換えられるかどうか**、という判断基準がある。「ない」が形容詞なら「ぬ」には置き換えられないが、助動詞なら「ぬ」に置き換えることができる。

なお、形容詞の中でも、補助形容詞かそうでないかで、さらに「ない」を識別する必要があることもある。他にも、「もったいない」など、形容詞の一部としての「ない」もある。

STEP 2 実力問題

本冊⇩96〜97ページ

1 (1) ①**られれ** ②**も・を・ば・と**
(2) ①**させ・た** ②**は・に**

2 (1) **エ** (2) **オ** (3) **ア** (4) **イ**

3 (1) **ア** (2) **ウ** (3) **エ** (4) **イ**

4 (1) **イ** (2) **ウ** (3) **ア** (4) **イ**

5 (1) **イ** (2) **ウ** (3) **エ** (4) **ウ** (5) **ア** (6) **イ**

解説

1 まず文節に分けて自立語と付属語に分けてから、付属語のうち、活用するものとしないものとに分類すればよい。(1)は、文節分けをすると「彼も／その／映画を／見られれば／喜ぶと／思う。」となる。このうち各文節の初めの単語を除くと付属語が残る。(2)は、文節分けをすると「父親は／子供に／じっくり／考えさせた。」となる。最後の一文節に二つの助動詞が入っていることに注意する。一文節に入る付属語の数に上限はない。

2 (1)「漢字を書けるようにな」ることを**望んでいる。**(2)「こつこつ練習するしかない」と**聞いたことを伝えている。**(3)**過去**のある期間において「毎日」「少しずつ練習」したのである。(4)「これからも練習を続け」ることを**志している。**

3 (1)「動物園」という体言について「出かけ」た**場所**が動物園であることを示している。(2)「弟」という動作の主体についているが、単に動作の主体であることを示すだけでなく、**他にも「楽しめた」者がいる**という**意味を加えている。**(3)「また来たい。」に詠嘆の意味を加えている。(4)「遠い道のりでした。」という文と「行ってよかったと思いました。」という文を**つないでいる。**

4 品詞の識別は、**直前の単語**を見て、品詞は何か、活用形は何かなどをもとに考えるとよい。(1)「騒がない」の「ない」と**イ**「くじけない」の「ない」は「ぬ」に置き換えられるので、これらの「ない」は助動詞である。**ア**は形容詞、**ウ**は形容詞「さりげない」の一部、**エ**は補助形容詞である。(2)「注いだ」の「だ」と**ウ**「臨んだ」の「だ」は**過去の助動詞**「た」が濁ったもの。どちらも**用言の連用形**に接続している。それぞれ「注ぐ」「臨む」と比べると、過去であることがわかる。**ア・イ・エ**はそれぞれ**形容動詞**の活用語尾。(3)「栄養素である」の「で」と**ア**「二月生まれで」の「で」は、どちらも名詞に接続し、**「で」以降を「だ。」に置き換えられる**ので、断定の助動詞「だ」の連用形である。**イ・ウ・エ**はそれぞれ置き換えると「栄養素だ。」「二月生まれだ。」となる。それぞれ形容動詞「おだやかだ」「友好的だ」「元気だ」の連用形活用語尾である。これらは「で」を「な」に置き換えることができる。(4)「着飾った」の「た」と**イ**「連なった」の「た」は、それぞれ「人形」「数字」という名詞を修飾し、「着飾っている（人形）」、「連なっている（数字）」というように「た」を「ている」に置き換えることができるので、存続の助動詞である。**ア**は過去の助動詞。**ウ・エ**は連体詞の一部。

ポイントチェック

・「た」の識別

助動詞「た」には、**過去・完了・存続・想起**の意味がある。次のように識別するとよい。

過去…「た」の直前の単語が示す動作・状態などが、過去に始まって既に終わっている。

完了…「た」の直前の単語が示す動作などが、たった今終わったばかりである、もしくはこれまで続いていた動作がたった今終わったことを示している。

存続…「た」を含む文節が連体修飾語になっていて、「た」を「ている」に置き換えることができる。
想起…「そういえば（～た）」という語を補っても文の意味が変わらない。

5 (1)「かけられる」の「られる」と**イ**「届けられる」の「られる」は、それぞれ「かけることが**できる**」、「届けることが**できる**」ということなので可能の助動詞。**ア**は「**自然と**思える」ということなので自発。**ウ**は**目上の人が来る**ことを表しているので尊敬。**エ**は「はさむという動作を**される**」という意味なので受け身。(2)「行こう」と**ウ**「しよう」はどちらも主語が「**私が**」（**ウ**は**主語が省略された文**である）なので、意志。**ア**と**エ**は、自分に加えて他の人に対してともにその動作を行うことを呼びかけているので、勧誘。**イ**は**自分に直接関係のない**気候のことであり、「**さぞ**」とあるので推量。(3)「そうだ」の識別は**直前の語で判断する**ことができる。「楽しそうだ」と**エ**「なりそうだ」はそれぞれ「そうだ」の直前にある「楽し」と「なり」が**連用形**なので、推定・様態。**ア・イ・ウ**はいずれも直前の語が終止形なので、伝聞。(4)「色彩のすばらしい」と**ウ**「保存状態のよい」は、それぞれ「色彩**が**すばらしい」「保存状態**が**よい」と「**の**」を「**が**」に**置き換えられる**ので、主語。**ア**と**エ**はそれぞれ「の」を「もの」「こと」に置き換えられるので、準体言。**イ**は「子供たちの」が「思い」という体言を修飾しているので、連体修飾語。(5)「おきながら」と**ア**「いながら」は、それぞれ「おいた**のに**」「いた**のに**」と置き換えられるので、逆接。**イ・ウ・エ**はいずれも「ながら」の前にある動作とあとにある動作を同時に行っている。(6)「風が吹くと」と**イ**「近づくと」は、それぞれ「風が吹く。**すると**」「近づく。**すると**」と置き換えることができるので、順接の接続助詞。**ア**は一緒に出かける**相手**なので対象の格助詞、**ウ**は「どちらでもいい」という**先生の発言を引用している**ので引用の格助詞、**エ**は「きっぱりと」という**副詞**の一部。

! ココに注意

助詞「と」は、基本的には直前にある語が体言なら格助詞、用言なら接続助詞だと考えればよいが、引用の格助詞の場合は「と」の直前に用言がくることがある。引用の格助詞「と」は、その前にかぎかっこを補えるかどうかを考え、「Aと」の部分を「『A』と」と置き換えられる場合は引用の格助詞だと判断すればよい。

STEP 3 発展問題

本冊⇩98～99ページ

1 ①カ ②ア ③ク ④キ ⑤ウ
2 ①エ ②イ ③ア ④ウ
3 (1) ①イ ②エ (2) ①イ・オ ②ア・エ
4 (1) エ (2) イ (3) イ
5 (1) イ (2) ウ (3) イ

解説

1 ①「涙を浮かべるということを**させる**」という意味なので使役。②「だ」を「**である**」に置き換えられるので断定。③「できる」を**打ち消している**ので否定（打ち消し）。④「**自然と**思い出す」という意味なので自発。⑤「涙があふれることになるのである」と推しはかっているので推量。

2 ①「なっています。」という文末についているので終助詞。②「……あります。」という文と「一方で……言われています。」という文を**つないでいる**ので接続助詞。③「無理」という名詞について、したことの**対象**を示しているので格助詞。④悪影響としてさまざまなことがある中で、「遭難する人」が出たことを**強調している**ので副助詞。

3 (1) ①「自動車で」と**イ**「やかんで」は、それぞれ「自動車**によって**」「やかん**によって**」と置き換えられるので、手段を示す格助詞。**ア**は形容動詞「平和だ」の連用形活用語尾。**ウ**は様態の助動詞「ようだ」の連用形活用語尾。**エ**は「飛ぶ」と「いる」をつないでいる接続助詞で、「て」が濁ったもの。②「描くのは」と**エ**「守るのは」は、それぞれ「描く**ことは**」「守る**ことは**」と置き換えられるので、準体言。**ア**は「思い出」という体言を修飾しているので連体修飾語を表す格助詞。**イ**は「**が**」**に置き換えられる**ので主語を表す格助詞。**ウ**は接続助詞「**ので**」の一部。
(2) ①「よくない」の「ない」と**イ**「ふさわしくない」の「ない」、**オ**「穏やかでない」の「ない」は、それぞれ**直前にある語が用言の連用形**なので、補助形容詞である。**ア**と**ウ**は（補助形容詞でない）形容詞、**エ**は「忘れ**ぬ**」と置き換えられるので、否定（打ち消し）の助動詞。②「力説された」の「た」と**ア**「受け取った」の「た」、**エ**「立ち上がった」の「た」は、**過去**の助動詞である。**イ**は想起、**ウ**は完了、**オ**は存続である。

ポイントチェック

・識別の基本事項

識別の問題が出たら、**該当する語の前後**を確認する。

前の語を確認……どの品詞に接続しているか、どの活用形に接続しているか、何かの品詞の一部（活用語尾など）でないかを確認する。

あとの語を確認…どの品詞が接続しているか、どの語を修飾しているかを確認する。

4 (1)**ア・イ・ウ**はいずれも**主語が一人称**（**ア**と**ウ**は「私」、**イ**も省略されているが「私」である）なので、意志。**エ**は「僕」に加え、「君と彼」という**相手も含めた表現**になっているので、勧誘。(2)**ア・ウ・エ**はいずれも**直前の語が連用形**なので、推定・様態。**イ**は**直前の語が終止形**なので、伝聞。(3)**ア・ウ・エ**はいずれも一つの強調した例を出して、**それ以外のことも類推させている**ので、類推。**イ**は「風が強い」ことに、雨が降ってきたことも加えているので、添加。

ポイントチェック

・「さえ」の識別

類推…一例を挙げ、**他のことを類推**させる。「得意な国語さえ平均点くらいだった」の場合、「得意な国語」が平均点くらいだったのに加え、**他の教科でも良い点が取れなかったのだろう**と類推することができる。

限定…他のことに関しては**考慮しない**。「ボールさえあればよい」の場合、重要なのはボールがあるかだけである。

添加…元の状態に何らかのことをつけ加える。「風が強いうえに、雨さえ降ってきた」の場合、「風が強い」に、雨が降ってきたことをつけ加えている。

5 (1)**イ**は自発、他は受け身である。(2)**ウ**は逆接の接続助詞である。他は主格の格助詞「が」である。(3)**イ**は接続助詞、他は引用の格助詞である。

ココに注意

引用の格助詞「と」は、直後に「思う」「考える」「言う」などがあったり、それらの語を補えたりする。

5 敬語表現

STEP 1 まとめノート

本冊⇩100～101ページ

①敬語 ②尊敬 ③謙譲 ④丁寧
⑤例 ご判断になる ⑥イ ⑦ウ ⑧ア

解説

⑥「拝見する」は「見る」の謙譲語。尊敬語は「ご覧になる」。

STEP 2 実力問題

本冊⇩102～103ページ

1 (1)イ・ウ (2)ウ (3)ア・ウ

2 (1)例 ①お考えになる ②くださる ③貴社（御社）
(2)例 ①ご指摘する ②いただく ③拙著

3 (1)例 いらっしゃる (2)例 お話ししたい (3)例 ありました
(4)ご両親 (5)例 召し上がってください (6)例 いただき
(7)例 拝見した (8)例 ご覧になった

4 ①例 ございます ②お年寄り ③例 お連れになった
④例 いらっしゃったら ⑤例 お願いいたします

5 (1)例 駅で先生にお会いして、先生のご家族のお話をうかがった。
(2)例 先輩は、ご自身の能力を高めるために、これまで一日も休まず練習してこられた。
(3)例 私はいつも、取引先にうかがうときは相手に手土産を差し上げる。

6 (1)(誤)おっしゃいます (正)例 申します
(2)(誤)ご報告して (正)例 ご報告になって

解説

1 (1)「お〜する」という形になっている。(2)名詞の前に「お」をつけた語だが、「私の」や「あなたの（自分でない〜の）」というように限定されないので、丁寧語。(3)尊敬の助動詞「れる・られる」が用いられているので、尊敬語。

2 (1) 特別な動詞がある場合はそれを用い、そうでない場合は形の決まった敬語表現にすればよい。①「考える」は特別な動詞がないので、「お〜になる」という形にする。②「くれる」は特別な動詞「くださる」に直す。③名詞は接頭語・接尾語をつけて敬意を表す。

(2) (1)と同様に、特別な動詞がある場合はそれを用い、そうでない場合は形の決まった敬語表現にすればよい。①「指摘する」は特別な動詞がないので、「お（ご）〜する」という形にする。②「もらう」は特別な動詞「いただく」に直す。③名詞は接頭語・接尾語をつけて敬意を表す。

3 **主語に応じて**、尊敬語・謙譲語のいずれを使うか、あるいは丁寧語が適切かを考える。(1)**主語は「お客様」**なので、尊敬語に直す。(2)「先生」に話すのは「私」である（**文の中では省略されている**）ので、謙譲語に直す。(3)「**私」にも他の人にも直接関係のない**ことなので、丁寧語に直す。(4)「**先生の**」とあるので尊敬を表す接頭語をつける。(5)食べるのは自分自身ではなく、同じ場にいて話している**誰か**なので、尊敬語に直す。(6)「食べ」るのは自分なので、謙譲語に直す。(7)主語は「**私は**」なので、謙譲語に直す。(8)主語は「**先生は**」なので、尊敬語に直す。

ポイントチェック

・**敬語の種類の使い分け**

敬語の種類は、主語をもとに使い分ける。

尊敬語…主語は話し相手や他の誰か。

謙譲語…主語は自分自身。

丁寧語…自分にも相手にも直接関係のないことに敬語表現を使う場合。

4 ①は丁寧語に直す。②・③・④はいずれも**文中で話題としている**人物が関係するので、尊敬語に直す。⑤は「**お願い」しているのは自分自身**なので、謙譲語に直す。

5 (1)「会って」「聞いた」ともに**自分自身の動作**なので、両方とも謙譲語に直す。

(2)「自身」「練習してきた」ともに、**話題の人物**（先輩）について用いられている語なので、両方とも尊敬語に直す。

(3)「行く」「やる」ともに**自分自身の動作**なので、両方とも謙譲語に直す。

6 文章問題でも、他の問題と同じく、主語をとらえて敬語の種類を考えるようにすればよい。(1)は、尊敬語である「おっしゃいます」が、「**私は**」という主語に対応しているので、これを謙譲語に直す。(2)は、「**みなさま**」が主語になる（ここでは省略されている）文で、「**ご報告して**」という謙譲語が用いられているので、これを尊敬語に直す。

理解度診断テスト

本冊⇩104〜106ページ

1 イ　**2** イ　**3** (1)ウ　(2)ア

4 (Ⅰ群)イ　(Ⅱ群)ク　**5** (1)エ　(2)連体詞

6 イ　**7** (品詞名)助詞　(記号)イ　**8** イ

9 イ　**10** ア　**11** ウ・オ

12 例 うかがいたいと思っています

解説

1 「きっと」は連用修飾語であり、ここでは「**用意する」ことへの予測**を表している。「きっと」「だろう」という**呼応表現**からも考えることができる。

2 「わいてきた」は**補助の関係**であり、ここに用いられている「き」は補助動詞である。同じように補助の関係になっているのは、「和んできた」（「で」は「て」が濁ったもの）である。

3 (1)「打た」（終止形は「打つ」）は、「**ない」をつける**と「打たない」となる。「ない」の直前が「ア」段なので、五段活用である。同様に五段活用なのは、「ない」をつけると「走らない」となる**ウ**「走る」である。**ア**は下一段活用、**イ**は上一段活用、**エ**はサ行変格活用、**オ**はカ行変格活用である。

(2)「ない」の直前が「ア」段になっているので、五段活用である。また、「ない」に続いているので、未然形である。

4 「たとえ」は「〜ても」に続く、「仮定条件」の意味を表す陳述（呼応）の副詞である。「もし」も、陳述の副詞で、仮定の意味をもつ。

5 (1) 「大いに」は自立語で活用せず、連用修飾語になる。
(2) 形容詞「小さい」と混同しないよう注意する。「小さな」は**活用しない**。また、「小さな」は連体修飾語になる。

ココに注意
「大きな」「小さな」は連体詞であり、活用しない。「大きい」「小さい」とは別の語であることを覚えておく。

6 「尽きよう」の「よう」は、「絵の素晴らしさ」という、**自分にも相手にも直接関係のないもの**について推しはかっているので、**推量**の助動詞である。**イ**「来よう」も、「理想が実現するとき」が主部で、自分にも相手にも直接関係がないことについて推しはかっているので、推量。**ア**は自分に加え相手も主語とし、誘っているので勧誘、**エ**は省略されているが自分を主語とするので意志。**ウ**は、助動詞「ようだ」が変形した形。

7 「胸の内で」の「で」は、場所を示す助詞である。**イ**は断定の助動詞「だ」の連用形である。

8 「掛けられた」の「られ」と「ほめられた」の「られ」は、どちらも「〜される」ということを表す受け身の助動詞である。**ア**は自発、**ウ**は可能、**エ**は尊敬。

9 「本物ではない」の「ない」と**イ**「痛くない」の「ない」は**補助形容詞**である。**ア**・**エ**は否定（打ち消し）の助動詞、**ウ**は形容詞「少ない」の一部、**オ**は補助形容詞ではない形容詞。

ココに注意
補助形容詞は、「〜くない」「〜でない」のそれぞれに「は」がはさまって「〜くはない」「〜ではない」となることがある。

10 **ア**は、**来たのは小林さん**なので、謙譲語「うかがう」を適切に用いている。**イ**は、写真を撮るのは小林さんなので、「撮らせていただいて」などを用いる必要があり、誤り。**ウ**は、質問するのは小林さんなので、「ご質問する」などの謙譲語を用いる必要があり、誤り。**エ**は、知っているのは小林さんが質問する相手なので、「ご存じの」などの尊敬語を用いる必要があり、誤り。

11 **ア**はお客さんの動作に尊敬語を用いているので適切。**イ**は山田さんの動作に謙譲語を用いているので適切。**ウ**は**お客さんの動作に謙譲語を用いているの**で誤り。「召し上がって」などの尊敬語を用いる必要がある。**エ**はお客さんの動作に尊敬語を用いているので適切。**オ**は**お客さんの動作に謙譲語を用いている**ので誤り。「おっしゃって」などの尊敬語を用いる必要がある。**カ**は山田さんの動作に謙譲語を用いているので適切。

12 「行く」のは自分なので、**謙譲語**に直せばよい。また、「思っている」の部分に丁寧語を使って、文末を丁寧にする。

第3章 表現する力

1 いろいろな文章の書き方

STEP 1 まとめノート

本冊⇩108〜109ページ

①主題 ②構成 ③根拠 ④一 ⑤段落 ⑥会話文 ⑦常体
⑧敬体 ⑨なることだ〔なることです〕 ⑩もし
⑪たとえ〔もし・かりに〕 ⑫たぶん〔おそらく・きっと〕

解説

⑦「〜だ。」「〜である。」の文体のことを、「常体」という。
⑧「〜です。」「〜ます。」の文体のことを、「敬体」という。一つの文章の中で、常体と敬体が混ざることのないように、どちらかに統一することが大切。
⑨「夢は」という主語に対応させるためには、「なることだ。（なることです。）」という形の述語にしなければならない。
⑩「もし」は、「〜たら」に続く、「**仮定**」の意味を表す副詞。
⑪「たとえ」は、「〜ても」に続く、「**仮定条件**」の意味を表す副詞。
⑫「たぶん・おそらく」は、「〜だろう」に続く、「**推量**」の意味を表す副詞。

ポイントチェック

・呼応の副詞
・おそらく（きっと）〜だろう。
・決して（少しも）〜ない。
・なぜ（どうして）〜か。
・まさか〜まい（ないだろう）。
・まるで〜ようだ。
・もし〜ても（たら・なら）……。

STEP 2 実力問題

本冊⇩110〜112ページ

1 例 この前の土曜日、兄と散歩していたら兄がいきなりしゃがみこんだ。びっくりして「どうしたの」とのぞきこむと、兄は道に落ちている空き缶を拾っていた。「ごみを捨てたのはお兄ちゃんじゃないだろ」と僕が言うと、「こういう小さなことの積み重ねが町をきれいにするんだ」と言われた。僕は、兄から気づいたら行動することの大切さを教わった。兄から学んだことをこれからの生活に生かしたい。（181字）

2 例 私は、「本は友だちだ」を選ぶ。寂しいときや落ちこんだとき、本を読むと元気になれるからだ。友だちとけんかをして泣いていたとき、ある本を読んだ。主人公の女の子は私と同じで友人関係に悩んでいる。自分の優柔不断な性格が原因で友だちを傷つけてしまったのだ。何度も謝ろうとするけれど、勇気が出ない。そんな彼女が、自分はやはり友人との関係を終わらせたくないのだと気づき、歩きだすところで物語は終わる。読み終わって痛烈に友だちの大切さを実感した私は、すぐさま友だちに電話をかけ、謝った。本は、このように読者に語りかけ励ましてくれる。だから「友だち」という言葉が本の良さを最も伝えられる表現だと思う。（291字）

3 例

　僕は保育活動に参加したい。僕の家の近所に障がいをもつ子どもの通う学校がある。僕はみんなとそこへ出かけて、子どもたちと一緒に鬼ごっこやゲームなどをして遊びたいのだ。

　お互いふれあう機会の少ない者同士だから、はじめのうちはうまくコミュニケーションがとれなくていらだつこともあると思うが、一緒に遊ぶうちに親しくなれるだろうし、どの程度手伝えばいいのかなど、障がいをもつ方と共に生きるマナーも学べて、とてもいい機会になると思うからだ。

4 例

　私はBの見出しがよいと思う。郷土の良さにふれるという目的によく合っているからだ。Aは、郷土の文化を受け継ぎ次代へ伝えるという責任が強調されていて、堅苦しく感じる。Cは、栄養満点など他のメニューと変わらない点が強調されていて、郷土料理であることが目立たない。Bなら要点がよく伝わって、見出しにふさわしいと思う。

5 例

　私は、公園にゴミ箱を置かないことに賛成である。なぜなら、自分の出したゴミは持ち帰って処理するのが、自分の行動に責任をもつことだと考えるからだ。公園にゴミ箱が置いてあると、人々はそこにゴミを捨てるだろう。そして、捨てられたゴミの処理は、別の人に頼ることになる。このような、他人任せの社会ではなく、一人ひとりが責任をもって行動する社会であるためにも、公園にはゴミ箱を置かないほうがよいと考える。

6 例

　資料から、すべての年齢層で、平成十四年度より平成二十三年度の方が、社会に貢献しようとする意識が高まっていることがわかる。その中でも、二十歳代の意識は、約四十五パーセントから約七十パーセントへと最も大きく変化している。

　このような意識の高まりはとてもよいことだと思う。しかし、大切なのは、この意識を持ち続け、具体的な行動に移していくことだと思う。私は、年に数回、河川掃除のボランティア活動に参加している。これからも、自分ができる社会貢献のあり方について考えながら、いろいろな実践に取り組んでいきたい。

7 例

　資料から、手書きより情報機器を使うときの方が漢字を多く使うこと、漢字を正確に書く力が衰えたと感じる人がどの世代でも増えていることが読みとれる。

　私も、情報機器では「完璧」と表すのに、手書きでは「完ぺき」と仮名交じりで表すことがある。漢字を適度に使うことで文は読みやすくなる。手書きでも漢字を使った読みやすい文が書けるように、繰り返し練習して覚えたいと思う。

解説

1 意見文を書く場合には、ただ自分の思いを書くだけでなく、それに関する**体験や具体例**などを入れることで、説得力のある作文になる。

2 条件作文では、与えられた条件を一つも落とさずにおさえて書くことが大切。この問題では、「選んだ標語の比喩表現について説明すること」とある。標語に込められた意味などを自分なりに説明すること。

3 与えられた条件の中に、一段落目に書くべき内容と二段落目に書くべき内容とが指示されている。**段落分け**の仕方を注意する必要がある。

ココに注意
条件作文では、段落構成についてや、作文の中に書く事柄などについての条件が設定されている。この条件を一つでも落としていると減点されてしまうので、注意すること。

4 自分がどの見出しに賛成なのか、**自分の立場**を明らかにして書く必要がある。

6 グラフや資料を読みとって書く作文では、まず、**グラフの変化の大きい部分**に着目する。どのように変化したのかをとらえたうえで、その変化についてどのように思うのか、自分の考えを説明するとよい。

ポイントチェック

・**条件作文での段落構成**

条件作文では、二段落構成で書くように指示される場合が多い。
①事実（グラフの読みとり結果や自分の体験）
②自分の意見や考え
をそれぞれまとめられるようにする。

第4章 語彙の力

1 漢字の読み（部首・画数）

STEP 1 実力問題

本冊⇨114〜115ページ

1 イ　**2** ウ・オ

3 六〔6〕（画）　**4** 二十〔20〕（画）

5 (1) ①しょうかい　②こと（なる）　③おどろ（いたり）　④とまど（ったり）
(2) ①はけん　②きかく　③むか（え）　④ほそう
(3) ①かっそうろ　②せんかい　③す（んで）　④あざ（やか）

6 (1) いちじる（しい）　(2) かいひ　(3) した（う）　(4) しだい
(5) ねんれい　(6) きじ　(7) う（かぶ）　(8) か（け）
(9) むじゅん　(10) しょさい　(11) しゅうしゅう　(12) なごり

7 (1) ウ　(2) ア　(3) イ　(4) エ　**8** ウ

9 (1) 刂・りっとう　(2) 阝・こざとへん　(3) 癶・はつがしら
(4) 忄・りっしんべん

解説

1 「区」は四画。**ア**の「成」は六画、**イ**の「円」は四画、**ウ**は三画、**エ**は五画。

2 **ウ**と**オ**はともに九画。

7 (1)「に」は訓読み、「モツ」は音読み。(2)「やど」「や」ともに訓読み。(3)「アイ」「ジョウ」ともに音読み。(4)「ヤク」は音読み、「め」は訓読み。

8 「番組」は、「バン」が音読み、「くみ」が訓読みの組み合わせ。**ア**は、「の」「はら」ともに訓読み。**イ**は、「て」が訓読み、「ホン」が音読み。**ウ**は、「キャク」が音読み、「ま」が訓読み。**エ**は、「あま」「おと」ともに訓読み。

9 (1)「利」は、「のぎへん」ではなく、「りっとう」が部首になることに注意する。

ポイントチェック

・**部首を誤りやすい漢字**

問…口（門ではない）→問う…口に関する漢字と覚えておく。
暮…日（艹ではない）→暮らす…日に関係していると覚えておく。
視…見（ネではない）→視る…見るであると覚えておく。
相…目（木ではない）→見るの意味があると覚えておく。

STEP 2 発展問題

本冊⇨116〜117ページ

1 ①れっか〔れんが〕　②エ　**2** ころもへん・ウ

3 エ　**4** (1) のぎへん　(2) イ

5 (1) ①すた（れる）　②つ（ぐ）　③ききょう　④ほんそう
(2) ①かんしょう　②おろ（かな）　③ゆ（らし）　④つと（めて）

6 (1) きせき　(2) たんれん　(3) きょうこく
(4) つらぬ（く）　(5) たぐ（り）

7 (1) ちんれつ　(2) ぞうてい　(3) えり
(4) はず（んだ）　(5) じんそく

8 (1) こ（がす）　(2) きばん　(3) まぎ（れて）
(4) けいりゅう　(5) ぼんよう　(6) うるお（う）
(7) かんせい　(8) むじゅん　(9) さいくつ

9 (1) とくちょう　(2) そうご　(3) うば（い）　(4) せたけ
(5) おさ（えて）　(6) し（かれて）　(7) いちいん　(8) あつか（い）

解説

1 「照」の部首は「灬（れっか・れんが）」であり、「日」ではないことに注意する。「昭（ショウ）」が音を表し、部首である「灬」が意味を表す。

2 「複」は十四画。**ア**の「遠」は十三画、**イ**の「確」は十五画、**ウ**の「増」は十四画、**エ**の「報」は十二画。

3 行書で書く場合、「書」のように横画が続くものは、横画を続けて書くために、楷書と筆順が異なる。

! ココに注意
行書は、点画が連続するように書くため、楷書より省略されたり、筆順が異なったりすることがあることに注意する。

4 「秋」の部首は「禾」。これと組み合わせて正しい漢字になるのは、「積」になる「責」。

5 (1) ④「奔走する」とは、忙しく走り回ること。
(2) ①の「かんしょう」や④の「つとめる」は、同じ読みで複数の漢字があるので、使い分けに注意する。

6 (2) 「鍛錬」とは、強くきたえること。
(4) 「貫く」は、送り仮名を書き誤りやすいので注意する。

7 (3) 「襟を正す」とは、気持ちを引き締めるという意味。

8 (5) 「凡庸」とは、平凡でとりえのないさまをいう。

9 (3) 「奪う（うばう）」と「奮う（ふるう）」は字形が似ているので注意する。

2 漢字の書き

STEP 1 実力問題 本冊 ⇩ 118〜119ページ

1 (1) 指摘 (2) 納得 (3) 紹介 (4) 収穫 (5) 破壊

2 (1) ①編集 ②誤(り) ③映画 ④収拾 ⑤収集
(2) ①明朗 ②勤(めて) ③油断 ④判断 ⑤努(めて)
(3) ①風潮 ②姿 ③価値 ④座席 ⑤察(して)

3 (1) ①計画 ②綿密 (2) ①忠告 ②反省
(3) ①得(て) ②幸福 (4) ①印象 ②洗練
(5) ①窓 ②半(ば) (6) ①厚(い) ②編(む)
(7) ①規模 ②視野 (8) ①台無(し) ②願(う)

4 (1) 眺める (2) 挑む (3) 訪れる
(4) 厳しく (5) 険しい (6) 費やす

5 (1) ○ (2) 営む (3) 危ない〔危うい〕 (4) ○
(5) ○ (6) 確かめる (7) 温まる (8) ○

6 (1) ○ (2) 効率 (3) 関心 (4) 期待
(5) ○ (6) 操作 (7) 不思議 (8) 標識

解説

1 (4) 「穫」を「獲」と書き間違えないように注意する。「収穫」は、作物に関係するので、「のぎへん」であると覚えておく。

2 (2) ②の「勤める」は勤務する、⑤の「努める」は努力するという意味。

3 (3) 「小康を得る」とは、少し良い状態になること。

4 (6) 「費やす」は、送り仮名を書き誤りやすいので注意する。

ポイントチェック
・**送り仮名のつけ方**
①活用のある語は、活用語尾を送る。例 書く・走る
②形容詞は、「しい」を送る。例 美しい・楽しい
③副詞・連体詞・接続詞は、最後の音節を送る。例 最も・必ず
④名詞には、基本的には送り仮名をつけない。

5 (6) 「確かめる」は、「確める」と誤って書きやすいので注意する。

6 (2) 「率」と「卒」は、字形が似ているので、書き間違えないように注意する。
(6) 「操作（そうさ）」を、誤って「そうさく」と読まないように注意する。
(7) 「議」と「義」は、「異議」と「意義」など、使い分けが難しいので注意する。

STEP 2 発展問題

本冊⇩120〜121ページ

1 (1)①染(まる) ②茂(り) ③届(く) ④照(らされ) ⑤輝(く) ⑥拾(う)
(2)①座右 ②美辞 ③燃(やし) ④険(しい) ⑤頂 ⑥買(って)
(3)①織(り) ②交(う) ③模様 ④垂(れる) ⑤焼(ける) ⑥迷(って)

2 (1)敬服 (2)採寸 (3)吸(う) (4)縮(める) (5)簡潔 (6)宇宙 (7)熟(して) (8)創刊 (9)演劇

3 (1)銅像 (2)郵送 (3)演奏 (4)酸素 (5)構(える) (6)縮尺 (7)絵画 (8)貿易 (9)批評

4 (1)慰問 (2)均衡 (3)伯仲 (4)佳作 (5)偶然

5 (1)寄せる (2)破る (3)浴びる (4)栄える (5)束ねる (6)任せる

6 (1)志す (2)拝む (3)散る (4)射る (5)傾く (6)逆らう (7)勇む (8)親しい

7 エ

解説

1 (1)①「染」の部首は「木」で、「氵」ではないことに注意する。
(2)②「美辞麗句」とは、美しく飾り立てた言葉や文句のこと。

2 (2)「採寸」の「採」を、「裁」と書き誤らないように注意する。
(7)「熟」と「塾」は、字形が似ているので、使い分けに注意する。

3 (3)「奏」の「天」の部分を、上に突き出して書かないように注意する。
(5)「構」は、「講」「購」など、字形の似た漢字が複数あるので注意する。

4 (1)「慰問」とは、不幸な境遇の人や災害・病気で苦しんでいる人を見舞うこと。
(2)「均衡」を「均行」と書き誤らないように注意する。
(3)「伯仲」とは、力がつりあっていて優劣のつけがたいこと。

5 (1)「寄」を「奇」と書き誤らないように注意する。

6 (6)「忠言は耳に逆らう」とは、よい忠告の言葉は聞くのがつらいということ。

7 ①は「氵」の二・三画目、②は「口」の右上の部分であることに着目する。

3 語句の問題

STEP 1 実力問題

本冊⇩122〜123ページ

1 エ **2** (Ⅰ群)ウ (Ⅱ群)キ **3** イ
4 ア **5** ウ **6** エ
7 ア **8** ウ **9** ウ
10 ①構成 ②後世 **11** ウ **12** ウ
13 (1)染 (2)宣 **14** エ **15** ウ

解説

1 「存在」と、**エ**の「温暖」は、似た意味の漢字を重ねた熟語。**ア**の「喜劇」は、上の漢字が下の漢字を修飾している熟語。**イ**の「未定」は、上の漢字が下の漢字の意味を打ち消している熟語。**ウ**の「映像」は、下の漢字が上の漢字の目的や対象を示している熟語。

2 **カ**の「洗顔」は、下の漢字が上の漢字の目的や対象を示している熟語。**キ**の「探求」は、似た意味の漢字を重ねた熟語。**ク**の「多数」は、上の漢字が下の漢字を修飾している熟語。**ケ**の「雷鳴」は、上の漢字と下の漢字が主語と述語の関係にある熟語。

3 「迷路」と、**イ**の「秀才」は、上の漢字が下の漢字を修飾している熟語。**ア**の「温暖」は、似た意味の漢字を重ねた熟語。**ウ**の「非常」は、上の漢字が下の漢字の意味を打ち消している熟語。**エ**の「船出」は、上の漢字と下の漢字が主語と述語の関係にある熟語。

4 「有意義」と**ア**の「好都合」は、一字＋二字の構成の三字熟語。**イ**の「自主的」と**エ**の「向上心」は、二字＋一字の構成、**ウ**の「松竹梅」は、三字を並べたもの。

ポイントチェック

・三字熟語の構成

①三字を並べたもの。例 衣食住・雪月花
②二字熟語に否定の語がついたもの。例 不可能・無意識
③二字熟語の下に「的・性」などがついたもの。例 具体的・積極性
④一字＋二字熟語の構成のもの。例 大自然・新商品
⑤二字熟語＋一字の構成のもの。例 関係者・体育祭

5 「わき目も振らずに」という表現から、一つのことに集中して他のことが目に入らない様子を表す**ウ**の「一心不乱」が適切。**ア**の「才色兼備」は、すぐれた才能と美しい容姿の両方をもっていること。**イ**の「表裏一体」は、二つのものの関係が密接で切り離せないこと。**エ**の「変幻自在」は、思うままに姿を変えて、現れ消えること。

6 「身から出たさび」も**エ**の「自業自得」も、「自分のしたことの報いを自分で受けること」という意味。**ア**の「徹頭徹尾」は、最初から最後まで。**イ**の「粉骨砕身」は、力の限り懸命に働くこと。**ウ**の「自画自賛」は、自分で自分をほめること。

7 「縦横無尽」とは、思う存分に物事を行うこと。

8 **ア**の「意気揚々」は、得意になっているさま。**イ**の「以心伝心」は、お互いの心と心で通じ合うこと。**ウ**の「意気投合」は、互いの気持ちがぴったりと合うこと。**エ**の「一心同体」は、心を一つにして行動すること。

9 「創造」は、新しいものをつくり出すこと。**ウ**の「模倣」は、すでにあるもののまねをすること。

11 **ア**の「広義」は、広い意味。**イ**の「抗議」は、反対の意見を主張すること。**ウ**の「講義」は、学問的な説明をすること。**エ**の「構議」という語句はない。

12 **ア**の「閑静」は、物静かで落ち着いたさま。

STEP 2 発展問題

本冊⇨124〜125ページ

1 エ　**2** エ　**3** ア　**4** ア
5 エ　**6** ア　**7** ウ　**8** イ
9 (1)ウ　(2)ア　(3)エ　(4)イ　(5)ウ
10 (1)ア　(2)ウ　**11** 絶対
12 いくさが(は)できぬ　**13** 手
14 馬　**15** イ・ウ・オ　**16** ア

解説

1 「救助」は、似た意味の漢字を重ねた熟語。

2 「注意」は、下の漢字が上の漢字の目的や対象を示している熟語。

3 「長距離」も**ア**の「好条件」も、一字＋二字の構成である。

4 **イ**の「孤軍奮闘」は、支援する者がない中で一人で懸命に戦うこと。**ウ**の「言語道断」は、言葉に表せないほどあまりにひどいこと。**エ**の「単刀直入」は、すぐに本題に入ること。

5 **エ**の「付和雷同」は、自分の意見をもたず、他人の意見にすぐ賛同する人のことを表した言葉。**ア**の「異口同音」は、多くの人がみな口をそろえて、同じことを言うこと。**イ**の「優柔不断」は、気が弱く決断力に乏しいこと。**ウ**の「我田引水」は、自分に都合のいいように行動すること。

7 この場合の「立てる」は、「事物や状態を新たにつくり仕立てる」という意味で使われている。

10 (1)「普遍」とは、例外なくすべてのものにあてはまること。
(2)「実践」とは、実際に自分で行うこと。

15 **ア**の「呉越同舟」とは、仲の悪い者同士が同じ所に居合わせたり、行動を共にしたりすること。**エ**の「五十歩百歩」とは、少しの違いはあっても、本質的には同じであるということ。

16 **ア**の「子供」のみ和語、あとの**イ**の「時間」、**ウ**の「奇妙」、**エ**の「年齢」は、いずれも漢語である。

ポイントチェック

・和語・漢語・外来語

和語…もともとの日本の言葉のこと。
↓漢字を訓読みするものがあてはまる。例 物語・面白い

漢語…中国から伝来してきた言葉のこと。
↓漢字を音読みするものがあてはまる。例 人間・勝利
外来語…中国以外の外国からきた言葉のこと。
↓片仮名表記をするものが多い。例 シャツ・ボール

理解度診断テスト

本冊⇩126〜128ページ

理解度診断 A…70点以上、B…50〜69点、C…49点以下

1 (1) もめん (2) うなばら (3) かんるい (4) せいぎょ
(5) おんけい (6) とうじ (7) せきはい (8) さかうら(み)
(9) せっせい (10) かんまん

2 (1) 歓迎 (2) 率先 (3) 降(り) (4) 比較的
(5) 所属 (6) 舗装 (7) 水滴 (8) 希少

3 (1) ウ (2) 4 (3) イ (4) 針 (5) ア

4 (1) 摂取 (2) 邪悪 (3) 増殖 (4) 旋回 (5) 賞賛〔称賛〕

5 (1) こんりんざい・オ (2) のほうず・ア (3) げばひょう・ウ
(4) さはんじ・イ (5) しょうねんば・エ

6 (1) 釈明 (2) 残念 (3) 将来 (4) 偏屈 (5) 奇抜

7 (1) エ (2) オ (3) ア (4) オ (5) ウ

8 (1) A開・B解 (2) A歓・B関 (3) A務・B努
(4) A及・B求 (5) A侵・B冒 (6) A絶・B裁

9 (1) 霧中 (2) 同舟 (3) 冠

解説

3 (1) **ア**の「危」は六画、**イ**の「自」は六画、**ウ**の「巧」は五画、**エ**の「曲」は六画。

(2) 「特」は「トク」の音読みのみ。「舟」は「シュウ・ふね・ふな」、「一」は「イチ・イツ・ひと・ひとつ」と、両方の読みがある。「茶」は「チャ・サ」、「役」は「ヤク・エキ」で、ともに音読みしかない。「御」は「ギョ・ゴ・おん」、「機」は「キ・はた」と、両方の読みがある。「菊」は、「キク」のみで、訓読みではなく音読みであることにも注意。

(3) **ア**は「究（穴）」と「守（宀）」、**イ**は「暮（日）」と「昼（日）」、**ウ**は「息（心）」と「鼻（鼻）」、**エ**は「福（ネ）」と「被（衤）」となる。

(4) できる四字熟語は、「大同小異」「温故知新」「我田引水」。

(5) **イ**の正しい表現は「目が回る」。**ウ**の「歯が浮く」は、軽薄な言葉を聞いて不快になること。**エ**の正しい表現は「手がかからない」。

6 (1) 「申し開き」とは、自分のした行為について、その正当性やそうせざるを得なかった理由などについて述べること。

(4) 「つむじ曲がり」とは、性格がひねくれていて素直でないこと。

7 (1) 「促成」と書く。**ア**「消息」、**イ**「迅速」、**ウ**「憶測」、**エ**「促進」、**オ**「即応」。

(2) 「信条」と書く。**ア**「冗談」、**イ**「丈夫」、**ウ**「情感」、**エ**「常備」、**オ**「条約」。

(3) 「渋滞」と書く。**ア**「滞在」、**イ**「交代」、**ウ**「逮捕」、**エ**「生態」、**オ**「連帯」。

(4) 「防衛」と書く。**ア**「妨害」、**イ**「忙殺」、**ウ**「工房」、**エ**「暴動」、**オ**「防寒」。

(5) 「来訪」と書く。**ア**「抱負」、**イ**「包容」、**ウ**「歴訪」、**エ**「追放」、**オ**「処方」。

8 (2) 「歓心」は、うれしいと思うこと。「関心」は、気にかかること。また、「感心」は、心に深く感じること。「寒心」は、おそろしさのためにぞっとすること。

(4) 「追及」は、どこまでも追い詰めること。「追求」は、目的のものをどこまでも追い求めること。また、「追究」は、明らかにするために深く調べていくこと。

9 (1) 「五里霧中」は、どうしていいかわからず方向を失うこと。

(3) 「李下に冠を正さず」は、人から疑いをかけられるような行いは避けるべきであるということのたとえ。

ポイントチェック

・**故事成語**
故事成語とは、中国の古い話からできた言葉のこと。
蛇足…不必要なことをつけ加えること。
助長…手を貸したためにかえってだめにしてしまうこと。
杞憂…無用の心配をすること。
蛍雪の功…苦心して学問に励むこと。

記述問題 ①

本冊 ⇩ 130〜131ページ

読解のポイント

論説文では、具体例として挙げられた内容から、筆者が述べようとしているテーマをとらえる。そのうえで、筆者はどのような根拠を基に主張を述べているかを整理してまとめよう。

1 次の文章を読んで、あとの問いに答えなさい。(句読点等の記号は一字として数える。)

だいぶむかしのことになるが、「わたし」という劇があった。残念なことに作者を記憶していないが、たいへん哲学的な構成だった。主人公はただひとり。その主人公とカゲの第三者との問答。問い「あなたは誰?」、答え「山田太郎です」。問い「それを証明できますか?」、答え「ハイ、ここに身分証明書があります」。問い「その証明書がホンモノだと証明できますか?」、答え「ハンコが押してあります」。問い「ハンコなんていくらでも偽造できるじゃないの。ほんとにあなたは誰なの?」……あなたの名前も、またそれを確実に立証してくれる手段もない。だいたい「名前」などというものだって便宜上つけられたもの。名前があるからといって、そんなものなんの役にもたたない。いきなり知らない世界のどこかにひょいとほうり出されたらどうなるか。自己証明は不可能にちかい。むずかしくいえば「自己が自己であることの証明」は不可能なのである。あるいは「アイデンティティ」というものがどこにどんなふうにあるのか、それもわからないのである。わたしにいわせれば、「アイデンティティ」というのはせいぜいラッキョウの皮の一片にしがみついているだけのことなのである。

世間ではひとりの人間、つまり、あなただのわたしだのを個別に認識し、他人と区別してくれる。その「区別」のモノサシのことを「社会的分類」と名づける。

といって、べつだんむずかしいはなしではない。似顔絵描きとおなじように、世間は特定の人間の輪郭を描いてそれぞれのひとのイメージをつくっているのである。そのイメージが「プロフィール」である。日本語でいえば「人物像」とでもいうべきか。わたしたちは似顔絵をスケッチする画家がエンピツで輪郭線を描くのとおなじように、ラッキョウの皮のあれこれを手がかりにして他人の肖像を心のなかに描くのである。(中略)

そうしてできあがった「プロフィール」によってわたしたちはひとを判断する。その思い描いた人物像を基準にして「東大出のくせに」とか「さすが関西人、目先がよく利くなあ」といったふうに判断に狂いがなかったことを確認する。ときにモノサシと現実がちがうと「やっぱりフランス人は粋だなあ」「十七歳だって! よくもあんな問題が解けるものだ」「大学もでていないのに、事業をあそこまで成功させたのにはおどろいた」といったふうにひとを「見直す」のである。そして、そのたんびに「やっぱり」とか「まさか」とか「さすが」とかつぶやくのである。

いろんな変数を組み合わせてつくりあげたプロフィールが、ただしいものかどうかはわからない。ときには、いやしばしば、頭のなかで構築した人物像と本人とはずいぶんちがっている。だが、現実にはそれを確認するわけにはゆかない。たとえば人事採用は「人物本位」というけれども、担当の求人係は履歴書をみて基本的ないくつかのモノサシで応募者をふるいわける。学歴、経験、資格などからみて不適格と判断された人間はなかなか面接にまでこぎ着けない。たったひとりを採用しようとしているのに、万人平等の原則で数千人ぜんぶに面談

(2) 「わたし」という劇の具体的な内容がここに記されている。自分が自分であるということを名前や身分証明書、ハンコなどで証明すること(アイデンティティの証明)は不可能であるということの例として用いられている。

(1) 「世間」が個人を区別する際の『区別』のモノサシが「社会的分類」であり、後述される「プロフィール」を形作るものである。

(1) 「プロフィールというものは、」という書き出しに対応し、ここで「プロフィール」が「それぞれのひとのイメージ」であることをおさえる。また、その手がかりが「ラッキョウの皮」すなわち前述の「社会的分類」であるので、これらの内容を解答の前半に盛り込む。

(1) ――線部直後にある通り「プロフィール」が「ただしいものかどうかはわからない」が、「数千人ぜんぶに面談」ができないので「応募者をふるいわける」ために「無視できない」のである。

ココをおさえる (1)の指定語句である「恣意的」とは「論理的必然性がない、勝手で気ままな」という意味。「プロフィール」は「恣意的」につくりあげられたものだとまとめることができる。また、「プロフィール」が恣意的な「偏見」であることが、「ほんとうのわたし」が理解されない理由なので、(2)にとっても重要な記述である。

(2) プロフィール」は「偏見」で「色眼鏡」なので、「全人格」すなわち「ほんとうのわたし」は理解されないとまとめられる。

というわけにはゆかないのである。

そんなふうに勝手につくりあげたプロフィールでひとや人柄（ひとがら）をあらかじめ「区別」することをばあいによっては「偏見（へんけん）」といい、あるいは「差別」という。　おおむねいい意味でつかわれることばではない。しかし「あのひとは慈善（じぜん）家なんだって」「彼女（かのじょ）は司法試験に一発で合格したんだって」とかいった好意ある評価だって「偏見」であり「差別」なのである。わたしたちはだれだって、そういう偏見によって他人をみているし、他人からも偏見によってみられているのだ。そのことは「イタリア人は陽気だ」「こどもは無邪気だ」「政治家はウソつきだ」といった認識にわたしたちが支配されていることからもわかる。俗なことばでいえば、わたしたちは「色眼鏡」で自他をみているのである。わたしたちはひとりの例外もなく偏見のかたまりなのである。

（中略）世間は外側にある何枚、何十枚、いや何百枚もの皮、すなわちモノサシを用意してひとを評価しているのだ。その分厚い皮膜（ひまく）におおわれて人間はつねに他人から「見られて」いる。そして同時に他人をみている。だんだん交際が深まれば、「色眼鏡」が変化することがすくなくないが、それでも「全人格」が理解されることはありはしない。そもそも「全人格」などというものがある、というのが錯覚（さっかく）なのである。

（加藤秀俊（かとうひでとし）「社会学」）

(1) ――線部「いろんな変数を組み合わせてつくりあげたプロフィール」とはどのようなものか。第二段落「世間では……」以降の文章を参考にしながら四十字以上六十字以内で説明しなさい。解答は「プロフィールというものは、」という書き出しに続けて、「恣意的（しいてき）」「無視できない」という二つの言葉を示された順番通りにすべて用いること。

プロフィールというものは、

例 恣意的な基準で社会的分類をすることでできあがったひとのイメージで、人事採用など人を評価し選別する際は無視できないもの。

(2) ――線部「『わたし』という劇」とあるが、この例を用いて筆者は文章全体で何を論じようとしているのか。「わたしは[A]するが、[B]に気づかされてしまうということ。」という形を用いて説明しなさい。ただし、[A]では「承認」、[B]では「ほんとうのわたし」という言葉を必ず用い、[A]は十字以上二十字以内、[B]は三十字以上四十字以内で答えること。

A

わたしは

例 社会的分類により自己を承認してもらおうと

するが、

B

例 自己は偏見でみられるしかなく、ほんとうのわたしを承認してもらえないということ

に気づかされてしまうということ。

〔早稲田実業学校高〕

注意 (2)では、第一段落の例の主旨を理解し、その内容が第二段落以降でどのように展開されているかをつかみ、記すことが求められている。まとめる際には第一段落の「自分が他者へ自己証明をしようとする」という観点から説明を始めるようにする。

記述問題 ②

本冊⇨132〜133ページ

読解のポイント

小説では主人公の人物像と心情の変化をおさえる。特に考え方や心理状態が変化したことで自分を見つめ直した主人公が、新たに気づいたことや理解した内容をとらえる。

1 次の文章は、宮澤賢治をモデルにした小説の一部である。これを読んで、あとの問いに答えなさい。

(なして、書けたか)

人間あんまり空腹になると頭がかえって冴えるものだとか、ふだん鉄筆でがりがりと他人の文章をうつしてばかりだったぶん創作の欲求が鬱積していたのだろうとか、その程度では何の説明にもならない。もっとふかい理由がある。そう思いつつ、しかしそのふかい理由が何なのかは、賢治には、自分のことにもかかわらず想像のいとぐちすら見つけることができなかった。

＊ひっきょうは、

(書けたから、書いた)

しかし①結果として書いたものが、なぜ、

(童話だったか)

つまり、なぜ大人むけの小説や論文、漢詩などではなかったか。あるいは長年こころみてきた、世間にもっとも通りのいい和歌ではなかったか。その疑問なら、答がはっきりしたようだった。

ひとつには、長い縁ということがある。小学校のころ担任の八木先生がエクトール・マロ『家なき子』を六か月かけて朗読してくれたこと。＊トシに、

――書いたら。

と勧められたこと。それにくわえて、性格的に、むかしから自分は大人がだめだった。

大人どうしの厳しい関係に耐えられなかった。ふつうの会話ができないのだ。質屋の帳場に何度すわっても客との談判ができず、世間ばなしはなおできず、ろくな仕事にならなかったのは、ほかでもない、客が大人だったからなのである。

何しろ大人は怒る。どなりちらす。嘘をつく。ごまかす。あらゆる詭弁を平気で弄する。子供はそれをしないわけではないにしろ、大人とくらべれば他愛ない。話し相手として安心である。

だから童話なら安心して書けるのである。自分がこの土壇場でこの文学形式をえらんだのは、一面では、大人の世界からの、

(逃避だった)

そのことは、厳粛な事実なのだ。が、しかし。

より根本的なのは、それとはべつの理由だった。

「お父さん」

賢治はなおも原稿用紙の塔を見おろしつつ、おのずから、つぶやきが口に出た。

「②……おらは、お父さんになりたかったのす」

そのことが、いまは素直にみとめられた。

ふりかえれば、政次郎ほど大きな存在はなかった。自分の命の恩人であり、保護者であり、教師であり、金主であり、上司であり、抑圧者であり、好敵手であり、貢献者であり、それらすべてであることにおいて政次郎は手を抜くことをしなかった。

ほとんど絶対者である。いまこうして四百キロをへだてて暮らして

(1)「その疑問なら」以降に答えがあるので整理すると、まず以下の二点が挙げられる。一つは「長い縁」＝八木先生の朗読とトシの勧め、もう一つは「大人の世界からの逃避」＝大人どうしの厳しい関係に耐えられず大人の客を相手にできないこと。しかし、あとに「より根本的なのは、それとはべつの理由」ともあるので、別の場所にあるもう一点も解答に盛り込む。

ココをおさえる

(1)の解答を担う「より根本的」な「べつの理由」であり、かつ(2)で問われる――線部②「そのこと」が指す内容でもあるという非常に重要なポイント。あとの記述をよく読み込み、それぞれの問題で問われていることに対応させてまとめる必要がある。

(2) 父の政次郎が賢治にとっていかに立派な存在であったかが詳細に述べられている。このような父になりたかったというある種純粋な賢治の思いをとらえよう。

(1) 賢治が父のようになれないという、前述の内容を「すなわち」で受けてまとめた部分である。したくてもできないという葛藤は、小説読解のテーマとして頻出。葛藤を解消するために登場人物がどう行動したかをおさえるとよい。

(1) 「子供のかわりに、童話を生む」ことで賢治が父のようになることができ、「お父さんになりたかった」思いをかなえられたのである。

(2) またこの部分は、童話を書く賢治が政次郎のような父親像と一体化している部分でもあるのでおさえたい。

いても、その存在感の鉛錘はずっしりと両肩をおさえつけて小ゆるぎもしない。尊敬とか、感謝とか、好きとか嫌いとか、忠とか孝とか、愛とか、怒りとか、そんな語ではとても言いあらわすことのできない巨大で複雑な感情の対象、それが宮沢政次郎という人なのだ。

　しかも自分は、もう二十六歳。

　おなじ年ごろの政次郎はすでに賢治とトシの二児の父だった。質屋兼古着屋を順調にいとなんだばかりか、例の、大沢温泉での夏期講習会もはじめている。文句のつけようのない大人ぶりである。自分は父のようになりたいが、今後もなれる見込みは、

（ない）

　みじんもない。それが賢治の結論だった。自分は質屋の才がなく、世わたりの才がなく、強い性格がなく、健康な体がなく、おそらく長い寿命がない。ことに寿命については親戚じゅうの知るところだから嫁の来手がない。あってもきちんと暮らせない。

　すなわち、子供を生むことができない。

　自分は父になれないというのは情況的な比喩であると同時に、物理的に確定した事実だった。それでも父になりたいなら、自分には、もはやひとつしか方法がない。その方法こそが、

（子供のかわりに、童話を生む）

　このことだった。原稿用紙をひろげ、万年筆をとり、脳内のイメージを追いかけているときだけは自分は父親なのである。ときに厳しい、ときに大甘な、政次郎のような父親なのである。物語のなかの風のそよぎも、干した無花果も、トルコからの旅人も、銀色の彗星も、タングステンの電球も、すきとおった地平線も、すべてが自分の子供なのだ。

（門井慶喜「銀河鉄道の父」）

＊ひっきょう＝結局のところ。　＊トシ＝賢治の妹

(1) ――線部①「結果として書いたものが、なぜ、／（童話だったか）」とあるが、この疑問に対する答えは何か。本文に書かれている内容を整理して説明しなさい。

例 小学校のころの担任の先生や妹のトシの影響に加え、大人のように厳しい関係にならず安心して話せる子供を相手とする童話を作ることで、子供を生むかわりにして、父のようになりたいという思いをかなえられたから。

(2) ――線部②「そのことが、いまは素直にみとめられた」とあるが、それはなぜか。説明しなさい。

例 童話を書いているときに、政次郎のような時に厳しく時に大甘な父親になった感覚を味わったことによって、情況的にも物理的にも父になれない自分が、自分にとって絶対的で文句のつけようのない大人ぶりである政次郎のような父になりたいと思っていたことに気がついたから。

〔開成高〕

(2) ――線部②「いまは素直にみとめられた」とは、以前は素直になれずみとめられなかったことを、今ではみとめられるようになったということ。そのきっかけとなる出来事を、本文の最後からおさえる。"○○によって△△に気がついた"という形に詳細を加えて解答の文を作るとよい。

本冊⇩134〜136ページ

1 例

　私はBの取り組みの方が効果的だと考える。図書室の利用を活発にするには、本が好きでなく図書館を利用したことがない生徒に向けた取り組みを行うべきである。【資料】を分析すると、全校生徒の約四分の一は本を読むことが好きではないことがわかる。彼らに本を読むことを勧めても、好きではないことに興味を持たせることは難しい。そこで読書以外の活用方法をアピールすることで、図書館の利用を活発にしていけばよい。図書館を利用するようになれば、いずれ本を好きになってもらえるかもしれない。よって、AよりもBの取り組みの方が効果的である。

2 例

　私は、店ではしやフォークなどを無料で提供するサービスをやめるべきだと考える。なぜなら、資料Aの①から六十三％の日本人がそれを過剰であると考えているからだ。

　たしかに、資料Bの②のように、必要なものを入れてもらえることは便利だ。しかし、お店を利用する人全員に平等なサービスなので、余計な物をもらってしまって困ることもあった。プラスチックの使用を抑えることで、海洋汚染の原因のプラスチックごみを減らせるので、レジ袋と同様に、必要な人に有料で提供することが望ましいと考える。

3 例

　資料によると、「チームやグループに求められること」で最も多い答えが「困ったときに助け合えること」で、続いて「仲が良いこと」「コミュニケーションが活発なこと」となっており、仲間との人間関係を大切にしている人が多く、「リーダーの統率がとれていること」は最も少ない答えだった。

　私は中学校でテニス部に所属していたが、定評のある指導者のいるチームが、実績はないが活気のあふれるチームに逆転負けをした試合を見たことがある。それ以来、チームに必要なのは良いリーダーというよりもチームワークなのではないかと考えていた。

　私は高校でも引き続きテニス部に所属したいと考えている。この資料から、仲間との人間関係を大切にするべきだと考える人が多いことがわかった。したがって、互いにコミュニケーションを取りあい、困ったときこそ助け合えるチームになるよう努力して、充実した部活動にしたいと考える。

4 例

　資料1より、家族や同じ地域出身の友人など、自分の身近な人に対して方言を使うことが多いとわかる。だから、その地域にある会社やスポーツチームなどの団体名に方言を使うと、地域の人に応援してもらいやすくなり、地元が一致団結できるようになると考える。
　その一方、他の地域の人に方言を使う機会は少ないが、団体名に方言を使うことで、他の地域の人々にも興味を持ってもらうきっかけになり、地域活性化の効果を期待できる。

解説

1 資料Aを選んだ場合は、すでによく図書館を利用していると思われる「本を読むことが好き」な人に向けて、さらに利用回数を増加させたり、図書館に友達を連れてきてもらったりといった取り組みが効果的である、などとまとめるとよい。

2 第一段落と第二段落で何を書くべきか、また項目や数値の書き方などが細かく指定されていることに気をつける。「たしかに」から始めて予想される反論を示したあとは、それにさらに反論（再反論）すること。自分の主張を強めることができる。

3 資料の特徴的な部分に注目して読みとる。一番多い答えは「困ったときに助け合えること」だが、二番目、三番目に多い答えは「仲が良いこと」、「コミュニケーションが活発なこと」となっているので、これらを「仲間との人間関係を大切にしている」とまとめられるとよい。最も少ない答えの「リーダーの統率がとれていること」との違いが明確になる。また、理由を述べる際に自分の体験を交えて、説得力のある内容にするとよい。

4 資料1より、家族や友人など地元の人に対して方言をよく使い、他の地域の人には使わないことがわかる。方言はその地域での言葉なので、同じ地域の人と使えば親しくつき合うことができ、他の地域の人に使えば、新鮮な言葉として興味を持ってもらえる。資料2の内容と組み合わせて書くとよい。

! ココに注意

条件作文では、与えられた条件を一つも落とさずにおさえて書くことが大切。段落構成や、作文の中で触れるべき内容などさまざまな条件があるが、一つでも落としていると減点されてしまうので、注意すること。

本冊⇩137〜139ページ

1 例

「きれいだ」は表面的に清潔で整っている状態を表す言葉である。一方、「美しい」は主観的な印象が入る言葉である。たとえば、きれいな部屋というのは、掃除がされていて整っていればそう感じるだろうが、美しい部屋というのは、人それぞれ美しい部屋だと感じる基準が違ってくるので難しい。

このように、微妙な言葉の違いを理解し、内容に応じて使い分けをすることが重要であると私は考える。

2 例

私はCの言葉が最も効果的に伝わると考える。教室を汚してしまう人に、それを正すよう指示する言葉をかけると、自分を否定する言葉としてとらえられ、素直に従えない気持ちを抱かせてしまう。一方、教室をきれいに使うことでCのような感謝の言葉をもらえるということが伝われば、きれいにしようという気持ちが自然とわいてきて、教室を清潔に保つ人が増えると考える。

3 例

私はこの発言に反対だ。なぜなら、言葉の意味や使い方が変化することは、時代に応じて生きていく中で、不可欠だと考えるからだ。古文の「うつくし」や「あさまし」が現代とは違う意味であったように、「なし崩し」も現在多くの人が勘違いしている意味が一般的として定着する可能性もある。言葉の意味や使い方は、その時々の世の中の実態に合わせて変化していくべきだと私は考える。

4 例

私が希望する企画は美術作品の展示です。なぜなら、「心を一つに」という文化祭のテーマをいちばん表現できると考えたからです。

例えば学習成果の発表では、各班で調べた内容を展示するだけなので、クラス全体が一つになったとはいえません。しかし、美術作品の展示は、同じテーマに基づいた作品を皆で協力して制作することによって、より大きな作品が生まれることにもなり、「心を一つに」というテーマに合っていると思います。

解説

1 第一段落では、中学生がまとめた文章から、「きれい」は汚れを落とし、清潔にした状態であるという特徴をとらえ、「美しい」との違いとして気づいたことを書くとよい。第二段落では自分の意見を述べるが、第一段落の内容と関係のないことを書かないように気をつけよう。

2 それぞれの標語がもつ長所をとらえ、人にどのような影響を与えるのかをふまえて解答を作成する。C以外の標語について、Aは「教室の美しさ」と「心の美しさ」を重ね合わせて、教室を美しくするあなたは美しい人だとほめているので、気分よく掃除をしてもらえる効果を期待できる。また、Bは具体的にどうすれば教室を清潔に保てるのかが明確なので、行動を正す実践的な効果が期待できる。

3 問題文の「言葉がもつ本来の意味や使い方を大切にするべきだ。」という発言について、賛成か反対かの立場を明確にする必要がある。よって、「言葉は本来の意味や使い方で使うべきだ」とするなら賛成、「言葉の新しい意味や使い方を認めていくべきだ」とするなら反対として、冒頭に明記するとよい。そのあと、なぜそう思うのかを、新聞記事の内容を交えながら論じていく。

4 「あなたが希望する企画」を選ぶ際、条件(2)にある通り「第二段落には、自分の希望するクラス企画に、賛成を得られるような内容」を書く必要があるので、反対意見も想定しながら、文化祭のテーマに合った企画を筋道立てて考える。

思考力問題対策

高校入試予想問題

入試のポイント

記述解答を求める問題は頻出である。読解問題では、論説文における筆者の主張やその根拠など、小説における登場人物の心情・考えやその理由などを説明させるものが多い。長文の選択問題にも注意したい。

配点…1 (1)4点　(2)6点　(3)各5点×4　＝30点
2 (1)各5点×3　(2)6点　(3)各4点×5　(4)7点　(5)7点　(6)15点　＝70点

本冊⇨140〜144ページ

1 次の文章は、『古今和歌集』（『古今集』）の和歌のレトリック（表現技法）について書かれた解説文である。これを読んで、あとの問いに答えなさい。

「掛詞」と「縁語」は、いずれも『古今集』において発達したレトリックである。

「掛詞」は、「同音異義を利用して、一つのことばに複数（通常は二つ）の語を重ねるレトリックである」と定義することができる。具体例を見てみよう。在原業平の歌である。

唐衣着つつなれにしつましあればはるばるきぬる旅をしぞ思ふ

「唐衣」は本来中国風の衣装の意であるが、転じて衣一般の美称＊となった語で、和歌の中にしばしば用いられる。「なれ」には身になじんだ衣の糊気＊がとれて柔らかくなる意の「萎れ」と、人と慣れ親しむ意の「馴れ」が掛かる。「つま」には「褄（着物の端の部分）」と「妻」、「はる」には「張る（衣を洗い張り＊する）」と「遥々」、「きぬる」には「着ぬる」と「来ぬる」が、それぞれ掛かっている。そして掛けられた二語のうち、一方は「唐衣」にまつわる物象＊のことば——萎れ・褄・張る・着ぬる——もう一方は妻を思う心情表現のことば——馴れ・妻・遥々・来ぬる——であることも見えてくる。

業平の歌の中には、「唐衣・萎れ・褄・張る・着ぬる」という「唐衣」に縁のある語群が、掛詞を介してちりばめられていた。このようなレトリックを縁語という。縁語とは、「一首の歌の中の複数のことばが、文脈上のつながりとは別に、何らかの連想関係によって結びついていること、あるいは、そのような関係にある語群のこと」である。

一首の歌の中に掛詞・縁語によって持ち込まれる［X］は、必ずしも［Y］の比喩や象徴であるとはかぎらない。けれども、この歌の場合は、「唐衣」語群から、都に残してきた妻を思い浮かべてもよいのだろうと思われる。布を染め、裁断し縫い合わせて、季節ごとの衣装を整えるのは、妻の役目であった。業平の旅装も、妻が用意してくれたのであろう。糊気のとれた衣の柔らかさは、妻のやさしさ、懐かしさともつながっていよう。

（鈴木宏子「『古今和歌集』の創造力」）

＊美称＝物を美化していう言い方。
＊糊気＝着物のしわを伸ばすために使う洗濯用の糊を含んでいる様子。
＊洗い張り＝着物をいったんほどいて水洗いした後、板などに張って糊付けしてしわを伸ばすこと。　＊物象＝物の姿、形。

(1) 「思ふ」とあるが、「おもふ」の読みを、現代仮名遣いを用いてひらがなで書きなさい。　［おもう］

(2) ［X］、［Y］にそれぞれ入る言葉の組み合わせとして最も適切なものを次から選び、記号で答えなさい。

ア X 物象　Y 同音異義　　イ X 物象　Y 心情表現
ウ X 文脈　Y 同音異義　　エ X 文脈　Y 心情表現　［イ］

(3) 解説文を読んだ健助さんは、わかったことを次のレポートにまとめた。［I］〜［IV］に入るのに適切な言葉を、［I］は一字、［II］は

(2) 掛詞の関係にある二語について、一方は「物象」、もう一方は「心情表現」であるというつながりが説明されている。

(3) 縁語の定義について述べられている部分から［II］に入る言葉をさがす。

(3) 業平が掛詞・縁語を活用して和歌に込めた思いを、［IV］の指定字数に合うようにまとめる。

(2) 空欄がある文を読み解いて［X］と［Y］の関係を整理すると、「掛詞・縁語によって持ち込まれる［X］は［Y］の比喩や象徴であるとはかぎらない」とわかるので、掛詞・縁語に関してつながりのある二つの単語をさがす。

四字、[III]は六字で、それぞれ解説文から抜き出して書き、[IV]は解説文の言葉を用いて十字以内で書きなさい。

【健助さんのレポート】

［在原業平の和歌に用いられている掛詞と縁語］

からころも　きつつ　**なれ**にし　**つま**しあれば
はるばる　**きぬる**　たびをしぞおもふ

掛詞　｛馴れ／萎れ｝　｛妻／褄｝　｛遥々／張る｝　｛[I]ぬる／着ぬる｝

※――のことばは「唐衣」と[II]によってつながっている語群（縁語）

［和歌の解釈と鑑賞］

「糊気がとれ、柔らかくなって[III]唐衣のように慣れ親しんだ妻を、都に残してきたので、はるばるとやってきたこの旅がいっそう感慨深く思われることだ」というこの和歌は、たくさんの掛詞と縁語を組み合わせた技巧的な歌です。しかし、これらの表現技法は単なることば遊びではありません。掛詞によって歌に詠み込まれた「萎れ」「褄」「張る」「着ぬる」はすべて「唐衣」の縁語であり、その「唐衣」を着た詠み手が、旅先で[IV]ことにつながっていて、和歌に込められた思いに、より深みを与えていると思います。

例　I 来　II 連想関係　III 身になじんだ　IV 都にいる妻を思う

（岡山―改）

(3) [I]・[III]はそれぞれ「唐衣……」の和歌の掛詞と解釈に関する空欄なので、本文上段で説明されている部分から適切な言葉を抜き出す。

2 次の文章を読んで、あとの問いに答えなさい。

太平洋戦争のさなか、「孝次郎」は「初代」と結婚したが、その妻を遺して中国に出兵していた。そして、戦争は終わりを迎えた。

いよいよ夢に考えていた終戦となった。いつの日にかは祖国へ送られる日が来る……。だが、まだ、故国へ着くまでには遠い山河があるのだ。孝次郎は自分の両手を眺めて、よし、もう一息だと言いきかせた。いまは廃墟と化しているという祖国へ、泳いでもかえりつかなければならないのだ。行って来いよ。御奉公頼むと言った人たちに、孝次郎は腹を立てていた。みんな虚栄心ばかりで生きているような人たちに対して、孝次郎は哀しいものを感じた。――早くかえって何よりも花のような美しい絵を描きたい。美しいものを見ないではいられない、うまいものを食べないでは生きられない、女を愛さずにはいられない、これが人間の生き方なのだ。[I]どんなにもがいたって、人間はたった五十年しか生存できないとすれば、人間のいままでの発明は、あまりに人間を惨めに落としすぎるものばかりではないだろうかと、孝次郎は、こうした異常な生活をくりかえしている人間の浅はかな生活をおかしく思わないではいられない。[II]呟くように、孝次郎は自分がいつの間にか二十九歳になったことを何度も心に反芻していた。[III]原隊にいる時、毎日筏を組んで死ぬ訓練をさせられていたある日、一人の上官は、なまけている兵隊を叱って、「死ぬことを思えば何だってできるはずだっ」と言っていたのを孝次郎はいつまでもおぼえていた。生きようと思うからこそ何でもできるのであって、死ぬと思えば、いまそこで舌を噛んで死んだほうが至極簡単だよと、叱られていた兵隊が蔭で言っていたけれども、孝次郎も同感だった。死ぬる苦しみと人々は言うけれど、死ぬる苦しみと言うことは孝次郎には漠としてとらえどころがない。生きる苦しみと考えた方が孝次郎のような男には実感があった。

(5) 「戦場」で祖国に「早くかえって」どうするかを空想している様子が述べられている。

(1) 空欄の前後の文に注目する。[I]の前の「美しいもの……生き方なのだ」がイの内容と、[II]の前の「異常な生活をくりかえしている人間の浅はかな生活」がウの内容と結びつく。[III]は、前の「いつの間にか二十九歳になった」とあとの「原隊にいる時」がアの内容と合う。

一月×日朝、まだ夜のしらじら明けに佐世保へ上陸して、孝次郎は土に落ちている①煙草の空箱*をひらった。パラピン紙に包まれた箱には駱駝の絵が描いてあった。黄いろい沙漠と、黄いろいピラミッドと、三本の椰子の木の模様はいかにもアメリカの煙草の箱らしく垢抜けのしたものだった。CAMELという白い文字もすっきりしている。祖国へ着いてこれが最初の色彩だった。

残務整理で、どうしても佐世保へ一泊しなければならなかったので、孝次郎は、変り果てた祖国の姿を見て沁みるような淋しさを感じた。子供のように涙があふれてくるのをせきとめることができなかった。一緒にかえって来た兵隊もみな泣き出したいような表情をしていた。こんな不運にはいったい誰がしたのだ。……こんなになるまで、どうしてみんな黙って我慢をしていたのか孝次郎には不思議でならない。白々とした廃墟の姿は日本人の本当の告白を表現しているようでもある。②この景色は厳粛でさえあった。港に兵隊が上陸したせいか、いろいろな姿をした人たちが彷徨うていた。小雨が降っていた。③孝次郎たちは寒いも暑いも感じないほど季節には鈍感になっていた。——兵隊は、何となく、何も彼もに少しずつ嫌悪の心を深めていっている。人生に対するさまざまな哀しみがこれほど一度に兵隊たちの心におそいかかって来たことはあるまい。家がないだろうと案じている者、肉親が生存しているだろうかと案じている者、これから職業がみつかるだろうかと不安になっている者、④戦場での空想は、祖国へ上陸してみれば、いまはみんな儚いうたかたのようなものであった。

三日目の夜、孝次郎は松代に着いて駅に出迎えている父親に逢った。逢うなり、孝次郎は父親にひっぱられるようにして暗い畑道の方へ出て行った。孝次郎は雪道を歩きながら泣いていた。何かものを言えばすぐ涙になるのだ。

「お前が生きとったんでびっくりした」

「一生懸命、自分は、生きてかえりたいと思ったんです」

「お前は死んだことになっとったんだぞ。お前の隊の者は、おおかた南の海で戦死したと言うことだし、役場の知らせもあってな」

「いつのことです？」

「去年の春だよ」

「戦死したことになっているんですか？」

昏い山々はひしめきあって風を呼びあうかのように、どこからともなくごおうとすさまじい音をたてている。頬を凍らすような霙混じりの寒い風が吹いた。今夜は吹雪になるのかも知れない。父親は町の方へ歩いて行った。孝次郎は不思議だと思いながら、父親の後から荷物を背負ってついて行った。

「家へは行かないんですか？」

「あああ、支度がしてあるので、一杯飲もう」

小さい旅館のような家へ父親は入って行った。割合広い梯子段を上って、奥まった部屋へ入って行くと、炬燵の上に*広蓋が乗っていて、その上には徳利や盃が置いてあった。薄暗い灯火の下で父親は*インバネスをぬいだ。

「それでも、よく生きていたぞ。夢のようださ。痩せもせずにようかえってくれた……」

「自分はねえ、どんなことがあっても生きていたいと思いましたよ。生きて、お父さんやお母さんに逢いたいと思いました」

父の作太郎はちょっと眼をしばたたいた。二年逢わないうちに、父もだいぶ年をとっていた。

「辛かったろうなあ……」

父がふっとそう言った。孝次郎は急にハンカチを出して顔に当てるとくっくっと声を出して泣いた。生きてかえったことが嬉しくてたまらなかった。⑤不安な臆測が何となく影のように心の中を去来していた

(3)
——線部②の具体的な様子がここに述べられている。景色が指すものは「変わり果てた祖国」。「どうしてみんな黙って我慢をしていたのか」の「みんな」は「祖国」にいる「日本人」を指す。日本人が「本当の告白」を「沁みるような淋しさ」を抱いているのである。

ココをおさえる

孝次郎が故郷に帰りついたときの情景に注目する。「昏い山々」「ごおうとすさまじい音」「寒い風」などの不穏な描写は、(6)で問われる「不安な臆測」を読者に予感させるものである。家族に不幸はなかったものの、初代が総三郎の嫁になってしまったと聞いて「虚脱したような空白の心」になってしまうということもまた、この情景描写に暗示されていると考えられる。

が、そんなことも父の言葉ですっと消えてしまった。ただ嬉しくて嬉し涙がふつふつとたぎって来る。

「お母さん丈夫ですか？」

「ああ丈夫だとも、皆、うちのものは元気だ……」

「そうですか……それぱかり案じていました」

「さあ、寒かったろう、一杯どうだ」

ぬるくなった徳利を持ちあげて作太郎が盃を差した。大きい盃に酒はなみなみとつがれた。父は息子につがして、自分も盃を二三杯いそいであけた。しばらく妙な沈黙がつづいた。孝次郎は少しばかりまた不安になってきている。

「実は、あの電報をおふくろさんが受け取ってわしに見せたんだが……わしはあの電報を見てな、毎日考えあぐねていたのさ……戦争が済んですぐな、初代は総三郎の嫁にしてしまったんだよ、――お前にどうして申し訳したらよいかと心配してなあ……」

孝次郎はああそうだったのかと、しばらく黙って膳の上をみつめていた。＊小女が鰊と昆布の煮た皿を運んで来た。障子がひとところびりびりと風に鳴っている。

総三郎は孝次郎の次の弟で、＊日華事変で二年ばかり兵隊に行ってかえると、家にいて百姓を手伝っていた。実直者で、孝次郎は一番好きな弟だった。自分が戦死したとなれば、どうしても総三郎が家を継がなければならなかった。

「初代は元気ですか？」

「ああよく働く女で、総三郎と二人で馬車馬みたいに働いとるでなあ……」

作太郎はこうした因縁になったことを正直に委しく話してくれた。

――孝次郎は二人が不憫であった。初代は総三郎よりたしか二つ年が上のはずだったが、兄の女房を押しつけられて馬車馬のように働いていると言うことを聞くと、孝次郎は誰も憎めなかったのだ。戦地で、毎日空想していた子供のような数々の思いからすっと虚脱したような空白な心になっていた。作太郎が便所へ立って行った。障子を二三寸開けたままで出て行ったので、そこから肩をさすような寒気がすうっと吹き込んで来る。孝次郎は畳の上にごろりと寝転んで眼を閉じた。瞼の中に大きい駱駝の絵が浮かんだ。白々と酒の酔いも醒めたようだった。父から委しいことを聞いて、かえっていまでは清々した気持ちでさえある。初代のおもかげも何となく霧の中に消えてとらえどころがない。体が疲れているせいか、肉体的な苦しみもなく、すべては何も彼もいまは藻抜けの殻になっている感じだった。

（林芙美子「雨」）

＊ひらった＝「ひろった」と同義。　＊広蓋＝料理などを載せる台。

＊インバネス＝袖のない男性用のコート。

＊小女＝料理屋などで働く若い女性。　＊日華事変＝日中戦争のこと。

(1) Ⅰ～Ⅲに入る適切な文を、それぞれ次から選び、記号で答えなさい（同じ記号は二度使えません）。

ア 戦場に放浪していたこの月日が惜しまれてならない。

イ 孝次郎は、動物たちが山谷の自然にたわむれて無心に生きてゆく生活を羨ましく空想していた。

ウ 短い寿命を、いい生き方で埋めきれない人間生活の運命を不思議に考えるのである。

Ⅰ〔イ〕　Ⅱ〔ウ〕　Ⅲ〔ア〕

(2) ――線部①と対照的に描写されているものの象徴的な表現を、次の「残務整理」で始まる段落から十字以内で抜き出して書きなさい。

白々とした廃墟の姿

(2) 対照的とは違いが際立つさま。アメリカ製の「煙草の空箱」は「黄いろい沙漠」、「黄いろいピラミッド」、「三本の椰子の木」と「CAMELという白い文字」が描かれた「最初の色彩」なので、祖国＝日本における色どりのない象徴的な表現をさがす。

(3) ――線部②について、次の解説文の[a]～[e]に入る適切な語句をそれぞれあとから選び、記号で答えなさい（同じ記号は二度使えません）。

[a]が[b]となったことは、「どうしてみんな我慢していたのか」という[c]の[d]を初めて[e]で告白しているように思えるから。

ア 祖国　イ 故国　ウ 兵隊　エ 予期せぬ不運
オ 日本人　カ 沁みるような淋しさ　キ 沙漠の中
ク 神の前　ケ 変わり果てた姿　コ 本当の思い

a〔ア〕 b〔ケ〕 c〔オ〕 d〔コ〕 e〔カ〕

(4) ――線部③について、この三文はどのように構成されているか。その説明として最も適切なものを次から選び、記号で答えなさい。

ア 天候の不順と季節の推移が、孝次郎をはじめとする兵隊たちに少しずつ虚無感を抱かせて、兵隊たちはこれからの人生に対する絶望感を深めている。
イ 港町での冬の雨の冷たさが、今の季節に対する違和感を孝次郎たちに抱かせて、兵隊たちは出兵前との断絶感にさいなまれていると推測している。
ウ 孝次郎など一人ひとりの心に、漠然とした不安な気持ちが思い浮かんで、兵隊たちの心にはこれから起こるであろう我が身の不幸が推測されている。
エ 孝次郎たち個々人の身体感覚が、兵隊の漠然とした心情の説明となり、それが多くの兵隊たちに通底するより一般的な心情の推測として深められている。
オ 身体感覚に過敏になっている孝次郎たちの気持ちの変化が、兵隊の投げやりな心情として表現され、さらに兵隊たちに共有されたものとして表現されている。

〔エ〕

(5) ――線部④について、「戦場での空想」を具体的に語っている部分を冒頭の段落から連続する二文で抜き出し、その最後の十字を書きなさい。ただし、句読点等は字数に含める。

人間の生き方なのだ。

(6) ――線部⑤について、それはどういうことか。七十字以内でわかりやすく説明しなさい。ただし、「不安な臆測」と「父の言葉」とが孝次郎にとってどのようなものであるのかを明らかにして説明すること。

例 自分の家族が不幸な目にあってはいないかと心配していたが、自分の苦労をねぎらう父の言葉を聞いて、生きて帰れて嬉しい気持ちに満たされたこと。

〔慶應義塾志木高—改〕

(4) エの「孝次郎たち個々人の身体感覚」が一文目、「兵隊の漠然とした心情の説明」が二文目と対応している。三文目の「兵隊たちの心に」という表現で心情が一般化されていることも「より一般的な心情」という形でおさえられている。アは「少しずつ虚無感を抱かせて」が不適。イは「冬の雨の冷たさ」が「寒いも暑いも感じない」と矛盾する。ウは一文目の内容をおさえていない。オは「身体感覚に過敏になっている」が「鈍感になっていた」と矛盾する。

(6) 「不安な憶測」は、142ページ上段の「家がないだろうと……不安になっている者」や、――線部⑤のあとの「お母さん丈夫ですか？」という質問などから「家族が無事かの心配」とわかる。「父の言葉」は「辛かったろうなあ……」と考次郎をねぎらうもので、それを聞いて「生きてかえったことが嬉しくてたまらな」い気持ちになったのである。

Check! 自由自在

第1章 読解の力

本冊⇩17ページ

●小説を構成する要素を調べてみよう。

↓小説には①具体的な描写と②抽象的な説明という二つの要素がある。①の具体的な描写とは、場面、人物像の描写や登場人物の心理描写である。これによって、登場人物が実在性をもって生き生きとしてくる。②の抽象的な説明とは、小説の筋を解き明かす役割をしたり、登場人物の心理や思想を間接的に読者に提示する役割をしたりするものである。

本冊⇩51ページ

●「あやしがる」という古今異義語の意味を調べよう。また、他にも古今異義語の例を二つ挙げてみよう。

↓「あやしがる」は、「不思議に思う」「変だと思う」という意味の古今異義語である。古今異義語には、他にも、「かわいらしい」という意味の「うつくし」や、「座る」という意味の「ゐる」などがある。

本冊⇩75ページ

●天才的な詩の才能によって「詩仙」と呼ばれ、松尾芭蕉などにも影響を与えた唐の詩人、李白について調べてみよう。

↓李白は、芭蕉の敬愛する盛唐の詩人である。玄宗に仕えた二年の長安生活以外は、各地を転々と放浪し、酒と詩を愛した人生であった。「おくのほそ道」の冒頭の「月日は百代の過客にして、行きかふ年もまた旅人なり」という一文は、李白の「春夜桃李の園に宴するの序」の冒頭の「夫れ天地は万物の逆旅にして、光陰は百代の過客なり(そもそも天地は万物の旅館であって、時間は永遠の旅人である)」を典拠にしている。

第2章 文法の力

本冊⇩89ページ

●語幹が共通する形容詞と形容動詞について調べてみよう。

↓形容詞「暖かい」と形容動詞「暖かだ」、形容詞「柔らかい」と形容動詞「柔らかだ」などは、語幹の部分が共通する形容詞と形容動詞である。

本冊⇩103ページ

●人を示す尊敬語と謙譲語にどのようなものがあるか調べてみよう。

↓尊敬語には、「お父さん」「母上」「先生」「あなた」「陛下」などがあり、謙譲語には、「私」「手前」「家内」などがある。

第4章 語彙の力

本冊⇩123ページ

●他の対義語にはどのようなものがあるか、対になる言葉の組み合わせを調べてみよう。

↓安全と危険　一般と特殊　拡大と縮小　革新と保守
具体と抽象　破壊と建設　解散と集合　供給と需要　など

中学 自由自在問題集 国語